困ったときにすぐひける

# 最新 マナー大事典

西東社

# もくじ

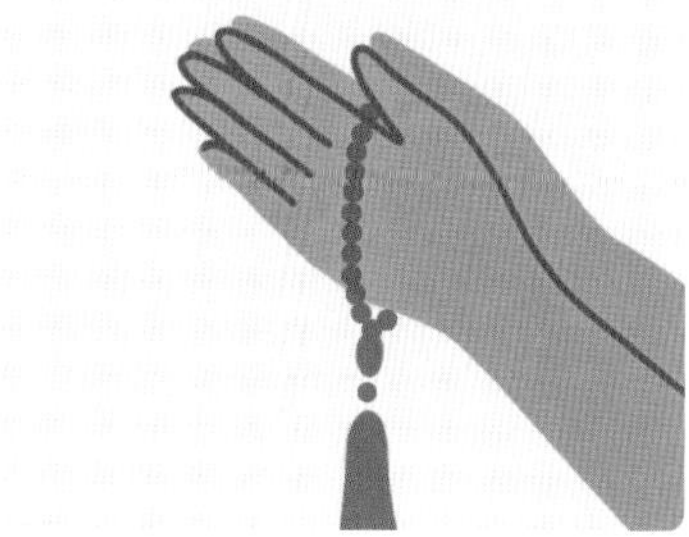

# 4章 贈り物とお返しのマナー



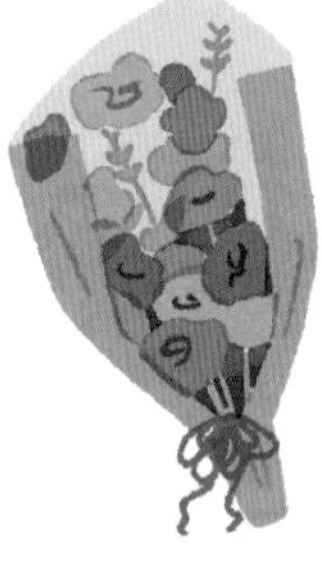

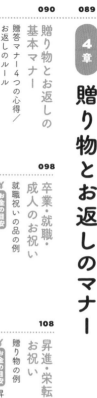

## 6章 訪問・おもてなしのマナー

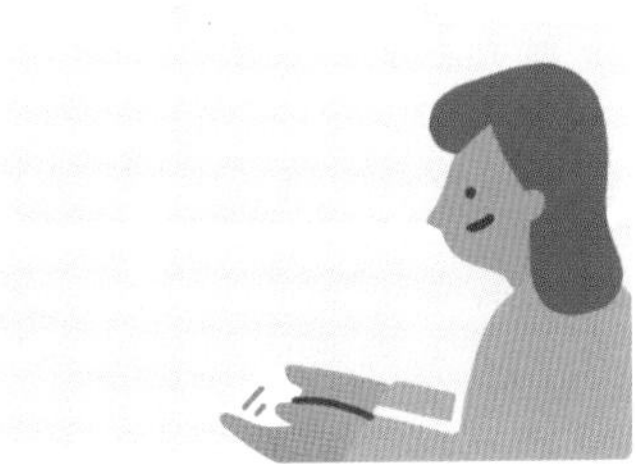

## 9章 手紙のマナー



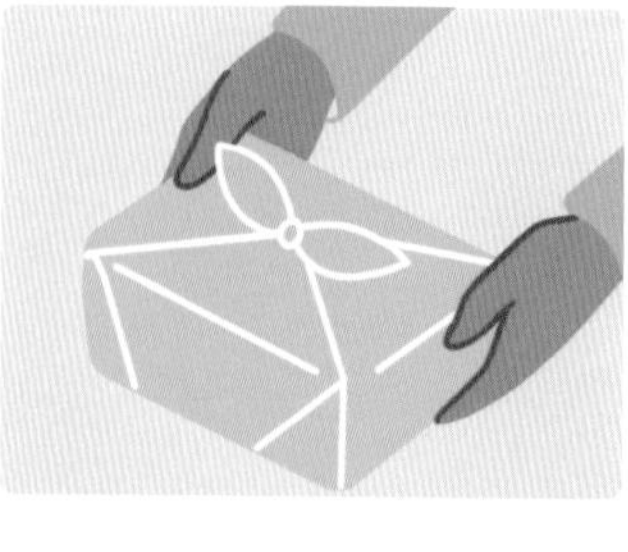

# 1章

# 金封袋と表書きのマナー

日本では、お祝いごとやお悔やみごとがあると、金封袋にお金を包み、相手に贈る習慣があります。お金を包む袋の選び方や包み方、表書きの書き方などにはルールとマナーがありますので、適切なものを選べるように確認しておきましょう。

# 祝儀袋の種類と表書き

これが大事！

- 祝儀袋はお祝いごとのお金を包む袋
- 水引の結び方はお祝いにより変わる
- 金額に見合った袋を用意する

## 結婚のお祝い

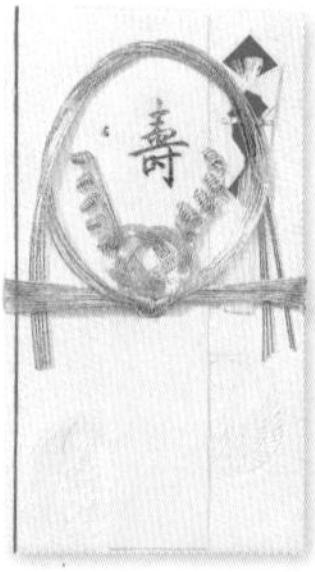


**3万〜5万円**

「寿」の表書きで、結び切りの水引に美しい飾りがあり、紙は上質な和紙を使ったもの。

**5,000円以内**

結び切りの水引とのし、「寿」の表書きが印刷されたもの。紙で包む体裁ではなく封筒タイプのものもある。

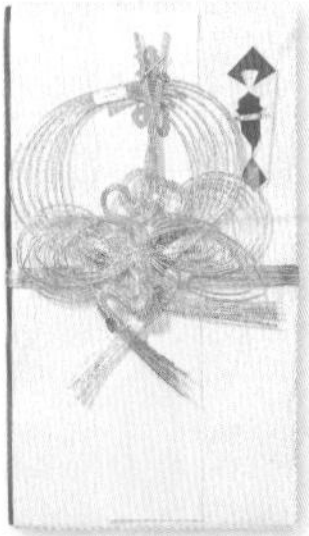

**5万円以上**

「寿」の表書きで、結び切りの水引に鶴・亀などの装飾があしらわれ、檀紙など格の高い和紙を使ったもの。サイズも大きめ。

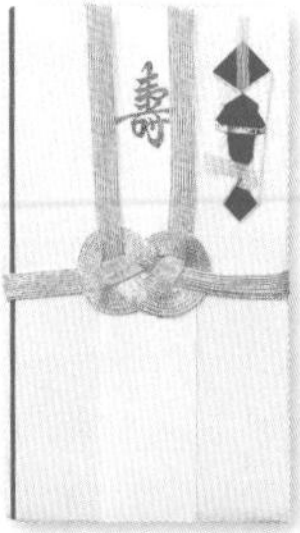


**1万〜2万円**

「寿」の表書きがついた紙を折って包み、紅白や金銀の結び切りの水引をかけたもの。

## お祝いの目的、包む金額に合わせて袋を選ぶ

祝儀袋《しゅうぎぶくろ》はお祝いごとのお金を贈るときに使う袋です。お祝いごとには大きく、結婚祝いとそれ以外のお祝いがあり、目的や金額によって体裁が変わります。

あらかじめ水引《みずひき》やのしが印刷されている安価なものから、和紙を使った高級なものまで、さまざまな祝儀袋があります。贈る相手と包む金額にふさわしい祝儀袋の選び方を知っておきましょう。

合わせて確認 「ご祝儀のマナー」▶p.32

## 一般のお祝い

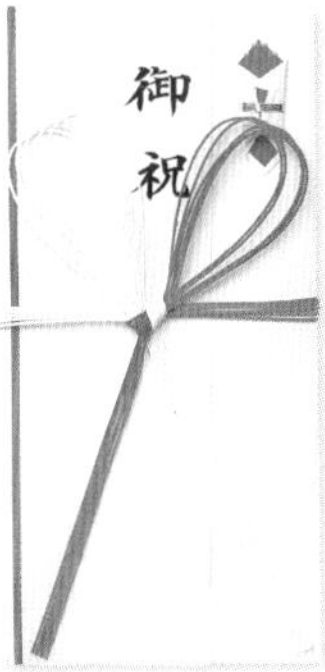


### 1万円以上

のしつきで蝶結びの水引のもの。水引は紅白が多いが、5万円以上の高額の場合は金銀でもよい。

### 1万円未満

蝶結びの水引とのしが印刷されているもの。2～3000円程度以下の少額なら封筒タイプでもよい。

Agree!
これは納得！

## 「水引」と「のし」について

水引は和紙でつくられた紐で、金封袋を結ぶのに用いられます。慶弔《けいちょう》どちらの袋にも使われますが、お金を贈る目的によって色や本数、結び方などが決まっています。結婚祝いやお悔やみごとなど、くり返すことがタブーの贈り物には水引の先を引いてもほどけない「結び切り」で結びます。何度あってもよい慶《けい》事《じ》の水引は、先を引くとほどける「蝶結び」です。

のしは祝儀袋の右上につけられた飾りです。もともとは、生の食品を贈る代わりに干したアワビを贈り物に添えた慣習からきています。おめでたい贈り物につけるものなので、弔《ちょう》事《じ》やお見舞いの贈り物にはつけません。

慶事には紅白や金銀、弔事には黒白や銀などの水引がある。奇数が基本だが、結婚祝いは5本の倍の10本もある。

**結び切り**

水引の先を引いてもほどけない結び方。

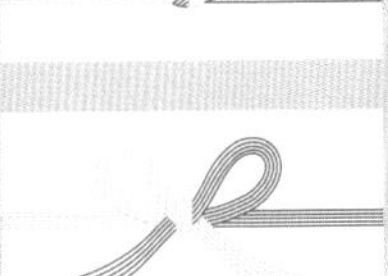

**蝶結び**

水引の先を引くとほどける結び方。

**のし**

のしは生の食品の代用として贈答品に添えるものなので、魚介や肉類、水産や肉の加工品、果物などの食品を贈る際は、のしなしのかけ紙をかけるのが正式なマナー。

## いろいろな贈り物

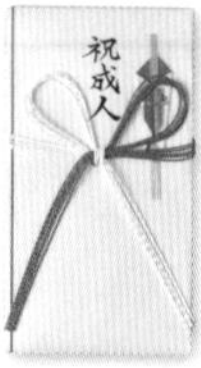


### 成人祝い

紅白蝶結び・のしつき。表書きは「御成人祝」「祝成人」など。

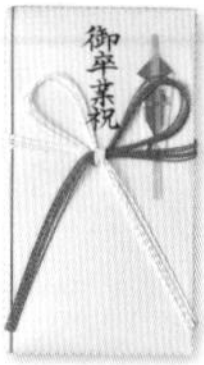


### 卒園・卒業祝い

紅白蝶結び・のしつき。表書きは「御卒園祝」「御卒業祝」など。

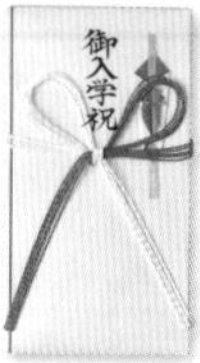


### 入園・入学祝い

紅白蝶結び・のしつき。表書きは「御入園祝」「御入学祝」など。

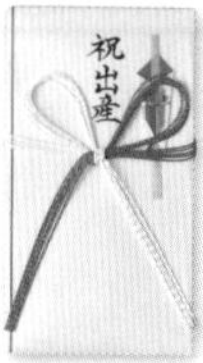


### 出産祝い

紅白蝶結び・のしつき。表書きは「祝出産」「御出産祝」など。

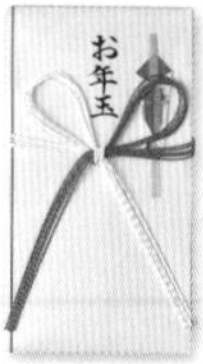


### お年玉

紅白蝶結び・のしつき。市販のお年玉用の袋でもよい。表書きは「お年玉」「文具料」など。親へ贈るときは「御年賀」。

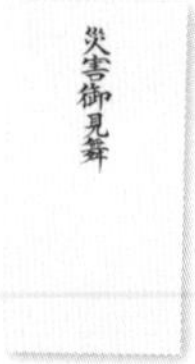


### 災害見舞い

水引なし・のしなし。白無地封筒か赤線入りのもの。表書きは「災害御見舞」「御見舞」など。

### 傷病見舞い

紅白結び切り・のしなし。白無地封筒か赤線入りのものでもよい。表書きは「御見舞」。

### せんべつ

紅白蝶結び・のしつき。表書きは「御餞別」「おはなむけ」など。

HOW? こんなときは？

### 退職の表書きはみな同じでいい？

ビジネスでの贈り物で多い退職祝いですが、状況によって表書きや水引を変える必要があります。失礼のないようにしましょう。

| 目的 | 袋 | 表書き |
|---|---|---|
| 定年退職 | 紅白蝶結び・のしつき | 御礼、御退職御祝 |
| 結婚退職 | 紅白結び切り・のしつき | 祝御結婚、寿 |
| 出産退職 | 紅白蝶結び・のしつき | 御礼 |
| 転職・独立 | 紅白蝶結び・のしつき | 御礼、御餞別 |

## お礼とお返し

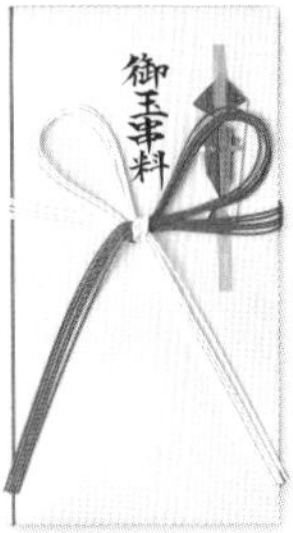


**神社へのお礼**

紅白蝶結び・のしつき。お宮参りや七五三などでお祓いをお願いするときは「御玉串料」として渡す。子どもの氏名を書く。

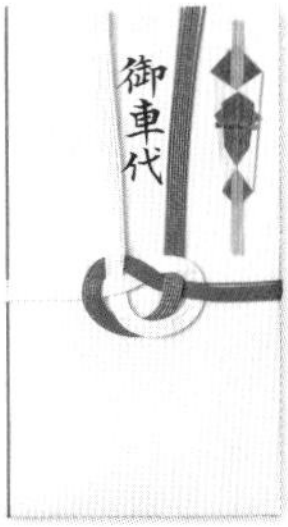


**お車代**

お祝いごとの来賓や講演会などの講師などへ、交通費として贈るものは「御車代」とする。結婚式関連は紅白結び切り・のしつき。それ以外は白無地封筒。

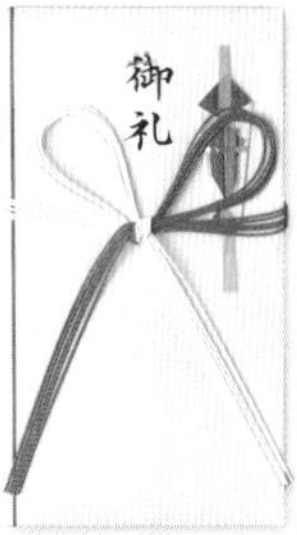


**一般的なお礼**

紅白蝶結び・のしつき。表書きは「御礼」とすれば、ほとんどに対応できる。目下の人へのお礼には「寸志」と表書きする。

HOW?
こんなときは？

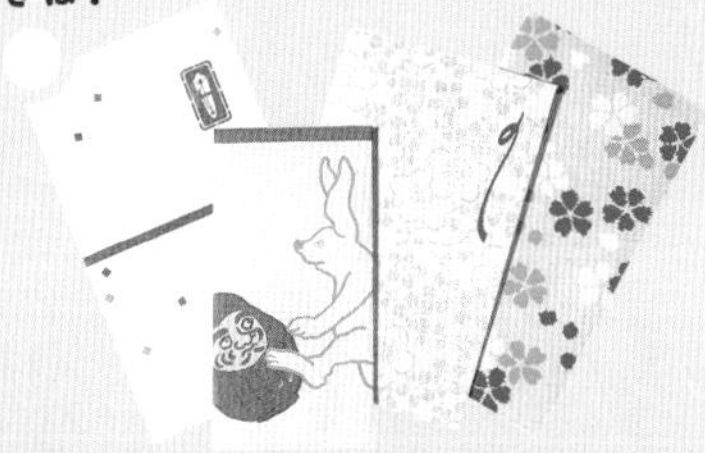

### 少額のお礼でも祝儀袋が必要?

数千円のお礼なら水引とのしが印刷された袋を使うとよいでしょう。それもおおげさかなと思うようなときや、カジュアルな場面ならぽち袋が便利です。ぽち袋はお年玉に用いられることが多いですが、ちょっとしたお礼や少額のお金をお返しするときなどにも使えます。

お札を折らずに入れられるサイズのものもあるので、会費や月謝の支払いなどにもおすすめです。

**お祝いのお返し**

お祝いをいただいたら「内祝」として品物を返すのが一般的。結婚祝いのお返しは紅白結び切り・のしつきで夫婦連名。それ以外は紅白蝶結び・のしつき。子どもの祝いごとは子どもの下の名前のみを書く。

Envelope

# 不祝儀袋の種類と表書き

これが大事！

- ☑ 不祝儀袋は弔事のお金を包む袋
- ☑ 表書きは宗教によって変わる
- ☑ 喪家の名前の書き方は複数ある

## 通夜・葬儀

**共通**

白黒結び切り・のしなし。先方の宗教がわからないときの表書きは「御霊前」が無難。ただし、仏教の浄土真宗、キリスト教のプロテスタントには「御霊前」は使わないのがマナー。ハスの絵柄入りは仏式のみ。

**キリスト教式**

水引・のしなし。白い封筒か十字架や百合の花があしらわれた封筒。表書きは「御花料」。

**神式**

双銀または双白の結び切り・のしなし。表書きは「御玉串料」「御榊料」など。

**仏式**

黒白または双銀の結び切り・のしなし。表書きは「御香典」「御霊前」など。

### 宗教に合わせて水引や表書きを選ぶ

不祝儀袋《ぶしゅうぎぶくろ》は弔事のお金（香典《こうでん》）を贈るときに使います。宗教や儀式、地域の慣習によって水引の色や表書きが異なります。袋を用意する前に、葬儀の形式や地域の慣習を確認しておきましょう。

葬儀や法要を営む喪家《そうか》側は、宗教者にお礼を渡します。お礼は白無地の封筒で、表書きは宗教に合わせます。名前はフルネーム、姓のみ、どちらでもかまいません。

合わせて確認　「香典のマナー」▶p.58

## 法要

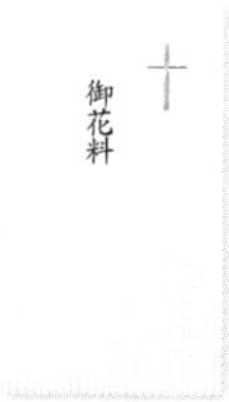
御花料

### キリスト教式

水引・のしなし。白無地の封筒か十字架や百合の花があしらわれた封筒。表書きは「御花料」。

御玉串料

### 神式

双銀または双白の結び切り・のしなし。表書きは「御玉串料」「神饌料」など。

御仏前

### 仏式

黒白または双銀の結び切り・のしなし。四十九日を過ぎたあとの法要の表書きは「御仏前」。

## お礼とお返し

献金
沢田恵

### キリスト教式

白無地の封筒。葬儀や法要などで教会に渡すお礼は「献金」とする。

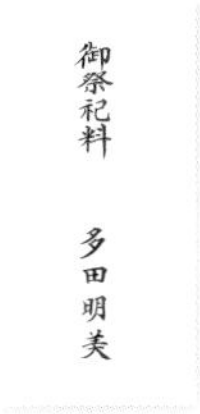
御祭祀料
多田明美

### 神式

白無地の封筒。葬儀や法要などで神社に渡すお礼は「御祭祀料」とする。

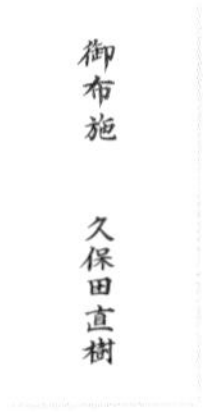
御布施
久保田直樹

### 仏式

白無地の封筒。葬儀や法要などでお寺や僧侶へ渡すお礼は「御布施」や「御経料」とする。

御車代
広瀬

### お車代

白無地の封筒。葬儀や法要で宗教者に出向いてもらった場合、交通費として「お車代」を渡すことがある。

志
広瀬

### 香典へのお返し

葬儀や法要でお金や品物をいただいたときには、「志」として品物をお返しする。黒白やむらさきの結び切りで、のしなし。ハスの絵柄入りは仏式のみなので注意する。

Envelope

# 表書きと中袋の書き方

これが大事！

- ☑ 苦手でもていねいに書くことが大切
- ☑ 弔事では薄墨を使うこともある
- ☑ 中袋の書き方が慶弔で異なる

## 手書きが苦手でもコツを知ってていねいに

金封袋は、通常、お金を入れる中袋とそれを包む外袋がセットになっています。表書きとは外袋の表面に書く文字です。袋の上半分に贈り物の目的、下半分に贈り主の氏名を書きます。

毛筆が正式ですが、現代では筆ペンが一般的です。慶事は濃い墨、弔事は四十九日までは薄墨を使います。贈り主が連名の場合、人数により書き方のルールがあります。

## 表書きの書き方のコツ

【基本】

御祝
山田麻里
贈り物の目的は水引の上中央に大きめに書く。
上下は適度に余白をとる。
水引の下中央には贈る側の氏名をフルネームで、上部の目的よりやや小さめに書く。
文字の間隔はおおむね均等にし、文字同士がくっつかないようにする。


これもチェック！

- ▶ 毛筆か筆ペンを使い楷書でていねいに書く。ボールペンやマジックはNG。
- ▶ 慶事は濃い墨、弔事は四十九日までは薄墨を使う。

合わせて確認 「ふろしき・ふくさの使い方」▶ p.22

## 名前の書き方のルール

### 4名以上

代表者を中央に書き、左側に「外」もしくは「外一同」と書く。袋の中に全員の氏名を書いた紙を同封する。

### 3名連名

上位者を中央に、右から左へ書く。友人同士など同格の場合は五十音順で左右均等にする。

### 2名連名

目上の人を中央に、目下をその左に書く。友人同士など同格の場合は中央に左右均等に書く。

### 社名や肩書きをつける

氏名を中央に書き、その右上に小さめに社名や肩書きを書く。

### 団体名にする

団体名に「一同」をつけ、中央に書く。

### 夫婦連名

夫の氏名を中央にし、妻の名を夫の名の左側に書く。

Check!
ここが重要！

### 外包みの重ね方

外包みの裏側は、上下の折り返しが重なるように包みます。このとき慶事と弔事では、重ね方が異なるため、間違えないように注意しましょう。

慶事は「幸せを受け取れるように」という意味から下側の折り返しを上にして、重なりを上向きにします。弔事は「悲しみを流す」という意味から上側の折り返しを上にして、重なりを下向きにします。

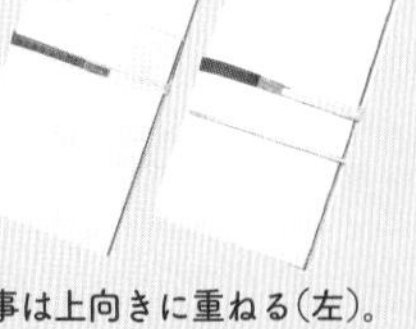

慶事は上向きに重ねる（左）。
弔事は下向きに重ねる（右）。

## 中袋は慶弔で書き方が変わる

　お金を入れる中袋は、祝儀袋や不祝儀袋とセットで市販されています。封筒型が一般的ですが、紙を折った形のものもあります。中袋には、金額と贈り主の住所、氏名を記載します。慶弔で書き方が異なるので気をつけます。表書き同様、慶事では濃い墨、弔事では四十九日までは薄墨を用います。

　水引やのしが印刷された簡易タイプの金封袋には、まれに中袋がついていないものもあります。その場合は、書道半紙などでお金を包めば中袋の代わりになります。ただし、1万円未満の額なら中袋なしでも失礼に当たりません。

### 中袋の書き方

【弔事】

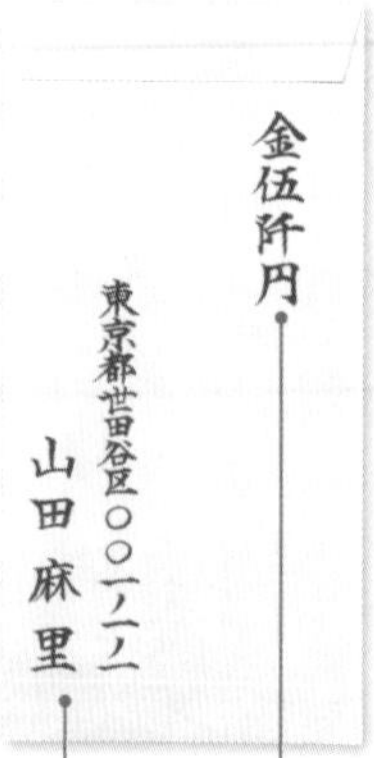
金伍阡円
東京都世田谷区〇〇一ノ二
山田麻里

裏面の右側に金額、左側に贈り主の住所、氏名を書く。記入スペースが設けてあるときは、そのスペースに書く。

【慶事】

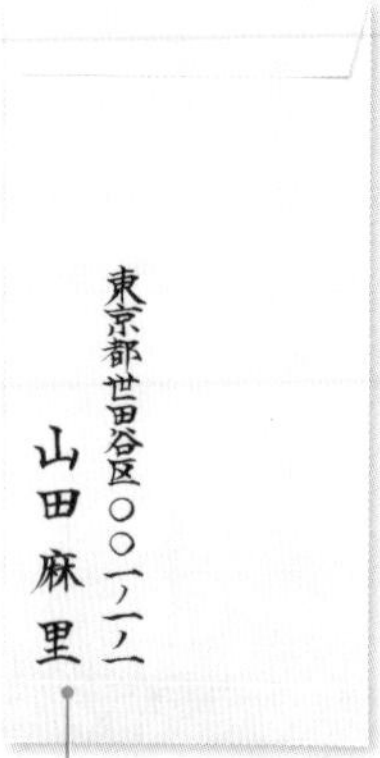
東京都世田谷区〇〇一ノ二
山田麻里

裏面の左側に贈り主の住所、氏名を書く。記入スペースが設けてあるときは、そのスペースに書く。

金参萬円

表面の中央に金額を書く。できれば改ざんを防ぐ大字を（▶P.19）使うとよい。

これもチェック！

- 縦書きにして、漢数字を用いるのが原則。
- 中袋を用いない場合は、外袋の裏面左下に住所、氏名、金額の順に縦書きで書く。

How? こんなときは?

## 中袋がないときは?

中袋がない場合は、書道半紙でお金を包み中袋の代わりとします。ただし、一部の地域では「不幸が重なる」という理由で、不祝儀には中袋を使わないのがマナーというところも。事前に確認できるなら、慣習に添いましょう。半紙での包み方は次のようにします。

**1**

半紙に図のようにお札を置き、お札の大きさに沿って、①〜③の順に半紙を折る。

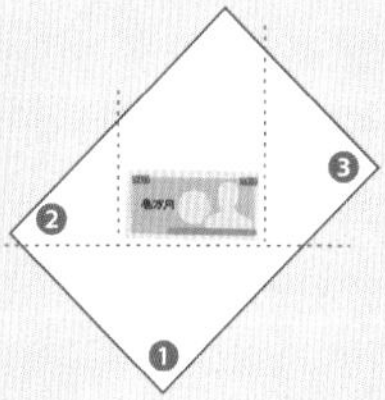

**2**

お札の大きさに合わせて、半紙を折り包んでいく。

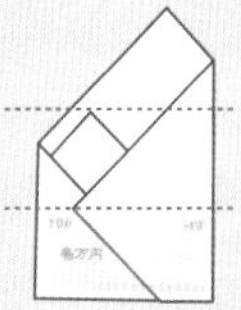

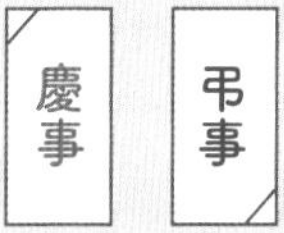


**3** 表にしたときに、慶事は左上、弔事は右下に折り筋がくるように用いる。

Agree! これは納得!

## 「大字《だいじ》」について

大字は、法的な文書や会計書類などで使われることの多い漢字です。「一・二・三」など単純な字形の漢数字の改ざんを防ぐために用いられます。祝儀袋や不祝儀袋に記載する金額も大字を使うと、改ざんしにくく、受け取った相手にも金額の誤解が生じにくくなります。大字を使う場合は、縦書きにするのが正式です。

| 漢数字 | 大字 |
|---|---|
| 一 | 壱 |
| 二 | 弐 |
| 三 | 参 |
| 四 | 肆 |
| 五 | 伍 |
| 六 | 陸 |
| 七 | 漆 |

| 漢数字 | 大字 |
|---|---|
| 八 | 捌 |
| 九 | 玖 |
| 十 | 拾 |
| 百 | 陌 |
| 千 | 阡 |
| 万 | 萬 |
| 円 | 圓 |

## お札の入れ方

中袋にお札を入れるときは、表（肖像のあるほう）が上になるように、向きをそろえて入れるとスマートです。封はせずに、外袋で包みます。

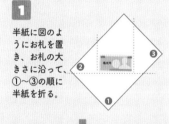

Envelope

# かけ紙の種類と選び方

## かけ紙のルール

【お中元などの贈答】

●紅白の蝶結び・のしつき
●裏面の合わせは右側が上

【結婚祝い】

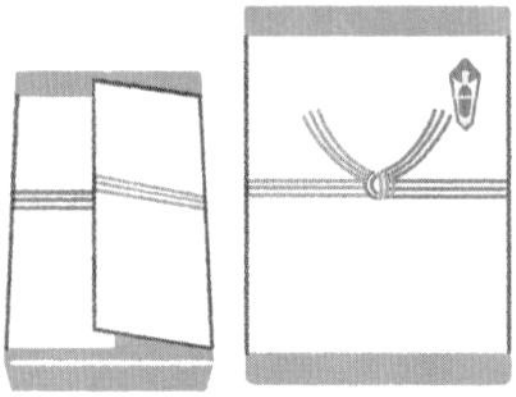

●紅白の結び切り・のしつき
●裏面の合わせは右側が上

【弔事】

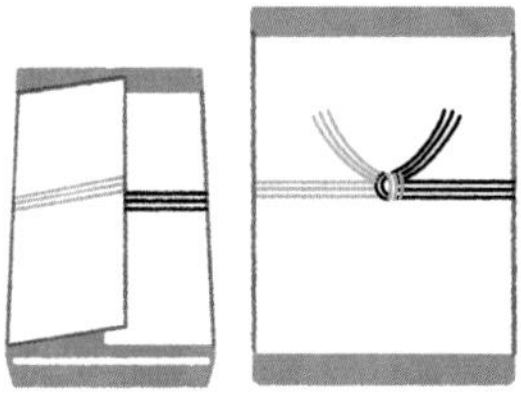

●白黒の結び切り・のしなし
●裏面の合わせは左側が上

【結婚以外の慶事】

●紅白の蝶結び・のしつき
●裏面の合わせは右側が上

これが大事!

- かけ紙は目的に合わせて選ぶ
- 慶事と弔事は合わせ方が逆になる
- 包装紙の包み方にもルールがある

### 慶弔で異なる贈り物の包み方

お祝いごとやお悔やみごとでの贈り物、お中元・お歳暮などの品を贈るときなどは、品物を包装紙で包み、一般に「のし紙」と呼ばれるかけ紙をかけます。かけ紙には、表書きをし、贈り主の氏名を書きます。包装紙の包み方、かけ紙の種類やかけ方にはルールがあり、慶弔どちらの贈り物かによって体裁が変わります。失礼のないように気をつけましょう。

合わせて確認 「ふろしき・ふくさの使い方」▶ p.22

# 品物の包み方

## 【ななめ包み】

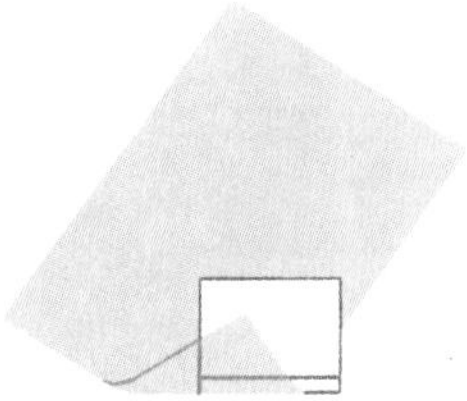

**1** 包装紙に箱を表面を上にして置く。慶事は箱の上部を左、弔事は右にする。

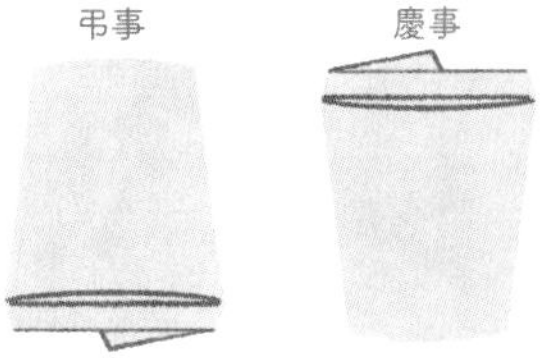


**2** 包み終わったときに、慶事は上部に空きができ、弔事は下部に空きができる。

## 【キャラメル包み】

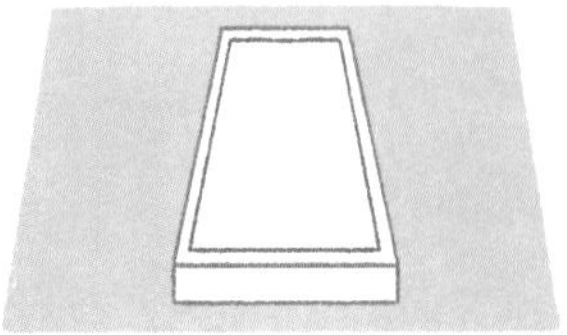

**1** 包装紙に箱を裏面を上にして置く。箱の上部が奥になるように。

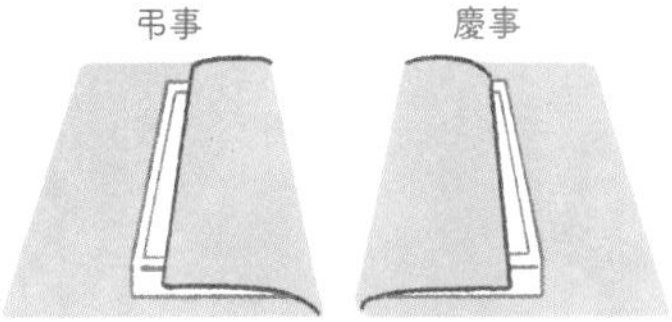


**2** 慶事は左→右の順に、弔事は右→左の順に紙をかける。

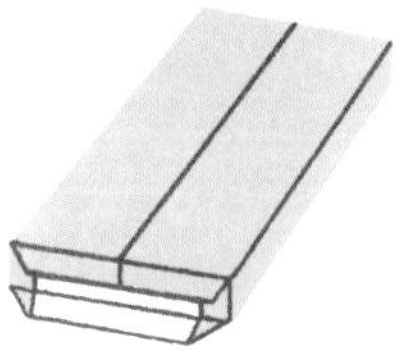

**3** 紙の左右を箱に沿うように折り、上部も箱に合わせて折り込む。

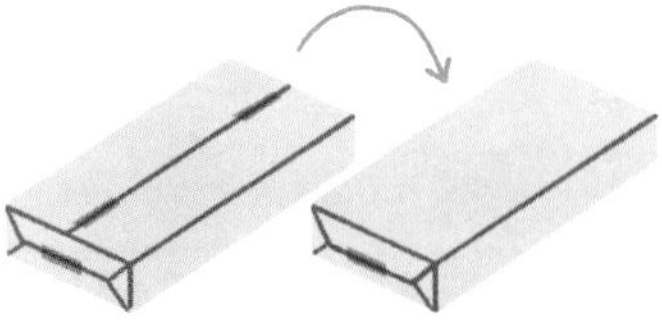

**4** 下部を箱に沿って折り上げ、全体を表に返す。

Agree!
これは納得！

## 内のしと外のしについて

内のしは品物（箱）に直接かけ紙をかけ、かけ紙ごと包装紙で包むものです。外のしは品物を包装してからかけ紙をかけます。

一般に内のしは内祝いに用いられます。お祝いをいただいたお返しである内祝いは、本来「幸せのおすそ分け」という意味がありました。贈る目的をはっきりとさせず控えめな表現として内のしが用いられます。また、宅配などで贈答する場合も、内のしにしてかけ紙が汚れないようにします。

表書きがひとめでわかる外のしは、お祝いなど贈り物の目的をはっきりと伝えたいときにおすすめです。

# ふろしき・ふくさの使い方

これが大事！

- 金封はふくさに包んで持参する
- ふくさは慶弔で包み方が異なる
- 贈答品はふろしきで包むと上品

## 「包む」ことは実用を兼ねた日本の伝統

贈り物のお金や品物を相手に直接手渡すときには、ふくさやふろしきに包んで持参するのがマナーです。

ふくさは、ふろしきのような形の小さな布で、金封袋を包みます。留め具のつめや塗りの台がついたものもあります。いまは、長財布のような形で、金封袋を包むのではなく挟み込むタイプのふくさもよく見かけます。

ふろしきは、四角いものだけでなく、さまざまな形状のものを包めるのが便利です。贈答品は購入したお店の紙袋を使うことも多いですが、目上の人や大切な人への贈り物はふろしきで持参すると、よりていねいで上品な印象です。

日本では昔から物を包む文化があります。ふろしきやふくさは、使い慣れない人も多いでしょうが、一度覚えればいろいろなシーンで役に立ちます。日本人ならではの奥ゆかしさが込められた「包み方」のマナーを知りましょう。

Check!

ここが重要！

### 慶弔でのふくさの色

市販されているふくさには、さまざまなデザインや色のものがありますが、選ぶ際に気をつけたいのが色です。女性向け・男性向けに関わらず、赤やピンクなどの暖色系は慶事用、黒や青は弔事用になります。

お祝いごとにもお悔みごとにも使えるのは、藤色や紫色のものです。

# ふくさの包み方

## 【弔事】

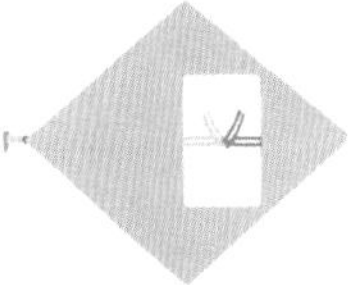

**1**
つめのあるふくさはつめを左側にして、不祝儀袋をやや右寄りに置く。

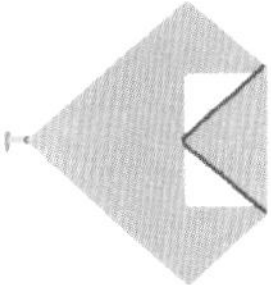

**2**
ふくさの右側の角を折って不祝儀袋にかぶせる。

**3**
下側、上側の順に折ってかぶせる。

**4**
左側を折ってかぶせ、つめがあれば留める。

## 【慶事】

**1**
つめのあるふくさはつめを右側にして、祝儀袋をやや左寄りに置く。

**2**
ふくさの左側の角を折って祝儀袋にかぶせる。

**3**
上側、下側の順に折ってかぶせる。

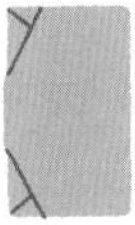

**4**
右側を折ってかぶせ、つめがあれば留める。

Agree!
これは納得!

### ふくさを広げるとき

包んだふくさを広げるのは、結婚式や葬儀での受付です。受付ではふくさごと取り出し、ふくさをその場で広げて金封袋を手渡します。このとき、慶事の場合はふくさを左の手のひらに乗せ右手で開くようにしましょう。包んだときと逆の順番にスムーズに広げることができます。弔事の場合は逆に、右の手のひらに乗せて開くとスムーズです。

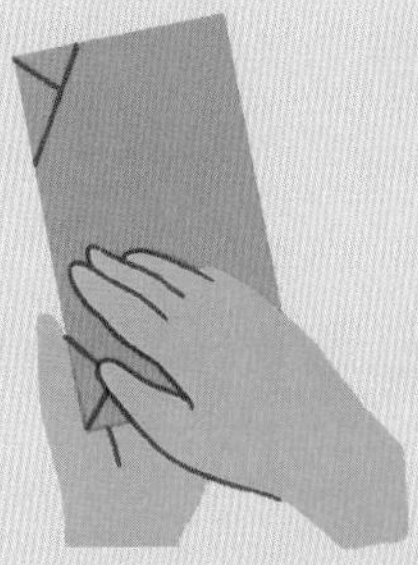

# ふろしきの包み方

## 【平包み】

あらたまった席に持参する際は、結び目のない包み方が上品です。

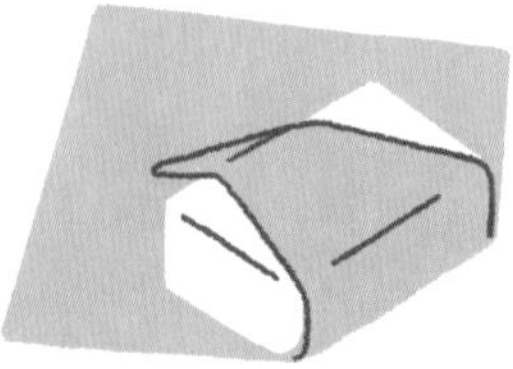

**1** ふろしきの中央に品物を置き、手前の角を折りかぶせる。

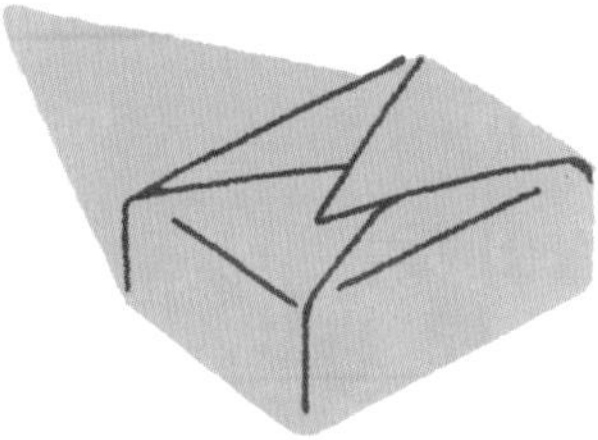

**2** 左側、右側の順に折りかぶせる。角が品物からはみ出たときは内側に折り込む。

**3** 奥の角を手前に折りかぶせる。

## 【ひとつ結び】

箱状のものを運ぶのに便利な一般的な包み方です。

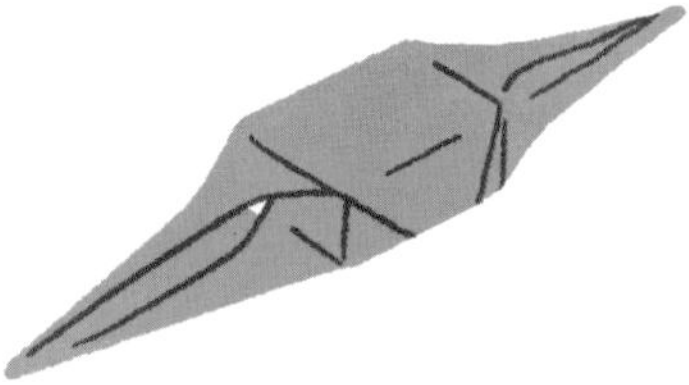

**1** ふろしきの中央に品物を置き、手前の角と奥の角を折りかぶせる。

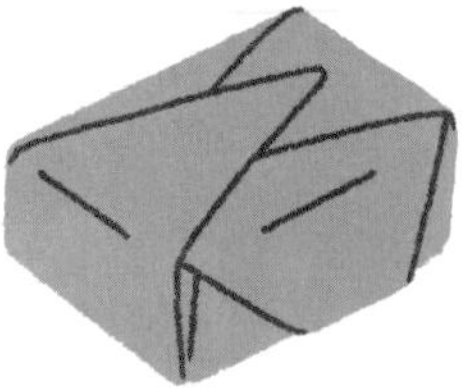

**2** 左右の角を折りかぶせる。

**3** 左右の折りかぶせた角をしっかり結ぶ。

Wedding

# 2章 結婚のマナー

お祝いごとの中でも、結婚はよりおめでたいものとされています。昔からのしきたりを重んじることも多いので、失礼のないように祝福の気持ちを伝えましょう。結婚式に招待する側は、ゲストをもてなす気持ちで準備し、式後のお礼も必要です。

# 結婚式に招待されたら

これが大事！

- ☑ 出席の返信は必ずはがきで出す
- ☑ 出席の返信は受け取り後1週間以内
- ☑ 欠席の返信は1週間ほど日を空けて

## 出欠の返信は1週間以内にメッセージを添えて

結婚式の招待状が届いたら、同封の返信用はがきで出欠の返事をしましょう（▼p.28）。やむを得ない事情がない限りは出席とするのが一般的です。新郎新婦と親しい間柄の場合、招待状が届く前に電話やメールなどで出欠を伝えていることもあるでしょう。しかし、その場合でも必ず、はがきで返信するのがマナーです。

招待する側は、招待状の返信を

## 招待状への返信マナー

### • 出席の場合

招待状には返信の期日が記載されていますが、できれば受け取ってから2～3日以内、遅くとも1週間以内には返事を出します。

### • 欠席の場合

日程をずらせない予定がある場合は、返信はがきを送る前に電話でお詫びを伝えます。出張や海外旅行など理解を得られる理由は伝えるほうが誠実な印象です。弔事は「やむを得ない事情」とします。欠席も早めに返信するほうが迷惑がかかりません。

これもチェック！

- ▶ 招待状が往復はがきの場合は、半分に切り離し、「返信はがき」のほうだけを投函する。
- ▶ 返信はがきの記載は、毛筆や万年筆が基本だが、黒の筆ペンや水性ボールペンでも問題ない。ブルーやグレーのインク、鉛筆やマジックを使うのはNG。

合わせて確認 「スピーチ・余興を頼まれたら」▶ p.48

HOW?

こんなときは?

## 欠席する場合のマナーは?

招待されたけれど、やむを得ない理由で欠席の返事をした場合は、お祝いの品（▶p.35）や祝電（▶p.31）を贈って祝福の気持ちを伝えるとよいでしょう。お祝いの品は結婚式の1～2週間ほど前に招待状の差出人へ、祝電は前日に会場へ届くよう手配します。

## 当日の予定が決まらない場合は?

当日の予定がわからない場合は、まず先方に電話をし、返事をいつまで待ってもらえるのかを確認します。返信の期日がせまっても予定が決まらない場合は、欠席にするのが無難です。その際、先方にはていねいに事情を説明することを忘れないようにしましょう。

## ゲストカードが同封されていたら?

必要事項を記入しておき、結婚式当日に持参します。書き方の基本は返信はがきと同様です（▶p.28）。黒の筆ペン、万年筆、水性ボールペンなどを用いて、「ご」「御」などの敬語表現の文字は消します。文字はていねいに書くがマナーです。

見て食事や引き出物の数を確定します。返信が遅れると迷惑をかけてしまうため、受け取ったらなるべく早く返信します。やむなく欠席する場合は、電話でお詫びしてから返信するのがよいでしょう。どちらの場合も、お祝いのメッセージを添え、欠席の場合は、その理由も書きます。

最近では、招待状といっしょにゲストカードが同封されていることもあります。ゲストカードは結婚式当日に受付で記入する芳名帳の代わりになるものです。カードが同封されていたら、事前に氏名や連絡先、メッセージなどを記入しておき、結婚式当日に忘れず持参しましょう。受付の際、スタッフに手渡します。

# 返信はがきの書き方

【表面】

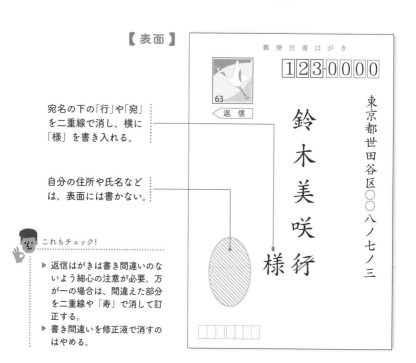

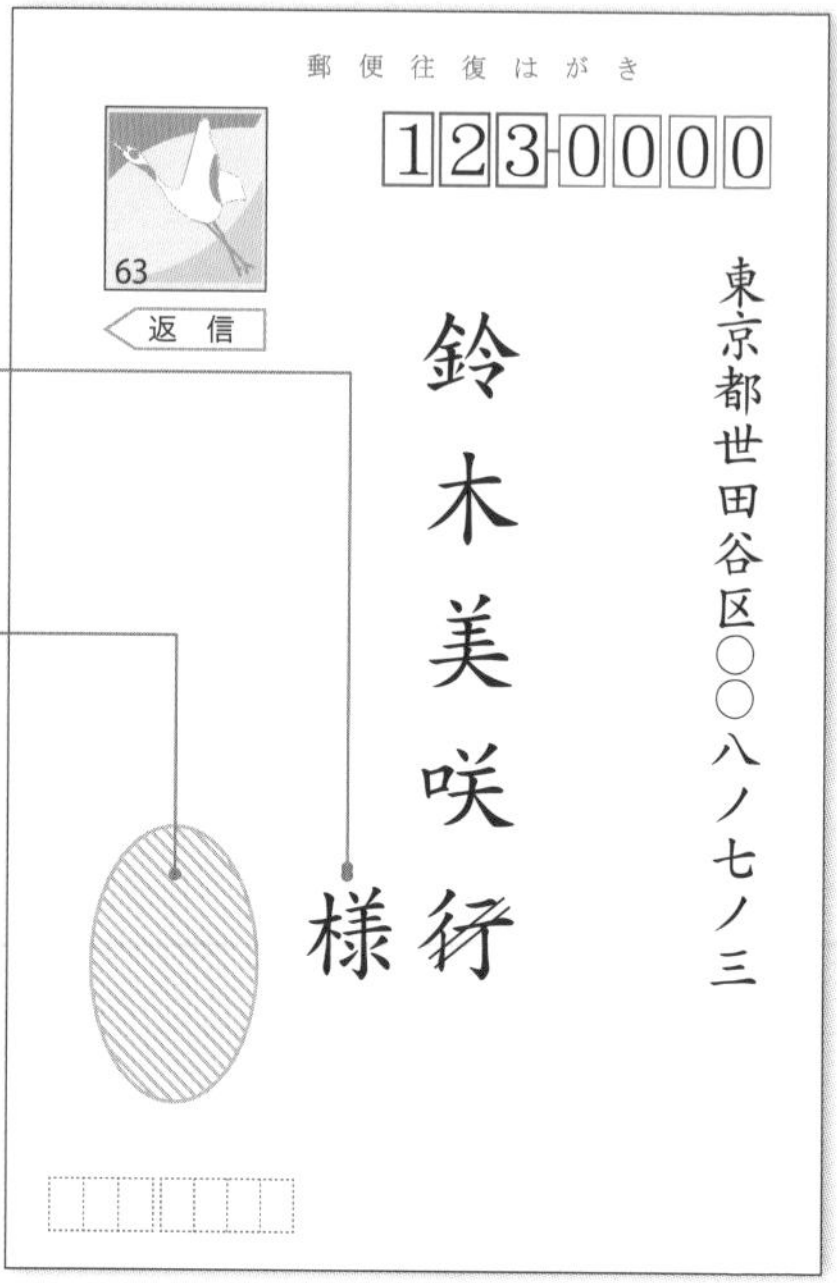
郵便往復はがき
123-0000
63
返信
東京都世田谷区〇〇八ノ七ノ三
鈴木美咲
様
行

宛名の下の「行」や「宛」を二重線で消し、横に「様」を書き入れる。

自分の住所や氏名などは、表面には書かない。

これもチェック!

- 返信はがきは書き間違いのないよう細心の注意が必要。万が一の場合は、間違えた部分を二重線や「寿」で消して訂正する。
- 書き間違いを修正液で消すのはやめる。

Check!

ここが重要！

## 縁起のいい「寿消し」

先方の宛名の「行」を消すとき、「寿」という文字で消すと、縁起がいいと言われています。「寿」の字は赤か黒のインクで書き入れます。

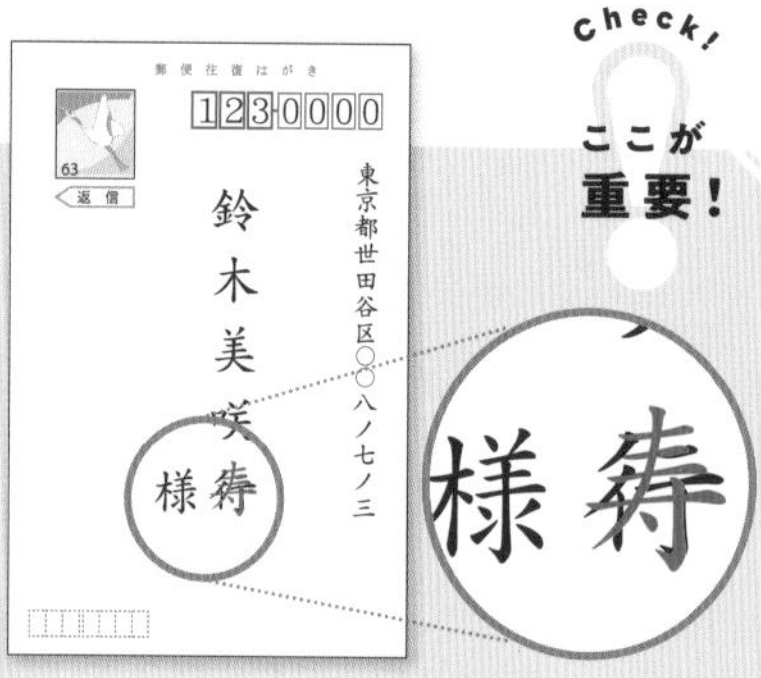
郵便往復はがき
123-0000
63
返信
東京都世田谷区〇〇八ノ七ノ三
鈴木美咲
様
寿
様
寿

合わせて確認 「お祝い・お礼の手紙文例」▶ p.252

## 【裏面】

「欠席」の前の「ご」や「御」を短い二重線で、「ご出席」は長い二重線で消す。

「出席」の前の「ご」や「御」を短い二重線で、「ご欠席」は長い二重線で消す。

### ・欠席する場合

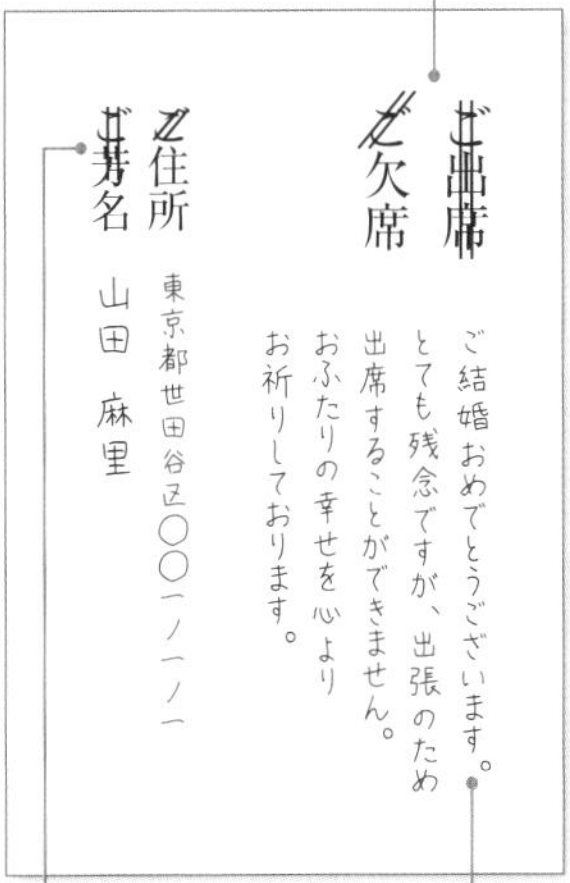
ご出席
ご欠席
ご結婚おめでとうございます。
とても残念ですが、出張のため
出席することができません。
おふたりの幸せを心より
お祈りしております。
ご住所 東京都世田谷区〇〇一ノ一ノ一
ご芳名 山田 麻里

### ・出席する場合

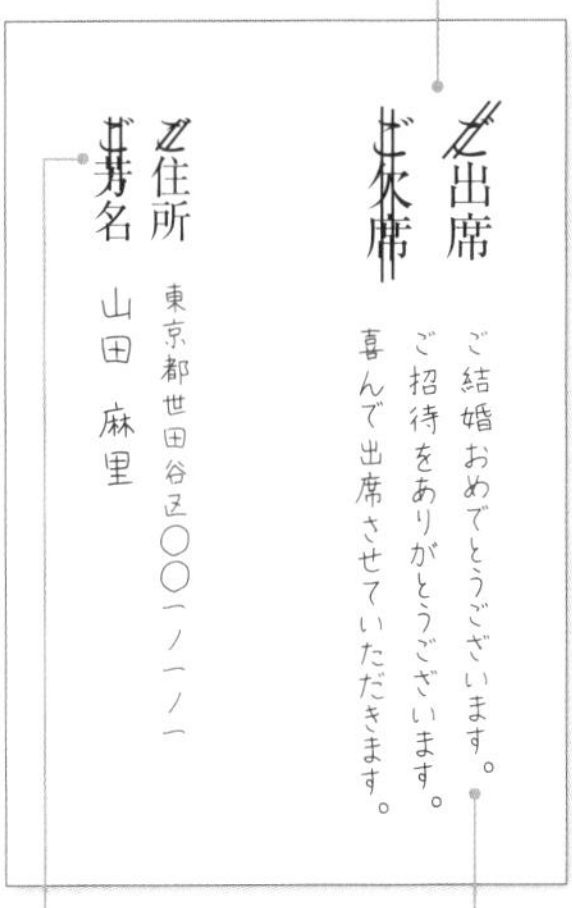
ご出席
ご欠席
ご結婚おめでとうございます。
ご招待をありがとうございます。
喜んで出席させていただきます。
ご住所 東京都世田谷区〇〇一ノ一ノ一
ご芳名 山田 麻里

「住所」の前の「ご」や「御」、「ご芳名」の「ご芳」を二重線で消す。

手書きでメッセージを書き入れる。出席できない理由に軽く触れ、残念な気持ちを伝える。

「住所」の前の「ご」や「御」、「ご芳名」の「ご芳」を二重線で消す。

手書きでメッセージを書き入れる。お祝いや招待への感謝の気持ちを込めて。

ポイント！

**▶ 欠席のメッセージ**

病気や弔事を理由にするのはタブー。「やむを得ない理由により」「都合により」と書いて返信し、結婚後に本人と顔を合わせたときに理由を話すとよいでしょう。「多忙」も失礼なので、「出張が入っているので」「外せない身内の行事があるため」など、避けられない理由を書きます。

ポイント！

**▶ 出席のメッセージ**

招待状にスピーチや余興を依頼するメッセージが同封されていた場合は、返信に「喜んでお引き受けします」と書いておくと先方が安心します。スピーチや余興は頼むほうも気をつかうもの。気持ちよく引き受けたいものです。

# 招待されたときの迷いごと

結婚式の招待を
受けたけれど
こんなときはどうする？

**Q 式直前に急用で出席できなくなったら？**

**A** 急に出席できなくなったら、電話でやむなく欠席する旨を伝えます。ご祝儀は現金書留で贈ってよいですが、当日までに余裕があれば、持参してお詫びにうかがうとていねいです。

**Q 当日に弔事が重なったら？**

**A** 出席の返信後に、身内の不幸などで直前に欠席となったときは、先方にすぐに電話で欠席の連絡を入れます。弔事のことは伏せ「やむを得ない事情により」と理由をぼかし、本当の理由は後日伝えましょう。ご祝儀はできる限り早く、現金書留などで贈ります。身内の結婚式とあまり親しくない人の葬儀が重なったら、身内を優先。葬儀には弔電《ちょうでん》を打ちます。

身内が亡くなってから仏式《ぶっしき》の四十九日、神式《しんしき》の五十日祭までは忌中《きちゅう》といい、原則その間はお祝いの席には出席しないのが礼儀です。亡くなってから1年間の喪中《もちゅう》の間は、出席してもかまわないとされています。

喪に服す身内は「親・子・きょうだい・祖父母」までですが、同居か別居かによっても変わります。結婚式に欠席するべきかどうかは、家族に相談してみましょう。

**ご祝儀を郵送する場合**

ご祝儀袋が入る大きめの現金書留封筒に、ご祝儀袋ごと入れる。メッセージを同封してもよい。宛名は招待状の差出人にする。

**Q 親しくない人から招待状が届いたら？**

**A** あまり親しくない人から突然招待状が届いたら、戸惑うもの。気が進まない場合は、先に電話やメールで断りを入れ、その後はがきを返送します。断る際は、「ご招待をありがとうございます。その日はどうしても外せない先約があるもので……」と、角が立たないように言葉を選びましょう。

**Q 海外挙式に招待されたら？**

**A** 遠方の挙式は、ご祝儀のほかに交通費や宿泊費がかかります。一般には招待した側が負担するものですが、予算が大きいとそうはいかないことも。出席したい気持ちが強いなら、自費で現地に行き、出席のかわりにご祝儀を少なめにするなどしましょう。

**Q 祝電はどんなときに送る？**

**A** 招待された結婚式に事情があって出席できない場合や、招待されるほど親しくないもののお祝いの気持ちを伝えたい場合などに祝電を送ります。電報サービスはNTT東日本・西日本の電話番号「115」のほか、インターネットからも申し込みできます。送り先、宛名、配達希望日、送り主、支払いのためのクレジットカード情報を用意してから申し込みましょう。電報の種類や文面は、用意されたものから選んだり、電話であれば受付の人に相談できます。

**電報を送る場合**

| | |
|---|---|
| 送り先 | 披露宴会場。ホテルや専門式場は、披露宴を行う部屋名まであるとベスト。 |
| 宛名 | 新郎新婦。一方のことをまったく知らない間柄ならどちらか宛てでもよい。旧姓に贈る。 |
| 配達日 | 前日到着を指定。 |

# お祝いを用意する

これが大事！

- ご祝儀は相手によって相場がある
- 祝儀袋の包み方にも決まりがある
- 品物を贈るなら1～2週間前までに

## お金は当日の会場へ持参。品物は事前に自宅へ送る

披露宴に招待されたら、披露宴当日に結婚祝い金（ご祝儀）を持参します。お金を入れる袋や渡し方にはマナーがあるので失礼のないようにしましょう。

披露宴に招待されていない場合でも、同僚や友人などが集まって連名でご祝儀や品物を贈ることがあります。お祝いの品を贈る場合は、挙式の1～2週間前までに先方の自宅へ宅配などで送ります。

## ご祝儀のマナー

### 【祝儀袋と表書き】

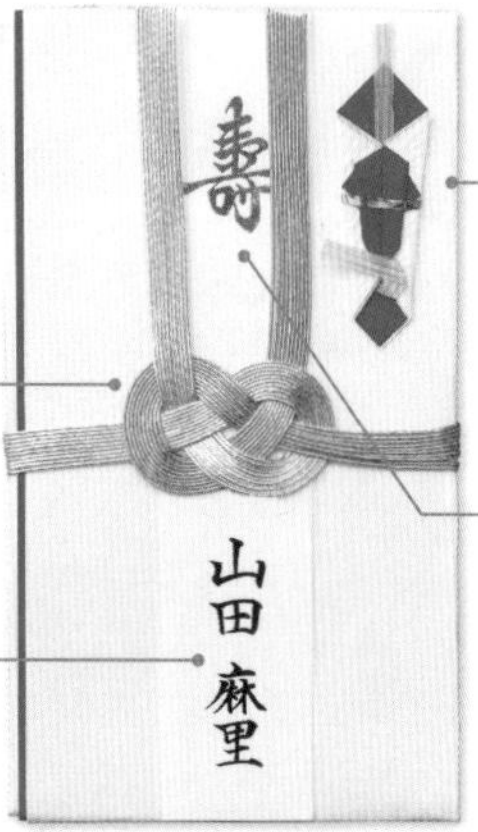


必ずのしつきのものを選ぶ。

水引は金銀または紅白で、結び切りのものを選ぶ。

表書きは「寿」と印刷されたもの。印刷がなければ、中央に「寿」「御祝」などと楷書で書く。

中央に贈り主の氏名を楷書で書く。

これもチェック！

- ▶ 筆記具は黒の毛筆か筆ペンで。筆書きが苦手な場合、デパートなどで祝儀袋を購入すると、表書きをしてくれるサービスもある（有料の場合もある）。
- ▶ 祝儀袋のデザインは、中身の金額が大きいほど豪華にするのがよい（▶p.10）。

合わせて確認　「祝儀袋の種類」▶p.10　「品物の包み方」▶p.21

【中袋】

のりづけなどで封をしない。

【お札の用意】

折り目のない新札を用意。

肖像が表になるよう向きをそろえて入れる。

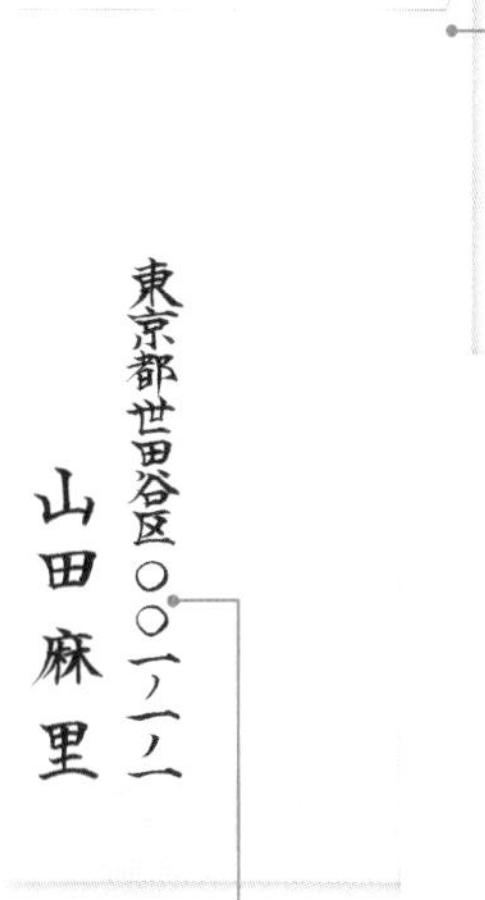


裏面の左下に住所と氏名を書く。

表面の中央に「金〇〇円」と金額を書く。

これもチェック!

- 金額は改ざんを防ぐため、大字で書くのが一般的（▶p.19）。
- 金額や住所・氏名を記入する欄が設けられている場合は、そこに記入する。
- 中袋がない場合は、書道半紙に包んでから、祝儀袋で包む（▶p.19）。

| 贈る相手 | 金額の目安 |
|---|---|
| 友人 | 3 万円 |
| きょうだい | 5 ～10万円 |
| いとこ | 3 ～ 5 万円 |
| おい・めい | 5 ～10万円 |
| 孫 | 10～50万円 |
| 上司・同僚 | 2 ～ 3 万円 |
| 職場の部下 | 3 万円 |
| 仕事の取引先 | 2 ～ 3 万円 |

Money お金の目安

## ご祝儀の金額

昔は結婚のご祝儀は割り切れない奇数にすることが常識とされていました。しかし今では、ペアを表す「2」や末広がりの「8」は贈ってもよいと言われています。反対に、「死」をイメージさせる「4」や、「苦」をイメージさせる「9」は、偶数奇数に関係なく避けるようにします。

# ご祝儀の渡し方

**1** 受付係に一礼し、「本日はおめでとうございます」とあいさつ。

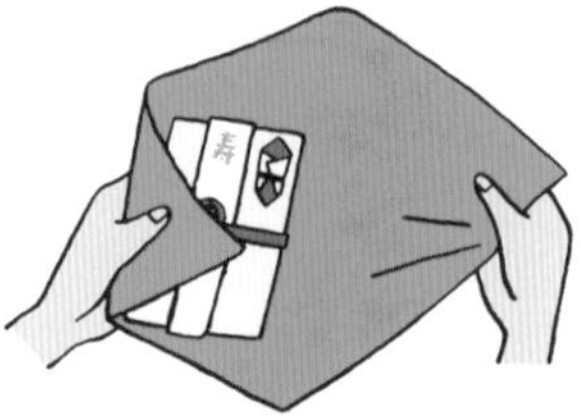


**2** 左手でふくさを持ち、右手で中からご祝儀袋を取り出す。

**3** ふくさを軽くたたみ、その上にご祝儀袋を重ねる。

**4** ご祝儀袋を相手に向けて正面にし、両手でふくさごと差し出す。

これもチェック!

- 披露宴会場にご祝儀を持参するときは、必ず「ふくさ」と呼ばれる小型のふろしきに包む（▶p.22）。最近は簡易型の差し込み式のふくさもある。
- 当日は受付係の前でふくさからご祝儀袋を取り出す。

Check! ここが重要！

### 親しければ事前に渡してもOK

親類やごく親しい間柄の友人なら、披露宴前にご祝儀を渡してもかまいません。その場合、当日の受付では「お祝いはすませておりますので……」と伝え、記帳だけすませます。

### 受付は早めにすませる

披露宴の受付は、時間に余裕をもってすませましょう。会場には開宴の30分ほど前に到着し、遅くとも披露宴が始まる15分前には受付をすませておくと安心です。

合わせて確認 「ふろしき・ふくさの使い方」▶p.22 「披露宴に出席する」▶p.44

## お祝いの品物を贈るとき

### ・友人といっしょに贈ってもよい

披露宴に招待されていて、品物でもお祝いをするときは、ご祝儀と合わせて33ページの金額になるように調整します。披露宴には招待されていないものの祝福の気持ちを伝えたい場合は、3,000円以上の品が目安です。職場の同僚や趣味の仲間など大人数でお祝いをすると、ひとり当たり1,000 ～5,000円ぐらいで高価な品物を贈ることができます。

### ・かけ紙は内のしで

お祝いの品を宅配などで送るときは、品物が入った箱に、のしつきのかけ紙をかけ、その上から包装する「内のし」にします（▶p.21）。

### ・希望を聞けるとベスト

お祝いの品で一般的なのは、食器類やタオル・リネン類、調理道具、時計・置物など。好みは人それぞれなので、親しい間柄なら事前に本人にほしいものを確認して贈ると喜ばれます。

NG!
これは タブー

### 切れるものや割れるもの

基本的に包丁やガラス類、鏡などはNGです。ただし、本人の希望があれば贈ってもかまいません。

### お祝い品の当日持参

披露宴会場に品物を持参するのは、主催者側の手間を増やしてしまうので遠慮します。

### 場所をとるもの

家具や置物など、大きくて場所をとるものは贈らないほうが無難です。相手の趣味に合わないものも避けます。

# ご祝儀の迷いごと

お金のことだから心配な
ご祝儀マナー。
こんなときはどうする？

**Q　披露宴に出席できないとは？**

**A**　招待されたけれど、都合がつかず欠席の返事をした場合は、ご祝儀やお祝いの品を、現金書留（▼p.30）や宅配で送ります。金額は出席する場合の3〜5割程度が一般的です。

**Q　会費制の披露宴の場合は？**

**A**　会費制は、「ゲストに負担をかけたくない」という思いがあることも。会費がご祝儀となるので、一般的なご祝儀は基本必要ありません。当日は、祝儀袋に会費を入れて持参するとよいでしょう。親しい相手でお祝いしたい気持ちが強い場合は、会費を渡す際、少し多めの額を包んでもかまいません。事前にお祝いの品を贈ってもよいでしょう。自分の結婚式にご祝儀をいただいている場合は、会費との差額程度の額でお祝いの品を贈る方法もあります。

**Q　新郎新婦が再婚の場合は？**

**A**　再婚であっても、披露宴に招待されたら初婚のカップルと同様にご祝儀を用意します。お祝いを辞退している場合は、特別なものを贈る必要はありませんが、親しい友人などであれば、なんらかの形でお祝いを贈ってもよいでしょう。品物を贈る場合は、贈ってよいか、どんなものがよいかなど、事前に確認しておくほうが安心です。

**Q 二次会だけに招待されたら？**

**A** 会費制の二次会では、会費がご祝儀になります。会費制でない場合は、相応のご祝儀を持参（▼p.33）するか、事前にお祝いの品を贈ります（▼p.35）。

**Q 遠方で交通費がかかるときのご祝儀額は？**

**A** 先方から交通費や宿泊費の負担申し出があったときは、通常通りのご祝儀を用意します。特別な申し出がない場合でも、当日に「お車代」を渡されることもあるので、通常通りの用意をするほうが無難です。完全にこちらが負担するとわかっている場合は、ご祝儀は相場の半額程度でもよいとされます。

**Q 夫婦・家族で出席するときは？**

**A** 夫婦で出席するときは、ご祝儀袋はひとつで連名にして贈ります（▼p.17）。金額はふたり分包みますが、3万円の相場であれば5万円という場合が多いようです。

子どもも出席する場合は、食事の内容で考えます。席も食事も不要の赤ちゃんなら、ご祝儀も不要です。お子様メニュー程度の食事がつくのなら1万円、大人と同じメニューなら2万円が目安。いずれにしても、5万・7万などの奇数や、8万・10万などの縁起のよい金額にします。

Wedding

# 結婚式・披露宴での服装

これが大事！

- ☑ 会場の格式に合わせるのが基本
- ☑ 購入が厳しければレンタルする
- ☑ 派手すぎず地味すぎないよそおいを

## 女性のよそおい

【和装】

未婚者の場合は振袖、既婚者の場合は訪問着がおすすめ。色留袖や紋付の色無地でもOK。華やかな色・柄のものを選ぶとよい。
着物に合わせて錦織の袋帯など格調の高い帯を結ぶ。
佐賀錦のバッグと草履など、小物も高級感のあるものを選ぶ。


これもチェック！

- ▶ 黒留袖は親族が着用するものなのでNG。
- ▶ 紋付の着物は格が高くなる。色留袖の五つ紋は親族より格が高くなる可能性があるので、三つ紋か一つ紋が無難。色無地なら五つ紋でも大丈夫。

## 会場の格式に合わせて華やかなものを選ぶ

結婚式・披露宴に出席するときの服装は、会場の格に合わせ、華やかで高級感のある色や柄、素材を選びます。ただし、あくまでも新郎新婦が主役ですので、主役を立てる気持ちを第一にし、お祝いの場にふさわしい服装にします。「平服で」と指定がある披露宴も増えていますが、これは「正装でなくてもよい」という意味。普段着で行くのはマナー違反です。

合わせて確認　「結婚式に参列する」▶ p.42　「披露宴に出席する」▶ p.44

## 【夜の洋装】 【昼の洋装】

金銀や宝石などの華やかなアクセサリーを着用してかまわない。

少し肌を出したドレスでもよい。

シルク、サテンなど光る素材だと、より豪華に見える。

パールなど光沢を抑えたアクセサリーで。

昼の披露宴では肌の露出を控えめにする。

ヒールは最低3センチ以上あるものがベスト。ワニ革やヘビ革など、殺生を連想させるものを避ける。

これもチェック!

- 昼夜を問わず、フォーマルなワンピースやエレガントなドレス、ツーピースなどを選ぶ。
- レストランやガーデンウェディングなどのカジュアルな披露宴や、係を頼まれ動き回ることが多いときなどはパンツスーツもOK。ただし華やかさを意識する。

NG!
これはタブー

### すべて白や黒

全身白の衣装は花嫁だけに許されるものなのでNGです。弔事を連想させる全身黒も避けましょう。黒の場合、光る素材やレース・フリルなどがついた華やかなデザインならOK。

### カジュアルな素材

どんなに高価でも、木綿やニットなど普段づかいの素材の服は避けます。和装の場合、小紋や紬は普段着に分類されるので、高価なものであってもNGです。

### 教会での肌の露出

教会での挙式に肌の露出はNGです。ノースリーブの場合は、ショールやジャケットなど、上から羽織れるものを用意しておきましょう。

## 男性のよそおい

【タキシード】　【ブラックスーツ】

黒の蝶ネクタイをする。
黒のカマーバンドをつける。
ズボンはサスペンダーを用いて吊る。
白またはシルバーのネクタイ。華やかなものも可。
白いポケットチーフを胸にあしらう。
カフスやタイピンなどの小物で華やかにしてもよい。
足元は黒い革靴と靴下。

これもチェック!

- ブラックスーツは昼も夜も使え、さらに弔事にも使えるので便利。
- タキシードは夜の準礼装。欧米での夜の正礼装はテールコートだが、日本では新郎のよそおいなので招待客は避ける。

## ポケットチーフの折り方

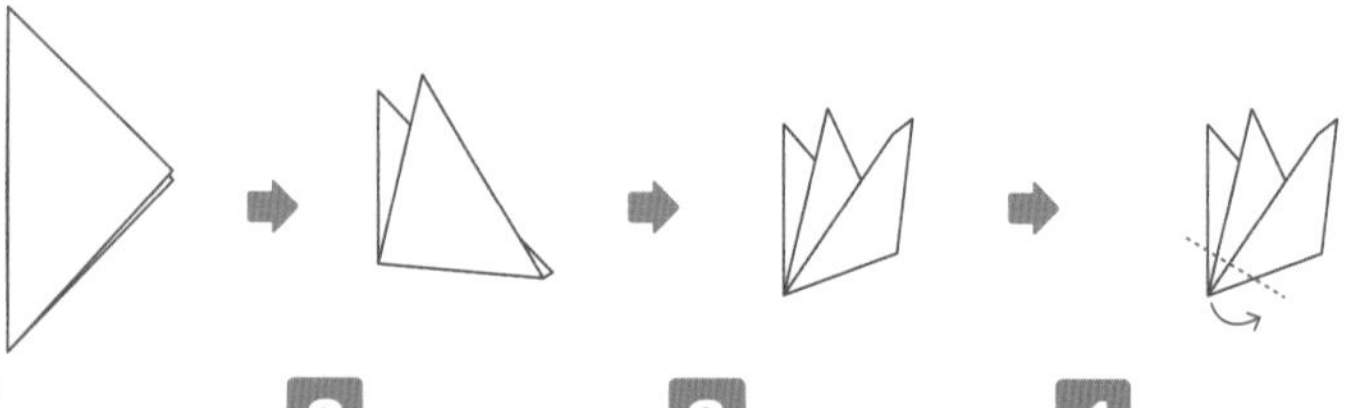

**1** 対角線で半分に折る。

**2** 先を少しずらすようにして半分に折る。

**3** もう一度、先をずらすように折る。

**4** 下部を少し折り、ポケットに差し込む。

## 子どものよそおい

【女の子】　【男の子】

髪を結んだりアップにしたりして、髪飾りをつけると華やか。

フォーマルなワンピースなどで可愛らしく。

スーツかブレザースタイルにし、ネクタイを着用。

これもチェック!

- 学生の場合は、学校の制服が正礼装。学校の指定靴が運動靴の場合は、靴だけでもローファーなどフォーマルなもの替えるほうが無難だが、どうしても指定の運動靴にする場合は新品のきれいなものを用意する。
- フラワーガールや花束贈呈を頼まれたら、レンタルドレスやタキシードで特別感を出すと華やかで喜ばれる。

HOW?

こんなときは?

### 「平服で」と指定されたら?

招待状に「平服でお越しください」という注意書きがあった場合は、フォーマルな印象のあるワンピースやパンツスタイルでもかまいません。アクセサリーやバッグ・靴などを日常より少し華やかにコーディネイトしましょう。和装なら、小紋も平服に当たります。男性は、きちんとした印象のダークスーツを着用します。

# 結婚式に参列する

## 結婚式の参列は厳かな気持ちを忘れずに

結婚式にはキリスト教式、神前《しんぜん》式、仏前《ぶつぜん》式、人前《じんぜん》式がありますが、いずれも新郎新婦が結婚を誓う神聖な儀式です。披露宴よりも厳かな雰囲気で進められます。

参列者は式の進行や式場関係者に従って動き、滞りなく式が行われるよう心がけます。写真や動画の撮影は許可を得たカメラマンのみという場合も多いので、事前に確認しておきましょう。

## 結婚式でのマナー

### • 途中での出入りはしない

結婚式の途中での入退席は避けましょう。とくにキリスト教式や神前式など宗教による挙式は、儀式の妨げになるため、式の最中の出入りが制限されています。

遅刻をしてしまったら式が終わるまで待ち、披露宴から参列するようにします。

### • 儀式にはきちんと参加する

結婚式には参列者が参加する儀式もあります。祝福の気持ちを込めてしっかりと参加しましょう。

キリスト教式での讃美歌《さんびか》斉唱は起立して歌います。神前式で出されるお神酒《みき》は3口で飲み干すのが正式ですが、お酒が飲めない人は飲むふりだけでも大丈夫です。

### • 教会式では肌を露出させない

キリスト教式では参列者であっても肌の露出が高いと教会に入れないことがあります。腕や肩が出る服装の場合は、ショールやジャケットを羽織りましょう。

### • バージンロードは踏まないようにする

キリスト教式のバージンロードは、新婦を守る神聖なものとされています。踏まないように注意しましょう。着席の際は、バージンロード側が空席にならないようにするのもマナーです。

これが大事！

- ☑ 教会のバージンロードは踏まない
- ☑ 神式のお神酒は飲むふりでもＯＫ
- ☑ 撮影不可の場合もあるので確認を

# 結婚式の流れ

## 【神前式】

1. 参列者入場
2. 斎《さい》主《しゅ》一《いち》拝《はい》
3. 修祓《しゅうばつ》の儀（お清め）
4. 祝詞《のりと》奏上《そうじょう》
5. 三《さん》献《こん》の儀（三三九度）
6. 誓《せい》子《し》奉《ほう》読《どく》（誓いのことば）
7. 指輪の交換
8. 玉《たま》串《ぐし》奉《ほう》奠《てん》
9. 親族杯の儀
10. 斎主祝辞
11. 退場

## 【キリスト教式】

1. 参列者入場
2. 牧師（神父）入場
3. 新郎新婦入場
4. 讃美歌斉唱
5. 聖書朗読と祈《き》祷《とう》
6. 誓約
7. 指輪の交換
8. 結婚成立の宣言
9. 讃美歌斉唱
10. 祝祷《しゅくとう》
11. 退場

これもチェック！

- 神前式は親族だけの参列という場合も多いが、専門式場によっては友人が参列できることもある。
- 遅刻をしてしまうと、途中から式場に入ることができない。

これもチェック！

- 牧師はキリスト教のプロテスタント教会で、教会の管理や信者への指導を行う教職者のこと。神父はカトリック教会で、儀式などを執行する司祭の敬称。

# 披露宴に出席する

## 披露宴の雰囲気を壊さずスマートな態度で祝う

披露宴は新郎新婦を祝う場です。式場と披露宴会場が離れている場合は、式後すみやかに移動し、早めに披露宴会場に入るようにしましょう。受付ではご祝儀を渡し、芳名帳に記入します。

飲食はテーブルマナーに従い、スマートに。主賓の祝辞中は会話をせず拝聴します。スピーチや余興には耳を傾け、拍手などで盛り上げましょう。

## 披露宴でのマナー

- **同席者にはあいさつを**

受付をすませたら（▶p.34）、席次表に従って自分の席に座ります。同じテーブルの人とあいさつを交わします。

- **親族にはお祝いの言葉を**

控え室や会場で、両家の親や親族に会ったときは、「本日はおめでとうございます」とお祝いの言葉を述べます。

- **披露宴中も気配りを**

宴中のスピーチ・余興の間は飲食をしてもよいですが、終わったら拍手を。同じ席の招待客がスピーチ中は飲食を控えます。

- **退席時は席札も忘れずに**

メニュー、席札、席次表などは、引出物といっしょにすべて持ち帰ります。出口で見送る新郎新婦と両家の親には招待のお礼を述べます。

### これが大事！

- ☑ 親族にしっかりお祝いを伝える
- ☑ 同席者には着席時にあいさつを
- ☑ 乾杯は飲めなくても口をつける

合わせて確認 「洋食の基本マナー」▶p.128 「日本料理の基本マナー」▶p.136

## 子どもがいっしょのときは?

早めに会場に出向き、トイレ、授乳室、控え室、休憩所などの設備、場所を確認しておきます。同じテーブルの人には、子どもがぐずることや途中で席を外すことがあるかもしれないことを、ひと言断っておくとよいでしょう。会場内を子どもが勝手に移動しないよう注意を払い、騒ぎ出したらすみやかに席を外すのが無難です。

授乳する場合は、授乳ケープなどを用意していても、授乳室や控え室で行います。

## 遅刻·早退するときは?

遅刻しそうになったら、すぐに会場に連絡入れます。新郎新婦には連絡しません。到着後は勝手に会場に入らずに、スタッフに案内してもらいましょう。受付が終了していたら、スタッフにご祝儀を預け、親族に渡してもらうようにします。

体調を崩したり、急用でどうしても途中退席する場合は、目立たないように席を外します。その際、両隣の人にはあいさつをしておきましょう。新郎新婦には後ほど、早めにお詫びの連絡をします。

Check!

ここが重要!

### 大きな荷物はクロークへ

コート類や荷物はクロークに預け、式場や披露宴会場に持ち込むのは小さなバッグ程度にします。バッグはテーブル上ではなく、椅子の腰の後ろに置きます。

### 乾杯ではグラスの音を立てない

乾杯するとき、グラスを合わせて音を立てる必要はありません。同じテーブルの招待客と視線を交わし、目の高さまでグラスを上げるだけに留めます。

# 係を頼まれたら

## できる限り引き受け担当の役割を果たす

結婚式には司会・受付・撮影など、さまざまな係が必要です。プロに頼むことが多いですが、アットホームな結婚式をめざして友人に依頼する人もいます。係を頼むのは信頼の証し。依頼されたらできる限り引き受けましょう。当日の進行は事前に確認し、担当する場や時間帯を把握しておきます。係になった場合でも、普通通りにご祝儀を用意し受付をすませます。

### これが大事!

- ☑ 依頼はできる限り引き受ける
- ☑ 事前に必要なことを確認しておく
- ☑ 遅刻は厳禁。当日は早めに会場へ

## 司会者の心得

### ・事前の打ち合わせが重要

司会者はもっとも責任が大きい係。新郎新婦や会場の担当者と事前にしっかり打ち合わせをし、進行プログラムや台本を当日までに用意しておきます。

### ・当日は出演者にあいさつを

スピーチや余興が予定されている招待客には披露宴がはじまる前にあいさつし、間違いがないか確認します。

### これもチェック!

- ▶ 媒酌人や主賓、スピーチ・余興をする人の氏名・肩書・新郎新婦との関係を事前に確認し、当日は間違えないようにする。
- ▶ 祝電を読み上げる順は新郎新婦や両親と確認しておく。
- ▶ 当日は普段よりもゆっくり話すことを心がけるとよい。

## 受付係の対応

### 1 招待客のお出迎え

招待客が受付に来られたら、「本日はご出席ありがとうございます」とお礼を述べる。

### 2 芳名帳への署名の案内

芳名帳を示して、「おそれ入りますが、こちらに署名をお願いいたします」と誘導し、氏名と住所を記入してもらう。

### 3 ご祝儀を受け取る

祝儀袋を両手で受け取り、「ありがとうございます」とていねいに頭を下げる。

### 4 席次表の手渡しと会場案内

芳名帳に書かれた氏名を確認し、席次表を手渡す。このとき、会場を「こちらです」と手で示すとわかりやすい。

## 撮影係の撮影ポイント

【挙式前】
- 新婦のメイクシーン
- 親族の控室

【挙式】
- 新郎新婦の入場
- 指輪の交換
- 退場後の祝福シーン
- ブーケトス
- 誓約
- 新郎新婦の退場

【披露宴】
- 新郎新婦の入場
- 主賓のあいさつ
- 乾杯
- ウエディングケーキ入刀
- 来賓のスピーチ・余興
- 各テーブルの歓談の様子
- お色直し後の入場
- 両親への花束贈呈
- 新郎新婦の謝辞

# スピーチ・余興を頼まれたら

Wedding

これが大事！

- あくまでも祝福する内容にする
- 事前にしっかり準備と練習をする
- 祝宴にふさわしくない話は避ける

## 明るい内容で場を盛り上げ新郎新婦を祝福する

スピーチはどのような立場で話すのかにより、内容が変わります。友人としてか仕事仲間としてか、新郎新婦との関係から見極めたうえで、事前に原稿を作成し、練習しておきましょう。

余興を頼まれたときは、お祝いの場にふさわしいプログラムを考えます。音響設備などが必要な場合は、事前に新郎新婦を通して会場に確認しておきます。

## スピーチのポイント

### ・スピーチ時間は3分を目安に

原稿にすると800〜1,000字程度です。あらかじめ原稿にして練習し、時間を計っておくとよいでしょう。スピーチで話すエピソードは、新郎新婦に伝え、了解を得ておきます。

### ・当日は笑顔で姿勢よく

当日は原稿を見ながらでもOK。ゆっくり誰かに話しかけるように読み上げます。背筋を伸ばし、笑顔を絶やさないことがポイントです。新郎新婦や両家の親族にお祝いを述べるときは、相手のいる方向を見て伝えます。

【友へ】

学生時代などを振り返って明るいエピソードを紹介し、お祝いの気持ちを伝えます。

【仕事仲間へ】

現在の新郎新婦の様子を伝えるとよいでしょう。人柄のすばらしさや仕事ぶりを称えたあと、具体的なエピソードをひとつはさむと効果的です。

## 友人へのスピーチ文例

雄太さん、美咲さん、ご結婚おめでとうございます。ご両家のみなさま、心よりお祝い申し上げます。

私は美咲さんの高校の同級生の島田優香と申します。当時から「美咲」と呼んでいますので、本日もそう呼ばせていただく失礼をお許しください。

美咲と私は、高校のテニス部で知り合いました。練習は厳しくて、終わるといつもヘトヘトでした。私は疲れてコートの後片づけもできないぐらいでしたが、美咲はいつも率先して後片づけをし、私はその背中を尊敬の思いで見ていたことを覚えています。
高校を卒業後は、別々の大学へ進学したのですが、月に1度は顔を合わせ、趣味でテニスを楽しんだり、おいしいものを食べたり、ときには温泉旅行をしたりもしました。悩みがあるといつも美咲に相談し、前向きな美咲から私は元気をもらっていました。

そんな美咲に雄太さんという素敵な彼氏ができたと聞いたのは、一昨年の温泉旅行でのことです。「彼の前だと自然体でいられる」という美咲の言葉を聞き、「きっと運命の相手なんじゃない？」と、そのときは冗談交じりに答えたのですが、雄太さんは本当に美咲の運命の相手でしたね。結婚が決まったあとの美咲はいつもの活発さの中に、穏やかな雰囲気もまとうようになり、雄太さんの優しさに包み込まれているのだなと感じました。

これから、おふたりはあたたかなご家庭を築いていかれることでしょう。でも雄太さん、美咲は私にとっても大切な親友です。ときどきテニスや食事にお誘いすることを許してください。そしてこれからも、ずっと長いおつき合いをよろしくお願いします。

雄太さん、美咲、どうぞ末永くお幸せに。本日はお招きいただき、誠にありがとうございました。

**お祝い**
自己紹介をし、新郎新婦との関係を述べる。友人ならではの呼び方は、ひと言断りの言葉を入れてから。

**自己紹介**
自己紹介をし、新郎新婦との関係を簡単に説明。新郎新婦と親族へお祝いのあいさつを述べる。

**人柄**
新郎新婦の人柄など、友人しか知らない姿を紹介。

**エピソード**
友人しか知らない具体的なエピソードや、相手を誉める言葉を入れる。

**激励**
今後の結婚生活を祝福し、長いおつき合いを願う。

**締め**
最後は、お祝いの言葉や招待への感謝の言葉で締める。

# 仕事仲間へのスピーチ文例

ただいまご紹介にあずかりました新郎・山本くんの勤務先の入江と申します。
新郎新婦をはじめ、ご両家のみなさま、改めましてご結婚おめでとうございます。

**自己紹介・お祝い**
自己紹介をし、新郎新婦との関係を簡単に説明。新郎新婦と親族へお祝いのあいさつを述べる。

私は山本くんが○○商事に入社して以来のおつき合いでございます。
山本くんは入社当時からとにかく元気いっぱいで、あっという間に職場の人気者になりました。昨年からは営業部で6名のチームをまとめるリーダーを務めており、後輩の面倒見がいいと社内でも評判です。営業の仕事にはいいときもあれば悪いときもあります。しかし、山本くんにはどんな事態にも動じない度胸が備わっており、年長の者の私から見ましても頼もしい限りです。

**人柄**
新郎新婦の人柄や仕事ぶりなど、親族や友人が知らない一面を紹介。

昨年秋、そんな山本くんが私のもとを訪れ、「結婚を考えている相手がいる」と打ち明けてくれました。お相手の美咲さんとも一度お会いする機会がありました。美咲さんは本日の花嫁姿も本当にお美しいですが、初対面でも、場の空気を一瞬で明るくするパワーのある方で、私は一も二もなくふたりの結婚を祝福しておりました。

**エピソード**
新郎新婦とのエピソードや、結婚を祝福する気持ちを述べる。旧姓は出さないようにする。

これからの長い人生は、今日のような晴れやかな日ばかりではございません。きっと雨の日も風の日もあるでしょう。しかし、ふたりで力を合わせて幸せな家庭を築けば、どんな苦難も乗り越えていけるはずです。
イギリスには「結婚は喜びを2倍にし、悲しみを半分にする」ということわざがあるそうです。私もまったくそのとおりだと、自らの経験から感じております。

**激励**
今後の結婚生活への励ましの言葉。重みのある言葉を入れると、まとめやすい。

最後になりましたが、ご両家ご列席のみなさまのご多幸をお祈りし、お祝いのあいさつにかえさせていただきます。山本くん、美咲さん、本当におめでとうございます。

**締め**
締めの言葉。新郎新婦の親族や列席者にも触れ、再びお祝いの言葉で締める。

# 余興のポイント

【余興の例】

- プロフィール映像の上映
- ゲーム
- 歌
- 楽器演奏

## ・みんなが楽しめるものに

余興は披露宴の場をなごませるためのものです。身内ネタのようなものは避け、幅広い年代が楽しめ、誰にでもわかりやすい内容にしましょう。新郎新婦に参加してもらう余興は、事前に新郎新婦や司会者に了解をとり、お色直しの時間に当たらないようにします。

## ・時間を厳守する

与えられた制限時間は守るのがルールです。グループでの余興は、役割分担を決めて練習し、段取りよく行えるようにしておきます。なにごともぶっつけ本番は新郎新婦に失礼です。事前準備をしっかりしておきましょう。

NG! これはタブー

### 身内話や暴露話

一部の人にしかわからない話は、それ以外の招待客を白けさせます。新郎新婦に迷惑がかかる暴露話もNGです。

### 自慢話や宣伝

会社代表のあいさつでは、つい自社の宣伝をしてしまいがちですが、結婚式ではふさわしくありません。自分の自慢話ももちろんNGです。

### 長すぎるスピーチや余興

スピーチは3分程度、余興は5～10分程度が基本。長すぎると招待客を退屈させます。

### 不幸な話や異性の話

家庭の不幸には触れないこと。友人の間では周知のほかの異性とのエピソードも、互いの親族にとっては不愉快です。

### 宗教や政治の話題

信奉する宗教や支持する政党などの話題は避けます。

### なれなれしい口調

親しくても、披露宴では一線を引き、ていねいに話します。あくまでも新郎新婦を立てる気持ちで。

Wedding

# 結婚祝いのお礼

これが大事！

- ☑ 引出物は見た目に差が出ないように
- ☑ 内祝いはお祝いの半額程度
- ☑ 何事も結婚式後1か月以内が基本

## 引出物は軽くかさばらないものを

引出物は披露宴の招待客に贈る品物で、引菓子＋品物の組み合わせが多く見られます。地方の風習により贈るものは異なりますが、最近ではかさばらず招待客がほしいものを選べるカタログギフトも増えています。

当日の謝礼は結婚式や披露宴でお世話になったスタッフへ渡すもの。種類や人数が多くなるので、前日までに用意しておきます。

## 結婚式後1か月を目安に結婚通知状とお祝い返しを

結婚式を終えたら、1か月以内にふたりの結婚を知らせる通知状を友人知人に郵送します。披露宴に出席できなかった人からのお祝いには、お祝い返し（内祝い）を贈ります。新婚旅行のお土産も両親・親族・職場の上司や同僚・友人などに渡したいもの。両親・親族には結婚式のスナップ写真を添えます。係などでお世話になった友人は、新居に招きもてなしを。

Check! ここが重要！

### 引出物の内容は相手に合わせる

親族には地域の風習に従った品物、友人には若い世代に喜ばれる品物など、贈る相手により品物を変える方法もあります。

中身が変わっても、紙袋は極力同じものを用意します。人により見た目に差が出ないように配慮することが大切です。

合わせて確認 「かけ紙の種類と選び方」▶ p.20

## お礼のマナー

| 渡す相手 | 金額の目安 | 祝儀袋の種類 | 渡すタイミング |
|---|---|---|---|
| 招待客 | 【引菓子】<br>1,000～2,000円<br>【引出物】<br>3,000～5,000円<br>【プチギフト】<br>300～1,000円 | 【引菓子・引出物】<br>かけ紙をかける場合は、のしつき・金銀または紅白の結び切りの水引のもの。表書きは「寿」で、名前は「〇〇家」と両家の姓を連名にする。 | 【引菓子・引出物】<br>披露宴の招待客の席に置いておくのが一般的。<br>【プチギフト】<br>お色直しのあとテーブルを回るときや、披露宴終了後に招待客を見送るとき。 |
| 会場 | 【教会】<br>10～30万円程度<br>【神社・寺院】<br>5～20万円程度（いずれも会場の規定があれば、それに従う） | 【教会】<br>白封筒に「献金」と表書きする。<br>【神社・寺院】<br>金銀または紅白の結び切り・のしつきの祝儀袋。表書きは神社は「初穂料」、寺院は「御供物料」。名前は「〇〇家」と両家の姓を連名で。 | 挙式終了後、両親または親族から会場へ手渡す。 |
| 式場のスタッフ | 【美容師・着付係】<br>3,000～5,000円<br>【介添人】<br>3,000～5,000円 | 「ご祝儀」「こころづけ」などと印刷されたぽち袋に入れ、新婦の姓（旧姓）を書く。 | 開始前に両親または親族から、式場担当者にまとめて渡す。 |
| 友人スタッフ | 【司会係】<br>2～3万円<br>【受付係】<br>3,000～5,000円<br>【撮影係】<br>2～3万円＋経費 | 「ご祝儀」「御礼」などと印刷されたぽち袋に、両家の姓（旧姓）を連名にする。 | 披露宴後に、お礼の言葉とともに新郎新婦や両親から手渡す。 |
| 余興を依頼した友人 | 【スピーチ】<br>3,000～5,000円<br>【余興（一人の場合）】<br>3,000～5,000円（プロに近いものは1～2万円程度） | 「ご祝儀」「御礼」などと印刷されたぽち袋に、両家の姓を連名にする。 | 披露宴後に、お礼の言葉とともに新郎新婦や両親から手渡す。 |
| 内祝い | 披露宴に出席せずに、お祝いをいただいた人へ。いただいたお祝いの半額程度 | のしつき・紅白の結び切りの水引のもの。表書きは「内祝」で、名前は新郎新婦の連名にする。 | 挙式後、1か月以内に発送する。 |

# 結婚式後のお礼

## ・内祝いは礼状を添えて

披露宴に招待できなかった方からお祝いをいただいている場合は、挙式後1か月以内に内祝いを贈ります。いただいたお祝いの半額程度のもので、タオルセットやお菓子、食器、カタログギフトなどの実用品が一般的です。

かけ紙はのしつき・紅白の結び切りで、表書きは「内祝」とし、新郎新婦の連名にします。礼状を同封するとていねいです。

## ・結婚通知状ははがきで

結婚通知状は、披露宴や二次会に出席してくれた人へのお礼、またはつき合いのある友人や知人に結婚の報告として用意するものです。新居への転居通知を兼ねる場合もあり、はがきを郵送するのが一般的です。

挙式日や場所を報告し、新居への訪問を歓迎する気持ちを伝えます。結婚式の写真や、おめでた婚なら赤ちゃんの写真をプリントしてもよいでしょう。

### 【礼状の文例】

先日はあたたかなお祝いをありがとうございました。まことにささやかな品ではございますが、感謝の気持ちにかえてお贈りいたします。

Check!

ここが重要！

### 贈り忘れがないよう一覧表で管理を

結婚祝いは面識のない親の関係者などから受け取ることもあります。そこで内祝いに漏れがないように、誰から何をいただいたのか一覧表を作成し、品物を選ぶ際に役立てましょう。職場の同僚など身近な間柄だとお祝いの金額を少なめに設定し、「お祝い返しはなしで」と暗黙の了解があるケースもあるので、相手により柔軟に対応します。

### 【結婚通知状の文例】

新緑の美しい季節となりましたが、みなさまにはますますご健勝のこととお慶び申し上げます。

さて、私たちは○月○日、○○ホテルにて結婚式を挙げました。

まだまだ至らないところが多いふたりですが、これからは互いに力を合わせ、幸せな家庭を築いていく所存です。どうぞ今後とも、私たちを温かく見守っていただきますようお願い申し上げます。

新居は△△駅に近く、交通至便な場所です。お近くにお越しの際は、ぜひお立ち寄りください。

○年○月○日
〒123-0000
東京都世田谷区○○1-9-103
山本雄太　美咲（旧姓・鈴木）
TEL 090-000-0000

Funeral

# 3章 弔事のマナー

お悔やみごとは、予期せずに起こるものです。いざというときに戸惑わないよう、お悔やみのしかたなどは、一般的な手順を覚えておきましょう。宗教ごとに作法が異なりますが、あまりこだわりすぎず、遺族を思いやる気持ちを第一とします。

Funeral

# 訃報を受けたら

## 身内や親しい相手ならすぐに駆けつける

訃報の相手が身内や親しい友人なら、すぐに駆けつけましょう。普段着でよいですが、派手にならない配慮を。用意がよすぎると遺族の感情を逆なですることもあるので、喪服は避けます。このとき香典は不要です。香典は通夜か告別式に持参します。遺族にはお悔やみの言葉を述べます。一般的なつき合いの友人・知人の場合は、通夜か告別式に参加します。

### 駆けつけるときの服装

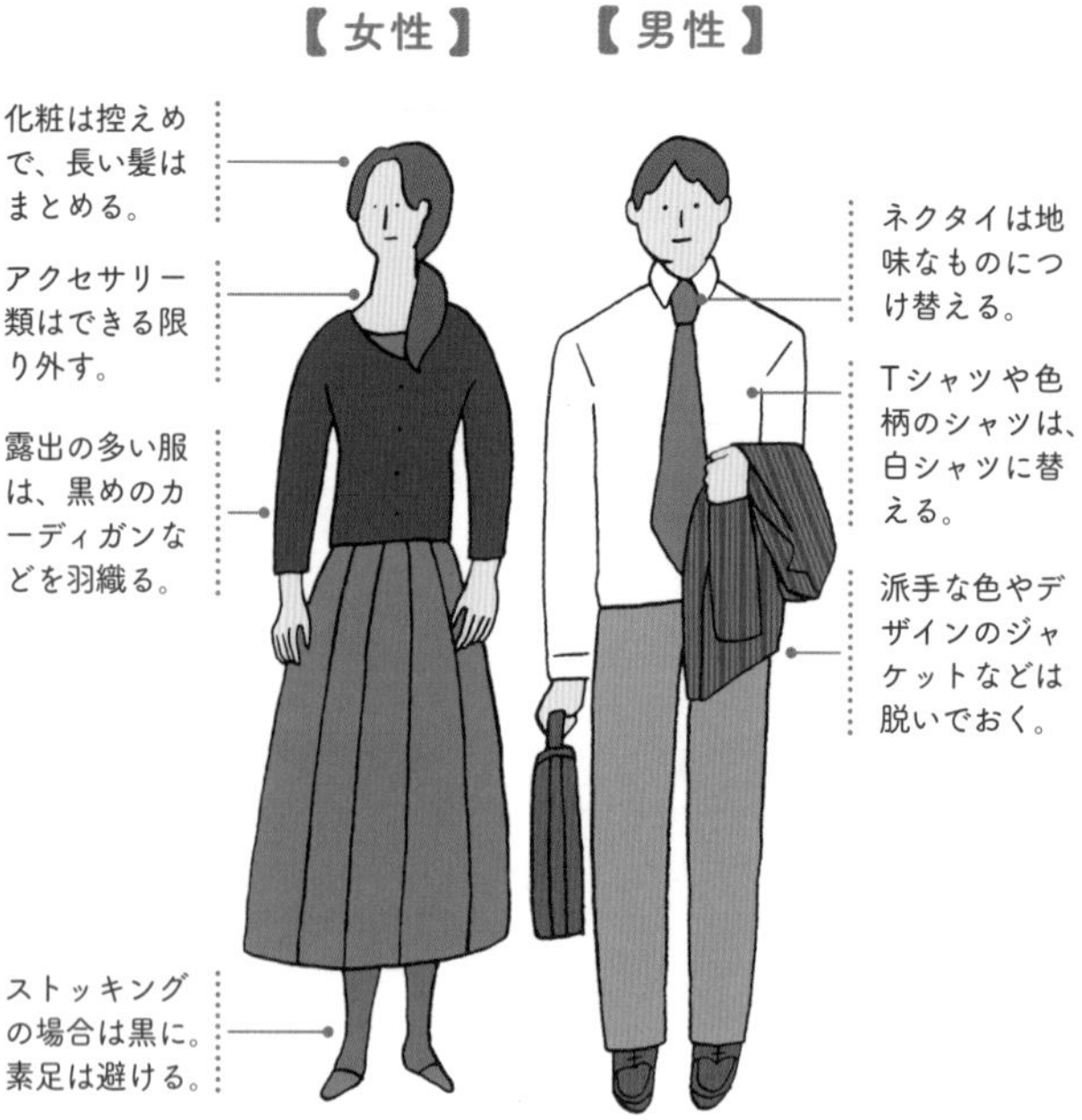
【女性】
【男性】
化粧は控えめで、長い髪はまとめる。
アクセサリー類はできる限り外す。
露出の多い服は、黒めのカーディガンなどを羽織る。
ストッキングの場合は黒に。素足は避ける。
ネクタイは地味なものにつけ替える。
Tシャツや色柄のシャツは、白シャツに替える。
派手な色やデザインのジャケットなどは脱いでおく。

**これが大事！**

- ☑ 緊急なら地味めの普段着でよい
- ☑ 急ぎの弔問に香典は不要
- ☑ 死因などには触れないほうがよい

Check!

ここが重要！

### 亡くなったときの様子や死因などは聞かない

亡くなって間もない弔問は、遺族も心の整理がついていない状態です。ナイーブな話題には触れないようにしましょう。こちらからは、「このたびはご愁傷さまです」「心よりお悔やみ申し上げます」など、短くお悔やみの言葉を述べるに留めます。

### 故人との対面の前後は遺族の話に耳を傾ける

弔問では、遺族から「どうか顔を見てやってください」と故人との対面をすすめられるケースが少なくありません。遺族には「○○さんが故人に会いに来てくれた」という想いがあるので、臆せずに対面をお受けしましょう。遺族の話には静かに耳を傾けます。

## 故人との対面のしかた

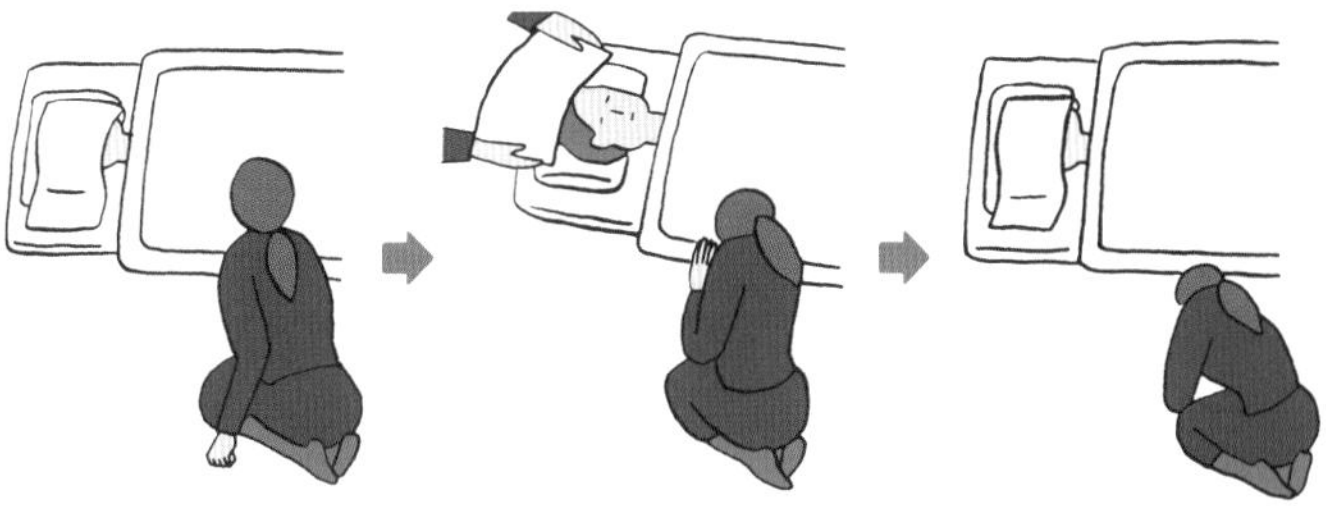

**1** 和室の場合は、正座したまま故人の枕元ににじり寄る。

**2** 遺族が顔をおおう白布を外したら仏式は合掌。仏式以外は深く頭を下げる。

**3** 正座のまま後ろに下がり、遺族へ深く一礼する。

# 香典・供物を用意する

これが大事！

- ☑ 香典は宗教で袋や表書きが異なる
- ☑ 供花は喪家に相談してから手配する
- ☑ 供物には宗教ごとにタブーがある

## 香典のマナー

【共通】

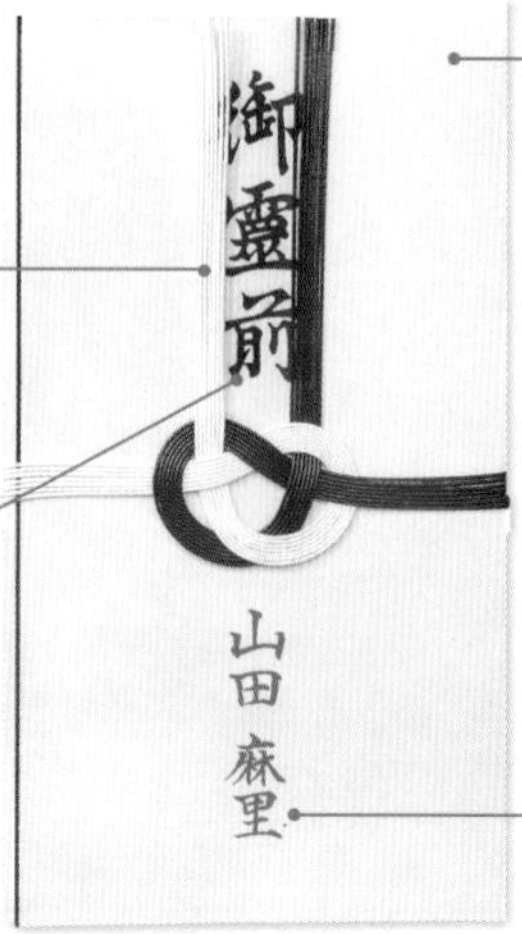


のしは不要。

黒白または双銀の水引の結び切り。

表書きは「御霊前」とする。

水引の下の中央に贈り主の氏名を楷書で書く。

これもチェック！

- ▶ 不祝儀袋の表書きは薄墨で書くのがマナー。市販の筆ペンも薄墨のものを選ぶ。
- ▶ ハスの模様入りは仏式にしか使えないので、宗教が不明のときは模様のないものにする。

## 香典の表書きは宗教により異なる

故人の霊に手向《たむ》ける「香典《こうでん》」は、通夜か葬儀に持参します。表書きは喪家《そうか》（葬儀をあげる家）の宗教により変わるので注意が必要です。宗教がわからないときは、「御霊《ごれい》前《ぜん》」であれば、どの宗教にも使えるので間違いがありません。

霊前にそなえる供花《くげ》や供物《くもつ》は、香典とは別に、近親者や故人と親しくつき合っていた人・会社・団体などが贈るものです。

合わせて確認 「ふろしき・ふくさの使い方」▶p.22 「香典の迷いごと」▶p.62

### キリスト教式

百合の花や十字架のついたもの。のし、水引は不要。表書きは「御花料」。カトリックなら「御ミサ料」、プロテスタントなら「忌慰料」でもよい。

### 神式

のしは不要。黒白または双銀、双白の水引の結び切り。表書きは「御榊料」「御玉串料」「御神前」「御霊前」などとする。

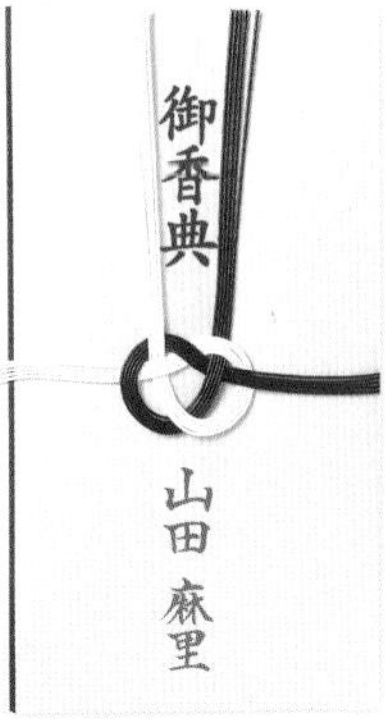


### 仏式

のしは不要。黒白または双銀の水引の結び切り。表書きは「御霊前」「御香典」「御香料」などとする。

Money
お金の目安

## 香典の金額

お札は新札でもかまいません。気になるなら、縦半分に折り目をつけます。しわくちゃなお札は避け、できるだけきれいなものを用意します。

| 亡くなった人 | 金額の目安 |
|---|---|
| 祖父母 | 1万円 |
| 両親 | 5～10万円 |
| きょうだい | 5万円 |
| おじ・おば | 1万円 |
| その他の親族 | 1万円 |
| 仕事関係 | 5,000円 |
| 友人・知人 | 5,000円 |
| 隣人・近所 | 3,000～5,000円 |

Check!
ここが重要！

## 香典は夫婦の連名で贈らない

香典は結婚式のご祝儀と違い、夫婦の連名書きはしません。家族の場合は世帯主の名前にします。妻が弔問する場合でも夫の名前にするのが一般的です。夫婦とも故人や遺族とごく親しい場合は、それぞれの名前で包むこともあります。

# 供花・供物のマナー

### 供花

- 菊、百合、カーネーションなど、おもに白い花をスタンドなどに立てて飾るもの。最近は色や花にこだわらず、故人が好きだった花をそなえることもある。

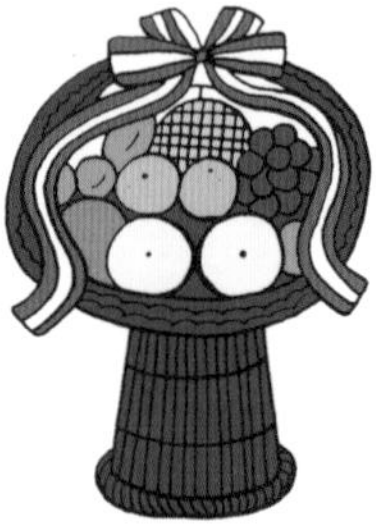

### 供物

- 供物は祭壇にささげて弔意を表す品物で、宗教により贈ってはいけない品がある。
- かけ紙をかけられる供物には、のしのついていない弔事用のかけ紙をかけ、水引は黒白の結び切りとする。

Money お金の目安

## 供花・供物の金額

供物や供花を贈りたい場合は、喪家側に贈ってもよいか確認してからにします。とくに供花はスペースを取るものなので、どんなスタイルのものを贈ったらよいかも含めて、必ず喪家と相談しましょう。

| 贈る品 | 金額の目安 |
| --- | --- |
| 供花 | 1～5万円 |
| 供物（果物・菓子） | 5,000～1万円 |
| 供物（線香、ろうそく） | 3,000～5,000円 |

NG! これはタブー

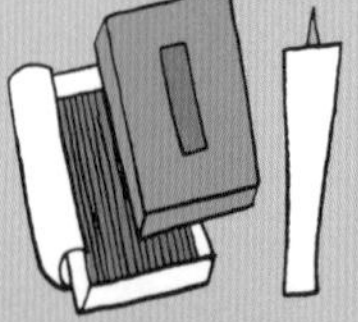

### 神式での線香やろうそくの供物

神式の葬儀では線香やろうそくを使いません。果物、菓子、酒などの供物が一般的です。

### 生ものの供物

仏式・神式とも肉類や魚介類など、生ものや殺生を連想させるものは贈りません。

### キリスト教式での供物

キリスト教式の葬儀では、供花は贈ってもよいですが、供物を贈る風習はありません。

## 弔電を送るとき

### ・どんなときに送る？

弔電はお悔やみの電報です。通夜や告別式に参列したいけれど、遠方や長期不在、さまざまな事情でどうしても弔問できない場合は、弔電を送ることで弔意を伝えます。

### ・いつまでに送る？

通夜か告別式で弔電を読み上げる時間までに届くようにします。時間に間に合わない場合は、送るのをあきらめましょう。弔電が遅れて届くのは失礼に当たります。

### ・どこへだれ宛に送る？

通夜や告別式の会場に、喪主宛に送ります。喪主が不明のときは、故人の名前のあとに「御遺族様」をつけます。差出人名はフルネームにします。

### 【弔電の文例】

申し込みは、電話「115」か、インターネットなら24時間受付です。

▶ご逝去の報に接し、心からお悔やみ申し上げます。

▶◯◯様のご逝去を悼み、謹んでご冥福をお祈りいたします。

Check!

ここが重要！

### 弔電にも忌《い》み言葉は避ける

忌み言葉とは、特定の場で使ってはいけない縁起が悪いとされる言葉です。弔事では、不幸や死を連想させる言葉、宗教に関わる言葉に注意が必要です。

弔電の文章だけでなく、遺族と会話をするとき、弔辞（▶p.82）を書くときなども忌み言葉を意識しましょう。不適切な言葉は言い換えも必要です。

#### ▶ 一般的な忌み言葉

重ね言葉

重ね重ね、次々、しばしば、返す返す、折り返し、わざわざ、いろいろ　など

不幸や死を連想させる言葉

最後に、終わりに、死去、ご存命、生きていたころ、とんでもない、落ちる　など

#### ▶ 宗教·宗派別の忌み言葉

| | |
|---|---|
| 仏教 | 浮かばれない、迷う |
| 浄土真宗 | 冥福、霊前 |
| 神式 | 成仏、供養、冥福、往生 |
| キリスト教式 | 成仏、供養、冥福、往生、お悔やみ |

# 香典の迷いごと

失礼のないように
用意したい香典
こんなときはどうする？

**Q　通夜にも葬儀にも参列できない場合は？**

**A**　どちらにも参列できないときは、不祝儀袋に香典を入れ、現金書留用の封筒で郵送します。その際、白無地の便せんか一筆せんに、参列できないお詫びとお悔やみの言葉を添え同封します。現金書留は、ポスト投函ができないので、必ず郵便局の窓口に差し出します。

通夜や葬儀当日に人に香典を託す、後日あらためて伺い手渡しする方法もあります。

いずれも香典とは別に、弔電（▼p.61）を打っておくとていねいです。

**Q　代理で香典を預かったときは？**

**A**　家族の代理の場合は受付でその旨を伝え、芳名帳には家族の氏名を記帳し、その下に小さく「(代)」と書きます。遺族と親しい場合は、代のあとに自分の下の名前を書いてもかまいません。夫の代理で妻が弔問したときは、代ではなく「(内)」とするのが一般的です。

家族以外の香典を預かっている場合は、自分の記帳をすませたあとに「〇〇さんから預かって参りました」と伝え手渡します。記帳はケースバイケースなので受付に確認を。贈り主の氏名・住所を記帳した場合は、最後に「(代)」と書き添えます。

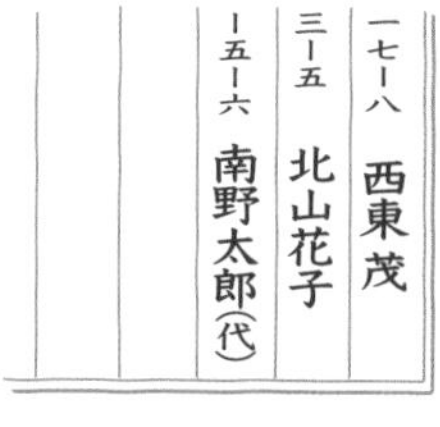


**代理のときの記帳**

贈り主の住所・氏名を書いたあとに（代）と書き添える。妻の場合は（内）と書く。

**Q 親の葬儀にも香典は包むもの？**

**A** 喪主であれば香典は必要ありませんが、喪主以外の子どもは実の親でも香典を用意するのが一般的です。ただし、葬儀の費用を負担しているなどの事情があれば、その限りではありません。お金の出し方は、きょうだい同士で納得できる形を事前に話し合っておきましょう。

**Q 同居の親と参列するときの香典は？**

**A** おじ・おばなど親族の葬儀では同居の親と一緒に参列することもあるでしょう。子が未成年や学生であれば、香典は親のぶんだけでかまいません。結婚して親と別世帯になっている場合、未婚であっても社会人として独立している場合は、親とは別に香典を用意します。

**Q 香典を人に預けるときは？**

**A** 故人とも縁のある人に依頼できればベストですが、代理人は故人と知り合いでなくても大丈夫です。家族や友人、同僚など自分が信頼できる人に預けましょう。上司や先輩など目上の人に頼むのはマナー違反です。

香典は相応の額を不祝儀袋に入れ、ふくさに包んで預けます。代理人が記帳することもあるので、フルネーム・住所も伝えておきます。

**Q 香典は辞退すると案内があったら？**

**A** 最近では「香典を辞退します」「ご厚志を辞退します」と断りを入れる葬儀もありますが、実際には持参した人の香典を受け取っている例もあります。念のため香典を持参し、周囲の様子をみて判断するとよいでしょう。「供花、供物辞退」という断りは、供花と供物は受け取らないという意味です。そのため香典は用意します。

# 通夜・葬儀での服装

これが大事！

- ☑ 喪主より格上のよそおいをしない
- ☑ 光りものや飾りものはNG
- ☑ 小物まで黒で統一する

## 女性のよそおい

【和装】

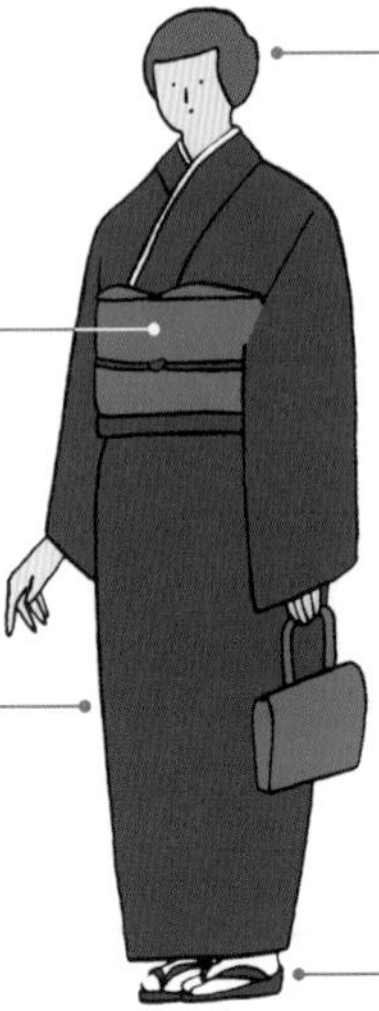

髪は後ろにひとつにまとめる。

帯は黒無地か、黒の紋織。黒喪服なら地味な色の色帯でもよい。

冬は羽二重、夏は絽などの素材の黒。黒の喪帯なら色無地の着物でもよい。

半襟と足袋は白だが、それ以外の小物はすべて黒に統一。

これもチェック！

▶ 黒無地染め抜きの五つ紋付は正礼装で、喪主や親族が着用するもの。一般の会葬者は避ける。

### 会葬者は黒のフォーマルやブラックスーツが一般的

通夜や葬儀では、喪服または黒のフォーマルな服を着ます。女性はブラックフォーマルのアンサンブルが正礼装です。弔事用でなくても、地味で飾りのない黒のスーツならかまいません。和装は、ひとつ紋の地味な色無地に黒帯なら喪主よりも格が下がります。男性の正礼装はモーニングコートですが、会葬者はブラックスーツが一般的。小物もすべて黒にします。

合わせて確認 「弔事の服装の迷いごと」▶ p.68

## 【洋装】

インナーなどもできる限りダークな色のものにする。

ブラックフォーマルか黒のスーツ。

スカートはひざ下丈で。肌の露出は控える。

バッグと靴も黒。派手な飾りや殺生をイメージさせるは虫類の革製品は避ける。

足元は黒のストッキングに黒のパンプス。

これもチェック！

- 黒のスーツの場合は、ジャケットとスカートやパンツのセットアップにする。
- 夏場も半袖から肌を見せず、上着を羽織る。

NG! これはタブー

### 派手なネイル

ネイルは落とすのが基本です。ジェルネイルなどすぐに落とせないものは、黒レースの手袋を着用する配慮を。焼香のときは手袋を外します。

### ファーコート

殺生をイメージさせるため毛皮のコートやマフラーはタブーです。フェイクファーも誤解を与えることがあるため、避けるほうがよいでしょう。

# 男性のよそおい

フォーマルなブラックスーツが一般的。ビジネススーツの場合は、ダークグレーや紺など、地味な色のものにする。
黒のネクタイ。ネクタイピンはつけない。
カフスをつけるなら、ブラックオニキスなど目立たないものを。
シンプルなデザインの黒の革靴。靴下は黒で。


NG!
これは タブー

## 派手な腕時計

宝飾加工されたものや存在感があるデザインのものは避けます。シンプルなデザインで、つけていても目立たないものにします。

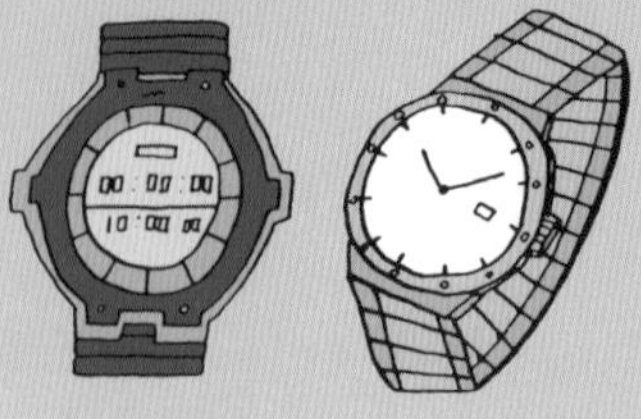

## 派手なボタン

ブラックスーツは弔事にも慶事にも使え便利ですが、派手なボタンがついていることも。弔事では、黒のボタンカバーをつけて隠します。

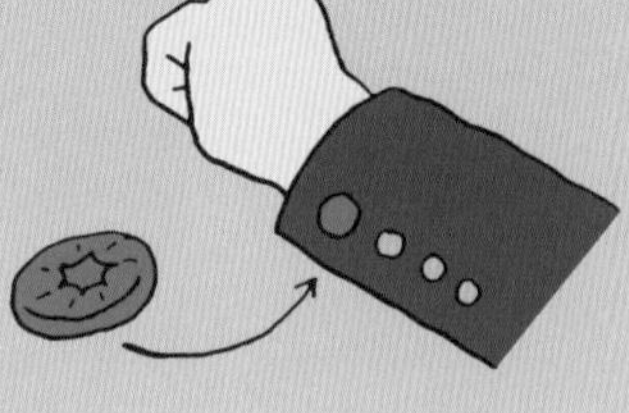

## 子どものよそおい

白のブラウスやシャツに、黒、紺、グレーのワンピースやスカート。男児なら黒、紺、グレーのブレザーとパンツなど。

園や学校の制服があれば、それが正式な礼装となる。

制服なら金ボタンでも問題ない。気になるなら黒い布で包み、くるみボタンにする。

靴は黒や茶のローファー。派手でなければスニーカーでもよいが、くるぶし丈のソックスは避ける。

靴は黒や茶のローファー。派手でなければスニーカーでもよいが、くるぶし丈のソックスは避ける。

Agree! これは納得！

### 仏教徒なら数珠の用意を

数珠は仏具のひとつで、仏事の礼拝で合掌する際に手にかけるものです。数珠を持ってお経を唱えることで、人間の108の煩悩を打ち消してくれるとされます。

仏教徒なら、通夜や葬儀、法事の際に数珠を持参するとよいでしょう。正式な数珠の形は宗派によって異なりますが、略式数珠と呼ばれる一連のものなら宗派を問わず持つことができます。数珠の貸し借りはNG。自分の数珠を用意しましょう。

Check! ここが重要！

### 弔事では肌を見せないが基本

通夜や葬儀での服装は、なるべく肌を見せないスタイルにすることが原則です。

男性は夏でも半袖にならないよう、受付や儀式の最中はジャケットを着用します。

女性は半袖のフォーマルワンピースなども許容されていますが、二の腕が十分隠れる程度が理想です。ノースリーブはNGです。スカート丈も普段のスーツなどより長めにします。

# 弔事の服装の迷いごと

髪色やメイク、
真冬の防寒対策など
こんなときはどうする？

**Q ハンカチは何色がいい？**

**A** 全身に気を配ったつもりでも、つい忘れがちなのがハンカチ。涙や手をふくなど、意外に使用頻度が高いものです。基本は白ですが、黒やダークな色のものでもかまいません。

**Q 髪色は黒にするべき？**

**A** 明るめの茶髪程度なら髪を小さくまとめるだけでも目立つのを抑えてくれます。不安なら白髪隠し用のカラースプレーなどを使うとよいでしょう。黒いよそおいの中で目立つ派手な色の場合は、黒にしておきます。

**Q ヘアメイクはどれくらいまでOK？**

**A** 弔事では、控えめなナチュラルメイクに仕上げます。眉ははっきり描かずに整える程度で、アイシャドーはベージュやブラウン系を選びます。チークは必要ありませんが使うならごく薄く、口元もベージュ系にします。いずれもラメやパールなどの入ったものは避けます。
　髪が長い場合はひとつにまとめます。高い位置で結ぶと派手な印象なので、耳よりも下を意識します。髪飾りをつけるなら、黒でシンプルなデザインのものにします。

## Q 真冬の参列は防寒してもOK？

**A** 寒さが厳しい時期の屋外では、コートやストールを羽織ってかまいません。色は黒やグレーなど地味なものを選ぶようにします。ただし、遺体が火葬場へ向かう出棺時には、コートやストールは外すのがマナーです。喪主のあいさつが始まる前に外しましょう。

女性の場合、冬でも肌が透けて見える黒のストッキング着用が正式ですが、最近は30～40デニール程度であれば黒色のタイツも許容されています。また最近では、足首くらいまでのショートブーツならOKとされています。ベルトやバックルのないシンプルなデザインを選びましょう。

## Q 革はダメというけど靴は革靴でもいいの？

**A** 靴は黒ならなんでもよいわけではありません。女性の場合は、黒のシンプルなパンプスがベスト。つま先がシャープなものは避け、ラウンドトゥやスクエアトゥが弔事向きです。シンプルなものなら合皮や本革製でもよいですが、光沢のあるエナメルや、殺生を連想させるは虫類の革はNGです。安心なのはポリエステルなどの布製です。

男性の場合もエナメル革や飾りの多い靴は避け、シンプルな黒の革靴にします。

なお、足首丈より長いブーツ、サンダルやミュールはカジュアルな印象なので、黒であっても弔事にはふさわしくありません。

Funeral

# 通夜・葬儀に参列する

これが大事！

- 受付でお悔やみの言葉を述べる
- 開始10分前までに到着する
- 遺族の希望にはできる限り応える

## 静かに冥福を祈り焼香や献花をする

通夜・葬儀には開始10分前までに会場に到着し、受付で香典を渡し、記帳をすませます。通夜も葬儀も式次第に沿って進んでいくので静かに故人の冥福を祈り、会場担当者の誘導に従って順に焼香や献花を行います。

葬儀が終わると出棺です。喪主のあいさつ時にはコートやショール類は脱いで耳を傾けます。出棺の際は、一礼して見送ります。

## 受付のしかた

1 「このたびはご愁傷様です」など、お悔やみの言葉を述べ、受付係に一礼する。

2 ふくさから香典を取り出し、受付係に正面を向けて、「御霊前におそなえください」と差し出す。

3 会葬者名簿に住所・氏名を記帳。「お参りさせていただきます」と会場へ向かう。

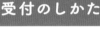

# 宗教別・葬儀の進行例

| | 【キリスト教式】<br>（カトリックの場合） | 【神式】 | 【仏式】 |
|---|---|---|---|
| 葬儀 | 参列者の着席<br>▼<br>開祭の儀<br>▼<br>聖書朗読<br>▼<br>司祭説教<br>▼<br>共同祈願<br>▼<br>感謝の典礼（ミサ）<br> | 参列者の着席<br>▼<br>神官の入場<br>▼<br>開式の辞<br>▼<br>修祓《しゅうばつ》の儀<br>▼<br>奉幣《ほうへい》・献饌《けんせん》<br>▼<br>祭《さい》詞《い》奏上《そうじょう》<br>▼<br>誄《るい》歌《か》奏楽《そうがく》<br>▼<br>弔辞の拝受・弔電の紹介<br>▼<br>喪主・近親者の玉串奉奠《たまぐしほうてん》<br> | 参列者の着席<br>▼<br>僧侶の入堂<br>▼<br>開式の辞<br>▼<br>読経《どっきょう》<br>▼<br>弔辞の拝受・弔電の紹介<br>▼<br>喪主・近親者の焼香<br> |
| ▼ | | | |
| 告別式 | 聖歌合唱<br>▼<br>故人の紹介<br>▼<br>告別の祈り<br>▼<br>弔辞の拝受・弔電の紹介<br>▼<br>献花（▶p.80） | 一般会葬者の玉串奉奠<br>（▶p.78）<br>▼<br>神官退場<br>▼<br>閉式の辞 | 一般会葬者の焼香<br>（▶p.74）<br>▼<br>僧侶退堂<br>▼<br>喪主のあいさつ<br>▼<br>閉式の辞 |
| ▼ | | | |
| 出棺 | 出棺準備<br>▼<br>最後の対面<br>▼<br>出棺 | 出棺準備<br>▼<br>最後の対面<br>▼<br>くぎ打ちの儀<br>▼<br>出棺 | 出棺準備<br>▼<br>最後の対面<br>▼<br>くぎ打ちの儀<br>▼<br>出棺 |

NG! これはタブー

### 知り合いとの立ち話

通夜や葬儀の会場では、知人に会っても立ち話はせずに目礼でのあいさつに留めます。どうしても話をしたいときは、出棺後にしましょう。

### むやみに席を立つ

仏式の読経、神式の祭詞奏上、キリスト教式の聖書朗読など、故人に祈りをささげる儀式の間は席を立たずに、静かに拝聴します。

# 弔事の参列の迷いごと

頼まれごとをしたり、
参列すべきか悩んだり…。
こんなときはどうする？

**Q 通夜と葬儀はどちらに参列すべき？**

**A** 通夜は本来、故人と親しい人、関わりが深かった人が弔問し、夜通しで故人をしのぶものでした。しかし現在では、一般の会葬者でも通夜に訪れる人が多くなっています。通夜と葬儀、都合のつくほうに参列すればよいでしょう。もちろん両方に参列してもかまいません。両方に参列する場合、香典はどちらか一方に持参します。

葬儀に参列した場合は、特別な事情がない限り、葬儀のあとに行われる告別式も参列するのが一般的です。告別式では出棺まで見送るのがマナーです。

**Q 子どもを参列させてもいい？**

**A** 子どもを通しての知り合いや子どもがお世話になった人の葬儀であれば、いっしょに参列してもかまいません。

子どもに関係のない葬儀の場合は、子どもを連れていくのは遠慮します。

**Q 妊娠中の参列は控えたほうがいい？**

**A** 地方によっては「妊婦の出席は縁起が悪い」と考える風習があったようです。しかし、今では迷信にこだわる人も少なくなってきました。安定期に入り、体調もいいようなら、参列もまったく問題ありません。ただし、葬儀は立ちっぱなしの時間があったり、会場によっては暑さ寒さが厳しいときもあります。体調に気を配り、無理をしないようにしましょう。

## Q お手伝いを頼まれたら？

**A** 葬儀の前後、喪主や遺族はさまざまな対応に追われるため、細かな雑務をこなしている余裕がありません。そこで、身内や親しい人に手伝いをお願いすることになります。遺族は故人の死去にともない心身をすり減らしていますので、頼まれたらできる限りお手伝いするようにしましょう。

## Q 飲食の席に誘われたら？

**A** 通夜の後には、弔問のお礼や故人への供養として「通夜ぶるまい」と呼ばれる飲食の席が設けられます。また、葬儀が終わった後の「精進落とし」も、遺族が葬儀でお世話になった人に向けて用意する宴席です。

通夜ぶるまいや精進落としに招待されたときは、故人への供養になるのでできる限り参加します。こうした場で飲みすぎたり、騒いだりするのはもちろんNG。1～2時間程度で食事をすませ、遺族にあいさつをして席を辞します。

## Q 火葬場への同行を頼まれたら

**A** 葬儀の後、遺族や親族は火葬場へ向かいます。一般の会葬者は葬儀場で出棺を見送ると退席となりますが、故人と関係の深い人の場合は、火葬場への同行を依頼されることもあるでしょう。その場合は、できる限り受けるようにします。

ただし、当日の依頼でどうしても同行が難しい場合は、「申し訳ございませんが、時間の都合がつきませんので……」と辞退してもマナー違反にはなりません。丁重に断りましょう。

# 仏式の拝礼作法

## 焼香の回数や作法は周囲の様子を見て

仏式の通夜や葬儀では、「焼香《しょうこう》」と呼ばれる儀式が会葬者全員によりとり行われます。焼香は「抹《まっ》香《こう》」と呼ばれるお香の粉を香炉の火にくべ、合掌して故人の冥福を祈るもの。抹香をくべる回数や作法は宗派により微妙に異なります。また、参列者が多い場合、くべる回数を減らすこともあるので、その時々の会場担当者の指示やほかの参列者の作法に従います。

## 数珠のマナー

### ・手に持つとき

使用しないときは房を下にして左手に持ちます。

### ・数珠の種類

数珠には一連の短い数珠と二重にして使う長い数珠があります。短い数珠は略式数珠といって、宗派が異なっても使うことができます。長い数珠は本式数珠と呼ばれ、宗派によって珠の数や形、持ち方が変わります。数珠になじみがない場合は、略式数珠を用意しておくとよいでしょう。

### ・合掌するとき

略式数珠で合掌するときは房を下にします。左手のみに数珠をかける方法と両手にかける方法があります。どちらも親指と人差し指と間に数珠をかけ、両手を合わせます。

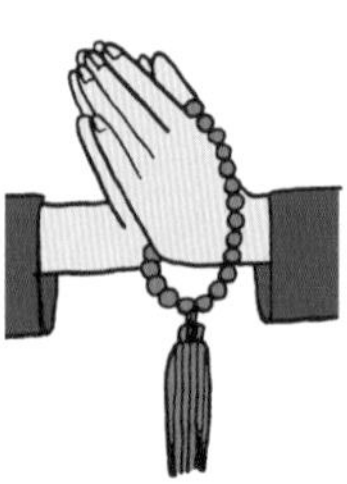

左手のみにかけるかけ方

両手にかけるかけ方

### これが大事！

- ☑ 焼香の作法はほかの参列者にならう
- ☑ 焼香の最初と最後は遺影に敬意を払う
- ☑ 数珠があれば持参する

# 立礼焼香の作法

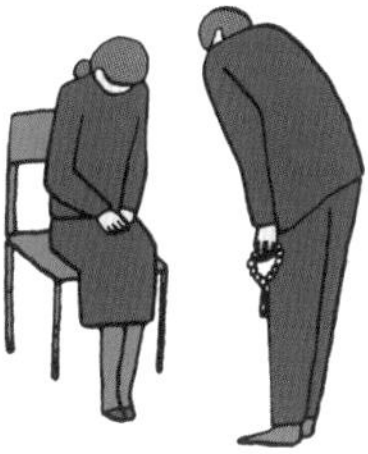

**1** 遺族、僧侶に一礼してから祭壇の前に立つ。

**2** 遺影に向かい一礼する。

**3** 右手の親指、人差し指、中指で抹香をつまみ、目の高さまで持ち上げる。

**4** 抹香を香炉の上に静かに落とす。これを1～3回くり返す。

**5** 数珠をかけて合掌する。

**6** 数歩下がって遺族と僧侶に一礼し、席に戻る。

Check! ここが重要！

## 焼香は喪主・遺族に一礼してから行う

仏式の葬儀の場合、喪主や遺族は祭壇に向かって右側の前列に座り、その後ろに近親者が続くのが一般的です。左側には友人・知人や会社関係者が座ります。焼香に立つときは、まず右側の喪主・遺族に一礼してから拝礼をはじめます。

# 座礼焼香の作法

**1** 祭壇の座布団の手前に正座したら、遺族と僧侶に向けて手をついて一礼する。

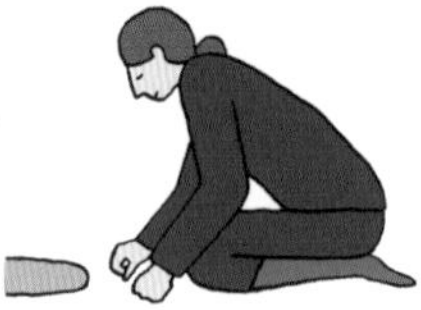

**2** 祭壇へ向き直り、ひざを畳につけたままにじり寄り、座布団に座る。

**3** 遺影に向かって合掌する。

**4** 抹香をつまみ目の高さまで持ち上げたら、香炉に静かに落とす。

**5** 数珠をかけて合掌する。

**6** ひざをつけたまま座布団からおり、遺族と僧侶に向いて一礼して席に戻る。

HOW?
こんなときは?

## 正座で足がしびれてしまったら?

足がしびれてしまったときは無理に立ち上がらず、まずはしびれた部分をマッサージします。何かにつかまりゆっくり立ち上がりましょう。正座は1か所に体重がかからないように分散させるとしびれ防止に効果的です。

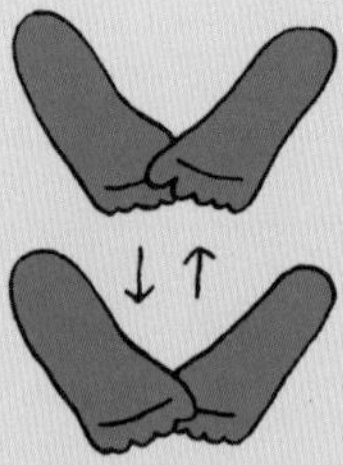

両足の親指を重ね、ときどき上下の位置を入れ替えるとしびれにくくなる。

## 回し焼香の作法

1 焼香の盆が回ってきたら、自分の正面に置く。

2 遺影に向かい合掌する。

3 右手の親指、人差し指、中指で抹香をつまむ。

4 抹香を目の高さまで持ち上げ香炉に静かに落とし、合掌する。

5 焼香の盆に両手を添え、隣の人に渡す。

6 最後に祭壇に向かって合掌する。



### お清めの塩の使い方

会葬御礼（返礼品）を受け取ると、中に「お清めの塩」が同封されていることがあります。塩を使うのは、自宅や会社に入る前やマイカーなどに乗る前。胸、背中、足などにパラパラと振りかけます。もともとは神道に由来する儀式です。宗教や宗派によっては「死は穢《けが》れではない」と考えるため、葬儀後に必ず塩を渡されるわけではありません。

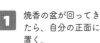

# 神式の拝礼作法

これが大事！

- 神道の作法はほかの参列者にならう
- 拍手はしのび手で音を立てない
- 喪服のマナーは仏式と同じ

## 玉串奉奠を行い故人の安霊を祈る

神式では、仏式の焼香のかわりに、参列者一人ひとりによる「玉《たま》串《ぐし》奉《ほう》奠《てん》」が行われます。「玉串」は神道ではお祝いごとにも使われる大切な道具で、榊《さかき》の枝に「四手《しで》（紙垂）」と呼ばれる紙片がついたものです。玉串には神霊が宿っており、これをささげて祈ることで、祀られる神に祈る人の想いが届くと考えられています。

また、神道では、儀式の前に必ず口をすすいで、汚《けが》れをはらう「手水《ちょうず》の儀」があります。最近では省略されることも多いのですが、式場に用意されていたら儀式の前に必ず行うようにします。

ほかにも、二拝二拍手一拝など、神道ならではの作法があります。先に行う神官や、ほかの参列者の動きなどを見て真似するとよいでしょう。

### 手水の儀の作法

**1** ひしゃくに水をくみ、左右の手に交互に水をかける。

**2** ひしゃくの水を一方の手に受けて、口に含み、口をすすぐ。

## 玉串奉奠の作法

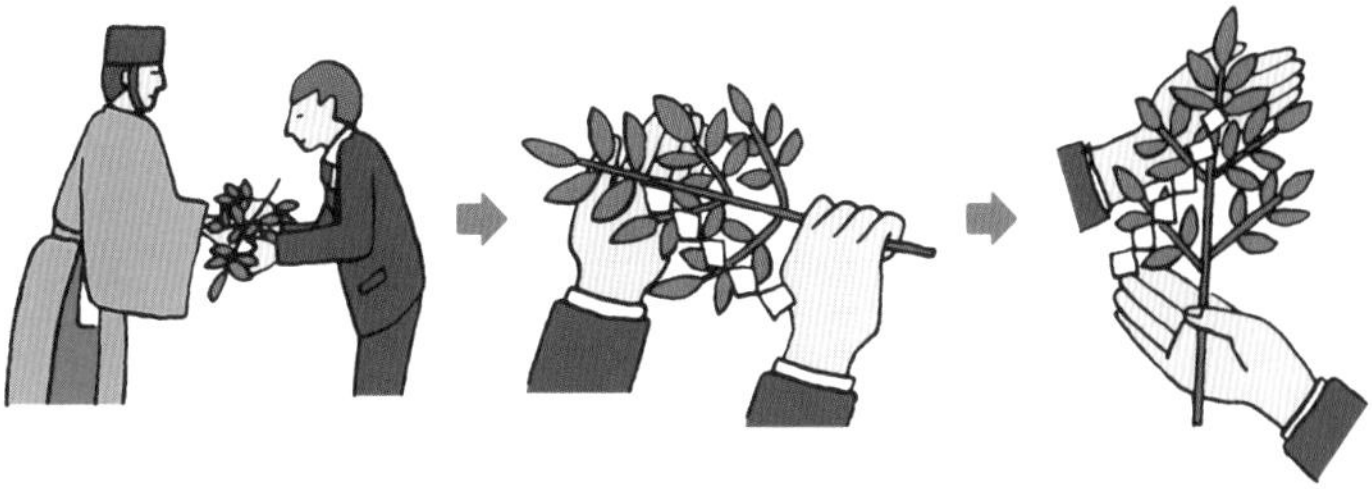

**1** 祭壇の前に立ち、遺族と神官に一礼する。神官から玉串を受け取る。

**2** 玉串は右手で根元を握り、左手で葉先の下から支えるように持つ。玉串案（台）の前に進んで、深く一礼する。

**3** 玉串を時計回りに90度回転させ、根元を自分に向ける。

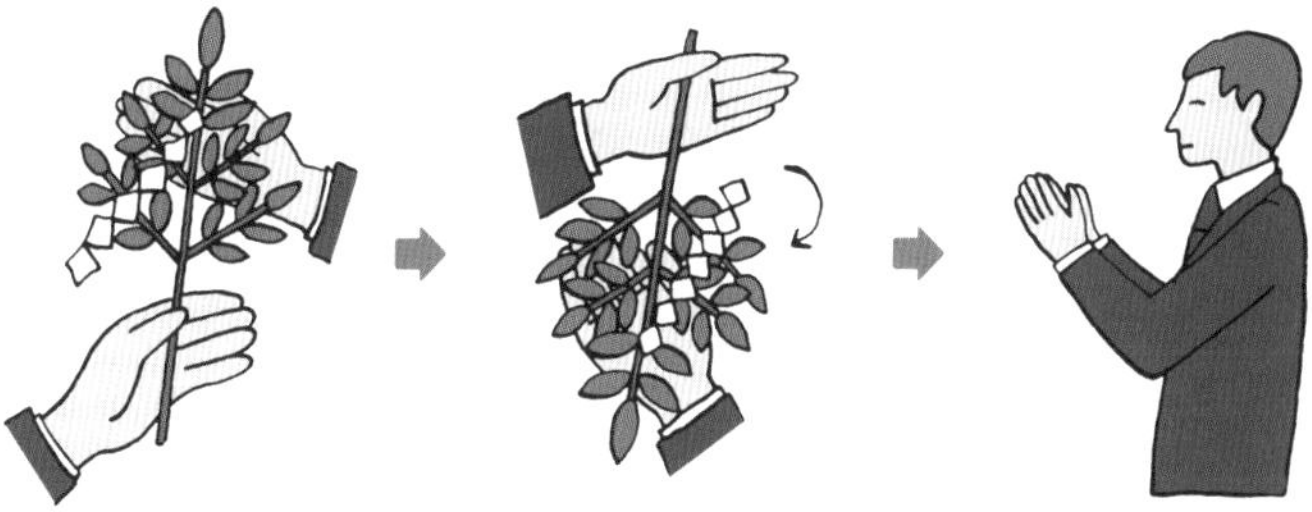

**4** 左手を玉串の根元まで下ろし、右手で葉先の下を支える。

**5** そのまま時計回りに180度回転させ、根元を祭壇に向け、玉串案にそなえる。

**6** 二拝二拍手一拝する。2～3歩下がり遺族と神官に一礼し、席に戻る。

Agree!
これは納得！

### 弔事での二拝二拍手一拝

二拝二拍手一拝は神式の参拝の作法のひとつですが、弔事では音を立てず手のひらを合わせる寸前で止める「しのび手」で拍手をします。玉串を置いたあと、祭壇に向かって2回深く頭を下げ、しのび手の拍手を2回し、最後に1度頭を下げます。

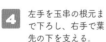

# キリスト教式の拝礼作法

これが大事！

- 献花のための花はていねいに扱う
- 仏教用語が出ないようにする
- 一般的な喪服で参列する

## 花を一輪ずつ手向け、天に祈りを捧げる献花

キリスト教の葬儀では、カトリックでもプロテスタントでも「献《けん》花《か》」があります。献花は仏式の焼香にかわるものとして、日本だけで行われている習慣です。教派により葬儀の内容は変わりますが、献花の作法そのものはさほど変わりません。

葬儀の中で献花が始まったら、ひとりずつ祭壇の前へ進み、花を一輪手《た》向《む》けて神に祈ります。

## キリスト教では平穏を祈る言葉を使う

なお、キリスト教では死は永遠の命のはじまりとされ、日本で一般的に使われているお悔やみの言葉がなじみません。「御愁傷様です」「お悔やみ申し上げます」という言葉は控えましょう。

遺族に会ったら、「やすらかな眠りをお祈りいたします」「お知らせいただき、ありがとうございます」といった遺族の心情に寄り添った言葉を伝えます。

NG! これはタブー

### 仏教用語

キリスト教の葬儀でとくに避けたいのは、「供養」「冥福」「往生」「極楽」などの言葉。ただし、信者以外の人がキリスト教ならではの言葉を無理に使う必要はありません。

## 献花の作法

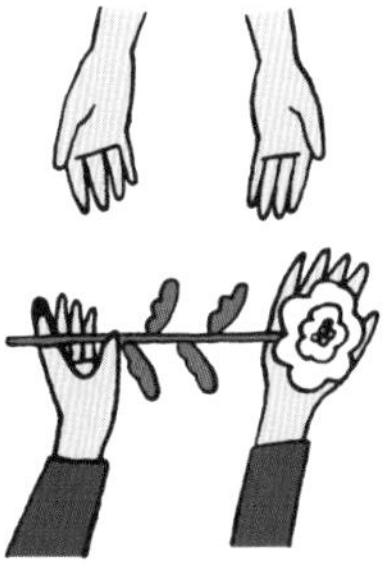

1 花を両手で受け取る。左手で茎を持ち、右手で花の部分を下から支え持つ。

2 祭壇の前に進み、遺族に一礼する。

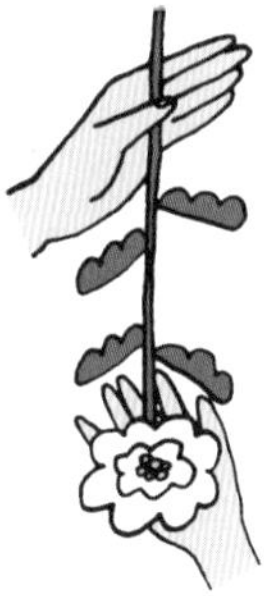

3 花を時計回りに90度回転させ、花の根元を祭壇に向ける。

4 献花台に花をていねいに置く。

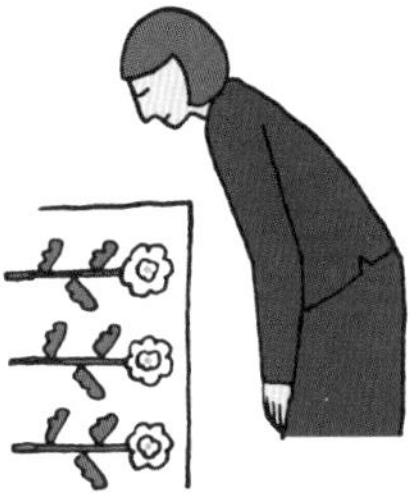

5 祭壇に向かって一礼する。

6 そのまま2～3歩下がり、遺族に一礼し席に戻る。

Check! ここが重要!

### キリスト教の信者ではない人の参列

キリスト教では、お祈りの際、十字架を持ったり、十字を切ったりしますが、信者でない場合はそのようなふるまいは必要ありません。また、ベールをかぶるのは信者のみですので、信者でなければ一般的な弔事のよそおいでかまいません。

# 弔辞を依頼されたら

これが大事！

- 依頼されたら快く引き受ける
- 包み方は左右逆だと慶事になる
- 使ってはいけない言葉に注意する

## 遺族から依頼を受けたら故人のためにも快諾する

告別式では、生前の故人と親交が深かった人が弔辞《ちょうじ》を読むことがあります。遺族は適任と思う人に弔辞を依頼しますので、依頼を受けたら快く引き受けましょう。

弔辞は巻紙に薄墨で清書し、折りたたんだものを奉書紙に包むのが正式です。巻紙や奉書紙は文房具店やデパートで市販されており、通販でも購入できます。

格を重んじる葬儀では正式なものがよいですが、一般的な葬儀ならシンプルな白の便せんにボールペンで書いた弔辞でも問題ありません。弔辞は遺族に渡されるものなので、ていねいに書きましょう。便せんは一重の白い封筒に入れて（▼p.251）持参します。

弔辞のスピーチは3分間程度が目安なので、原稿にすると800～1000字程度です。あまり感情的にならず、一言一言ていねいに故人に語りかけるように読み上げます。忌み言葉（▼p.61）を使わないように注意します。

### 巻紙の弔辞の包み方

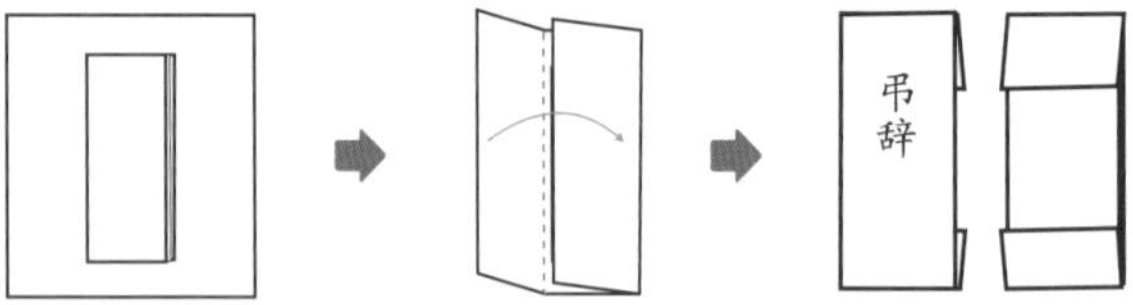


1 屏風状に折りたたんだ弔辞を、奉書紙の中央に置く。

2 奉書紙の右側を折り、その上に左側を折って重ねる。

3 上下を裏側に折る。「弔辞」と表書きをする。

# 弔辞の文例

最初に哀悼の意を伝える。

坂口悠子さんの御霊前に、謹んで哀悼の辞をささげます。

故人との関係や思い出を語る。故人を誉めるエピソードも絡めて。

悠子とのつき合いは、中学時代にさかのぼります。
吹奏楽部で私がホルン、悠子はクラリネットを担当して、毎日放課後に一生懸命練習をしましたね。練習が終わった帰り道、いろんな話をしながら帰りましたね。ときには口論することもありましたが、いつのまにか仲直りして、中学を卒業してからもいちばんの親友でした。
お互いの結婚式には招待し合い、お互いにスピーチもして、子どもが生まれたらいっしょに遊びに行き、家族ぐるみのつき合いもしましたね。つらいときや苦しいときもありましたが、悠子はいつも前向きで、物事をよいほうにとらえていましたね。そんな悠子を私はとても尊敬していました。

故人を失った悲しみを切々と述べる。

2年前、悠子が病と聞いたとき、私は目の前が真っ暗になりました。これからも悠子といっしょに年齢を重ねて、変わらずに過ごせると思っていたからです。でも、あなたは果敢に病気と闘い続けましたね。

締めの言葉。故人への感謝と、冥福を祈る気持ちを述べる。「ご冥福をお祈りします」は仏式の言葉なので、神式なら「祖霊のもとへお帰りになりました」、キリスト教式なら「神の御許へ召されました」とする。

今、あなたの安らかなお顔を見て、「本当にお疲れさま」と伝えたいです。悠子がこの世にいないなんてまだ信じられませんが、いっしょに笑って泣いたたくさんの思い出は、私の中に永遠に生き続けます。
悠子、本当にありがとう。どうか安らかにお眠りください。

最後に葬儀当日の日付と肩書、氏名を名乗る。

○○年○月○

友人代表　青山真紀

ポイント！

## ▶ 弔辞の読み方

名前を呼ばれたら、遺族・僧侶、遺影へ一礼し、弔辞を開いて読み上げます。巻紙の弔辞では、たたんだ上包みを左手に持ち、その上に弔辞をのせて読みます。右手で巻紙を開き、読んだ端から巻いていきます。終わったら弔辞を包み直し、祭壇に向けてそなえます。

# 法要に招かれたら

これが大事！

- 招かれたらできる限り出席する
- 欠席の場合は前日までに供物を贈る
- 三回忌までは喪服。以降は地味な平服

## 現金か供物を持参し仏前にそなえる

法要は葬儀を終えた後、節目ごとに近親者や親しい知人・友人を招いて故人をしのぶ行事です。仏式なら四十九日、一周忌、三回忌を特別な法要と考え、僧侶を呼んで読経してもらう人が多いようです。神式では式年祭、カトリックでは追悼ミサ、プロテスタントでは記念式といいます。法要に招かれたら、不祝儀袋に包んだ現金（供物料）か供物を持参します。

## 法要のマナー

### ・法要の案内を受けたら

近親者だけの場合は電話連絡ですまされることもあります。案内状が届いた場合はできるだけ早めに、返信はがきで出欠の連絡をします。

### ・欠席するとき

出席できない場合は、まずお詫びの電話を入れ、欠席を知らせます。供物または供物料は、法要前日までに届くように送ります。

### ・法要の服装

三回忌までは喪服を着用するのが一般的です。それ以降の法要は地味な平服でかまいません。ダークスーツなどがよいでしょう。

## 法要での贈り物

### 【キリスト教式】

現金

▶十字架や百合の花が描かれた封筒や白無地封筒に、「御ミサ料」(カトリックの場合のみ)、「御花料」(宗派を問わず)と表書きをする。

▶現金を贈るのは食事のもてなしがある場合のみでよい。

供物

▶生花のみ。和菊は入れずに洋花のアレンジなどがよい。白をベースにしてあわい色合いに。

### 【神式】

現金

▶黒白か双銀の結び切りに「御玉串料」「御供物料」「御神饌料」と表書きをする。神社によっては紅白の結び切りを使うケースもある。

▶金額は葬儀時の玉串料(香典)の5~7割。

供物

▶菓子、酒、故人が好んだものなど。

▶かけ紙は、黒白か双銀の結び切りで、「御供」「奉献」と表書きをする。神社によっては紅白の結び切りを使うケースもある。

### 【仏式】

現金

▶黒白か双銀の結び切りに「御仏前」「御供物料」と表書きをする。

▶金額は香典(▶p.59)の5~7割が目安。

供物

▶菓子、果物、線香、ろうそく、故人が好んだものなど。

▶かけ紙は、黒白か双銀の結び切りで、「御供」「御供物」と表書きをする。

HOW? こんなときは?

### 「しのぶ会」に招かれたら?

最近では法要のかわりに「しのぶ会」などを催すケースも増えています。会費制であれば、供物料(現金)は不要です。会費制でなければ、白無地の封筒に「偲ぶ」「志」などの表書きで現金を持参します。

# 年忌法要を行う

これが大事！

- 忌明けの法要で香典返しを贈る
- 法要の案内は1か月前までに
- 法要では会食の席を設ける

## 節目ごとに法要を行い 家族の死を受け入れていく

仏式では亡くなった日から7日おきに法要を、神式では10日おきに霊祭を行います。仏式の場合、とくに重要視されているのが初七日と四十九日。初七日は遠方からの出席者に配慮して葬儀当日に行うことが多いですが、四十九日は近親者や僧侶を呼び、法要を行うのが一般的です。一周忌や三回忌も同様で、いずれも法要後には会食の席を設けます。

## 法要を営むとき

### ・日程は年命日より前の休日に設定する

本来、法要は年命日に行うものですが、いまは近親者が出席しやすいように休日に開催するのが一般的です。日程をずらす場合は、必ず年命日より前に設定します。

菩提寺や神社と相談のうえ日程を決めたら、遅くとも1か月前には近親者などへ連絡します。

### ・会食の席と引出物を用意する

法要は自宅・菩提寺・斎場などに僧侶・神官や列席者を招いて行います。法要後は仕出し弁当や、近くのホテル・レストランなどで会食を提供し、列席者に引出物を持ち帰ってもらいます。宗教者が会食を辞退したときは「御膳料」、会場が遠い場合は「御車代」をそれぞれ渡します。

### ・納骨の際は卒塔婆供養を行う

「卒塔婆《そとば》」とは、浄土真宗以外の仏式で使われる墓の後ろに立てる細長い木の板のことです。納骨の際に、施主や参列者が供養のために立てる習慣があります。

あらかじめ菩提寺に依頼しておくと、当日までに戒名や経文が書かれた卒塔婆を用意してくれます。卒塔婆の費用は、お寺によって1本につき3,000～1万円程度。施主は御布施とは別に、「御卒塔婆供養料」としてお金を包み、僧侶に渡します。

# 宗教別のおもな法要

## 【キリスト教式】

**●カトリック**

追悼ミサ

亡くなった日から3日目、7日目、30日目などに行う。

▶追悼ミサ以降はとくに決まりはなく、年命日にミサを行うこともある。

**●プロテスタント**

召天記念日

亡くなった日から1か月後の法要。

記念式

1年後の法要。

▶記念式以降はとくに決まりはない。

## 【神式】

五十日祭

亡くなった日から50日後に神官を招いてとり行い、忌明けとする。

百日祭

亡くなった日から100日目の霊祭。

一年祭

亡くなった日から1年後の霊祭。

▶一年祭以降は三年祭、五年祭、十年祭と続き、その後は10年ごとに五十年祭まで行う。

## 【仏式】

四十九日（満中陰）

亡くなった日から49日後に行う忌明けの法要。同時に納骨を行うこともある。

一周忌

亡くなった日から1年後の法要。

三回忌

亡くなった日から2年後の法要。

▶三回忌以降は、七回忌、十三回忌、十七回忌、二十三回忌、二十七回忌と営み、三十三回忌をもって「弔い上げ」とすることが多い。

# お墓参りのマナー

**1** 寺院の敷地にある墓地の場合、お墓参りの前後に住職にあいさつし、本堂のご本尊にもお参りする。

**2** 墓地の雑草を抜き、落ち葉などを拾う。枯れた供花や線香の残骸などを取り除いて掃除する。

**3** 墓石にひしゃくで水をかけ、タワシで苔や汚れをこすり落とす。最後に布できれいにふき取る。

**4** 仏式では持参した花や供物をそなえ、線香に火をつけて合掌。神式では2対の榊を飾り、二拝二拍手一拝を。納骨がすんでいたら、柏手は音を立ててよい。

Check! ここが重要！

## お墓にそなえた供物は持ち帰る

お墓参りでは、故人の好物や旬の果物などをそなえることが多いですが、供物が食べ物の場合は、そのままにせず持ち帰るのがマナーです。鳥や動物に荒らされたり、腐ってしまうためです。おそなえした食べ物は持ち帰って食べてもいいですし、その場で食べてしまってもマナー違反にはなりません。

霊園や墓地によっては、枯れてしまう生花も持ち帰る決まりのことがあります。その場合、家族や親族の間でとくに異論がなければ、造花やプリザードフラワーを飾ってもよいでしょう。

# 4章 贈り物とお返しのマナー

日本では、お世話になっている人に季節ごとに贈り物をしたり、暮らしの中、人生の岐路などで、ものを贈り合う習慣があります。贈り物をするときのマナー、もらったときのお返しのマナーを知り、失礼のない贈答ができるようにしましょう。

# 贈り物とお返しの基本マナー

これが大事！

- 見栄をはらずに、分相応が基本
- お返しは不要となるケースもある
- タブーとなる品を知っておく

## 贈答上手はおつき合い上手

私たちの日常生活に、贈答のおつき合いは欠かせないものです。贈り物をするときは、誰に、何のために、いつ、何を贈るのかを明確にすることが大切です。品物の金額は高ければよいというものではなく、目的に応じて相応のものを贈るのがマナーです。また、贈り物をいただいたら、必ずお礼を伝えましょう。場合によってはお返しが必要なときもあります。

## 贈答マナー4つの心得

### 1 理由

理由がはっきりしない贈り物は、相手も困惑してしまいます。「御歳暮」「祝御入学」「内祝」などの表書きで、贈答の目的を明確に伝えることが大切です。

### 2 金額

贈る現金や品物の金額は、相手との関係や自分の立場などを考えて、分相応であることが基本です。とくにお中元やお歳暮は、毎年ほぼ同ランクの品を贈るものなので、最初に高額なものを選ぶと厄介です。

### 3 タイミング

目的によって贈る時期の最適なタイミングは変わりますが、基本的にお祝いごとは早めを心がけます。そうでない場合は、状況を確認してからのほうがよいでしょう。お返しは急がないようにするのがマナーです。

### 4 品選び

品物を贈る場合は、相手の年齢、家族構成、趣味、好みを考慮できればベストです。親しい相手なら、希望の品をさりげなくたずねてもマナー違反ではありません。相手の好みがわからないときは、好きなものを選ぶことのできるカタログギフトでもよいでしょう。

# お返しのルール

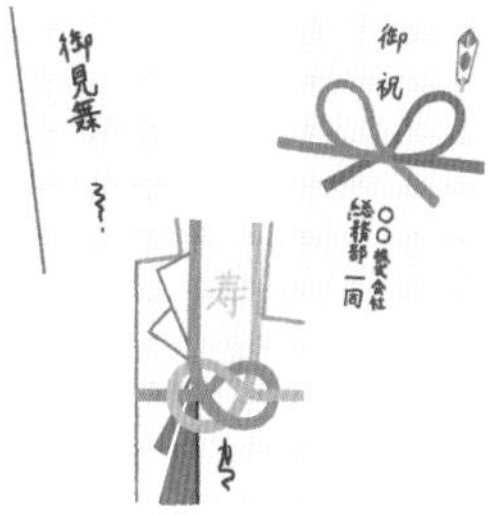


## ・お返しが不要の場合

贈り物をいただいたときは、折をみてお返しをするのがならわしです。しかし、礼状だけでかまわないケースもあります。災害見舞いや会社名で贈られた慶弔の贈答品などは、お返しの品は不要です。また、結婚祝いをいただいた場合も披露宴に招待するのなら、そのことがお礼になるため、改めてお返しの必要はありません。

## ・お返しと内祝いの違い

出産・七五三・受賞・賀寿・病気全快などの慶事では、内祝いを配ることがあります。本来、内祝いはお祝いの授受にかかわらず、同じ品を一律に贈るのがならわしです。ただ現在では、内祝いもお返しと同じようにみなすことが多くなり、お祝いをいただいた人にだけ贈るのが一般的な傾向です。

NG!

### これは タブー

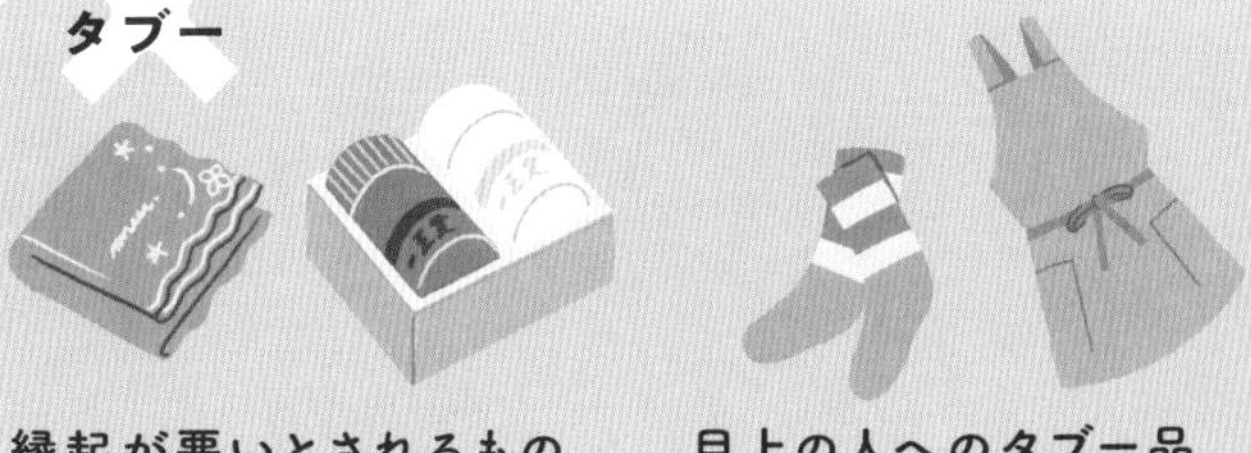

**縁起が悪いとされるもの**

お茶は弔事のお返しに用いられることが多いため、縁起が悪いという人も。漢字で「手巾（てぎれ）」と表すハンカチも、縁を切る意味に通じると避ける人がいます。

**目上の人へのタブー品**

靴やスリッパ、靴下、ラグ（マット）など、踏みつけるものは避けます。時計は「早く起きる」、エプロンは「働く」というニュアンスがあるので、目上には不適切とも言われます。

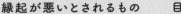

Gifts

# 出産のお祝い

これが大事！

- お祝いを贈るのは親族や親しい人へ
- 贈り物は現金でも品物でもOK
- 内祝いは赤ちゃんの名前で贈る

## 出産祝いは早まらず一週間過ぎてからにする

出産祝いは、赤ちゃん誕生後1週間から1か月以内とされています。出産直後の産婦は疲れていますので、お見舞いやお祝いに行くことは、身内以外は遠慮します。

贈り物は現金でも失礼にあたりません。品物ならベビー服、おもちゃ、食器などが一般的ですが、ほかの人と重ならないよう希望を聞いてもよいでしょう。ベビー服は少し大きめサイズが喜ばれます。

Money お金の目安

### 出産祝いの金額

水引は紅白の蝶結びで、のしをつけます。表書きは「御出産祝」とします。少し高額の品物なら、友人や同僚などと何人かでまとめてお金を出し合うのもよいでしょう。

| 贈る相手 | 金額の目安 |
|---|---|
| きょうだい | 1～3万円 |
| 親族 | 5,000～2万円 |
| 友人 | 5,000～1万円 |
| 同僚 | 3,000～1万円 |

【お祝いのお返し】

いただいたお祝いの半額～3分の1程度の金額で、産後1か月ごろに内祝いを贈ります。表書きは「内祝」とし、姓は書かずに子どもの名前のみにします。品物は名入れの菓子や日用消耗品などがよいでしょう。

How?

こんなときは?

## 出産祝いに高いものをリクエストされたら?

ベビーカーなど値が張るものは、友人何人かでお金を出し合い贈る方法もあります。あるいは、無理のない範囲のお祝いを包み「ベビーカー購入の足しにしてね」とひと言つけ加えましょう。いずれにせよ、お祝いは分相応が基本です。背伸びする必要はありません。

## 内祝いは両親にも贈るもの?

内祝いは、本来、身内には贈りません。しかし現代では、「内祝いはいただいたお祝いのお返し」というニュアンスが強く、両親でも、お祝いをもらったら内祝いを贈るという考えもあります。また、地域独特のしきたりがあることも。迷ったときは、表書きを「御礼」にして贈るとよいでしょう。

Check!

ここが重要!

## 内祝いには子どもの写真を添えて

内祝いには、プリントアウトした子どもの写真を添えるようにしましょう。お祝いの品をいただいたときは、それらと子どもがいっしょに写った写真にします。

# 初節句・七五三のお祝い

Gifts

これが大事！

- 身内でお祝いすることが多い
- 祝う年を事前に確認しておく
- きょうだいと同等のお祝いをする

## 初節句や七五三のお祝いは半月前ごろ～当日までに

子どもが初めて迎える節句を初節句といい、3月3日の桃の節句には母方の実家からひな人形を、5月5日の端午の節句には祖父母から、こいのぼりや武者人形を贈るならわしがあります。ただし現代では、住宅事情などを考慮し、現金を贈ることも少なくありません。生後1～2か月で節句を迎えるときは翌年を初節句とすることも多いため、事前に確認が必要です。

七五三は11月15日前後に、五歳の男児、三歳・七歳の女児が晴れ着を着て氏神さまにお参りし、成長を願う儀式です。お祝いは身内のみで行うことがほとんどですが、ごく親しい相手なら祝い菓子などを贈るのもよいでしょう。祝う年は、家庭の考え方で満年齢か数え年かで変わります。お祝いを贈るならあらかじめ確認しておく必要があります。

お祝いを贈る場合、初節句は半月ほど前から当日まで、七五三は11月に入ってから当日までに贈るとよいでしょう。

Check! ここが重要！

### 同性のきょうだいも同程度にお祝いを

ひな人形などの飾り物は、子どもの厄災を代わりに背負ってくれる意味があるため、きょうだいそれぞれに用意するのが原則です。ただし住宅事情や経済的負担を考えるといくつも同じような飾り物があるのは現実的ではないかもしれません。

女の子なら、三人官女、五人囃子などを追加したり、つるしびなを飾ったりするのもよいでしょう。男の子なら、上の子はこいのぼり、下の子は武者人形など違うものを選ぶ方法もあります。いずれにせよ、上の子ばかり盛大にせず、下の子にも同程度の贈り物をするようにします。

Money
お金の目安

## 初節句・七五三祝いの金額

水引は紅白の蝶結びで、のしをつけます。表書きはそれぞれ、「初節句祝」「七五三祝」とします。どちらも身内のみで祝うのが一般的で、贈り物をするのは祖父母だけということも多いようです。食事会などお祝いの席に招かれていなければ、とくにお祝い金を包む必要はありません。

| 贈る相手 | 初節句 | 七五三 |
|---|---|---|
| 孫 | 5～10万円 | 1～3万円 |
| おい・めい | 1～3万円 | 5,000～2万円 |
| 親族 | 5,000～2万円 | 5,000～2万円 |

### 【お祝いのお返し】

#### 初節句の場合

祖父母の場合はお返しは不要です。親族ならお祝いの席に招待し、おみやげに節句菓子を手渡します。招待できなかったときは、いただいたお祝いの半額～3分の1程度の額で、1週間以内に子どもの名前で内祝いを贈ります。

#### 七五三の場合

神社に参拝後、千歳飴や赤飯などを持参して、お礼のあいさつにうかがいます。お礼にうかがえない親族には、いただいたお祝いの半額程度の額で1週間以内に子どもの名前で内祝いを贈ります。

HOW?
こんなときは？

### お祝いの席に招かれたら？

食事会などに招待されたら、お祝いを用意します。現金だけでもよいですが、お祝い金＋贈り物を持参すると子どもも喜ぶでしょう。双子の初節句や七五三をきょうだいで祝う場合は、子どもそれぞれにお祝いを包みます。お祝いは一人だけれどほかにきょうだいがいる場合は、簡単なものでよいので、きょうだいのぶんのおみやげも用意する配慮を。

赤ちゃんや幼児のいる家庭に招かれたときは、右のようなことに気をつけます。

- 体調の悪いときは遠慮する
- 喫煙は避ける
- 爪は短くしておく
- きつい香水は控える
- 授乳のときは、席を外す

# 入園・入学のお祝い

Gifts

## お祝いを送るときは相手の希望を確かめて

入園や入学に際しては、家族でお祝いするのが一般的です。子どもの成長を喜び、新しい集団生活に向け緊張している子に、やさしい言葉で門出のエールを送ってあげましょう。

親族などへお祝いを贈る場合は、親に希望の品を聞いてもよいでしょう。学習机など高額なものの場合は、購入する際の補助として現金を贈る方法もあります。

Money お金の目安

### 入園・入学祝いの金額

贈るタイミングは、入園・入学の1か月前から当日まででです。いずれも紅白蝶結びの水引で、のしつきにします。入園や小学校入学では、文房具や本、図書カードなど品物を贈るのが一般的です。中学生以上は現金でもよいでしょう。

| 入学先 | 金額の目安 | 表書き |
| --- | --- | --- |
| 幼稚園・保育園 | 3,000〜１万円 | 御入園祝 |
| 小学校 | 5,000〜１万円 | 祝御入学 |
| 中学校 | 5,000〜１万円 | 祝御入学 |
| 高校 | １〜２万円 | 祝合格／御入学祝 |
| 専門学校・短大・大学 | １〜２万円 | 祝合格／御入学祝 |

【お祝いのお返し】

入園・入学祝いのお返しは不要とされていますが、現在は、いただいた額の半額程度の品を「内祝」の表書きで贈ることが多くなっています。本人からは、礼状を書き、電話でもお礼を伝えるようにするとよいでしょう。目上の人とのコミュニケーションを学び、社交性を身につけるよいチャンスです。

これが大事！

- ☑ 入園・入学の1か月前〜当日まで
- ☑ 中学生以上なら現金のお祝いでも可
- ☑ お礼は子ども本人からも述べさせる

Check!

ここが
重要！

## 第一志望でない場合でも門出を祝って

いわゆるお受験に失敗したときでも、門出は温かく祝ってあげましょう。表書きは「御祝」や「御入学祝」で。贈るタイミングは、先方からの報告を聞いてからにします。

## 品物選びに迷ったら現金でもOK

お祝いの品に迷うようなら、現金がよいでしょう。図書や文具のギフトカードもおすすめです。それ以外の品物は、とくに中学生以上になると好みも多様化し、本人の希望とマッチするとは限りません。

## お返しは感謝の気持ちが伝わるように

子どもには礼状を書かせたいものです。はがきに「ありがとう」のひと言でも相手はうれしいものです。また、子どもの晴れ姿は祖父母や親族にとっても楽しみなもの。内祝いには写真を添えるとよいでしょう。お祝いで商品券や図書カードをもらったときは、購入したものを報告します。

NG!

これは
タブー

## 入学祝いの先走り

受験に合格してもその学校へ入学するとは限りません。第１志望校の合格発表前であったり、大学受験なら浪人することもあります。入学祝いは、入学することが決まったことを聞いてから贈ります。

・Gifts・

# 卒業・就職・成人のお祝い

## 卒業祝いは入学・就職のお祝いと兼ねてもよい

小中学校の場合は、その後も学校生活が続くことがほとんどなので卒業祝いは必要ありません。高校・大学の卒業に際しては、進学や就職が重なるので、両方を兼ねてお祝いすることが多いようです。

成人のお祝いは、親や祖父母が贈るのが一般的。成人式で着る振袖やフォーマルなスーツのほか、その後の進路に役立つようなものを考えてもよいでしょう。

### 就職祝いの品の例

【スーツ】

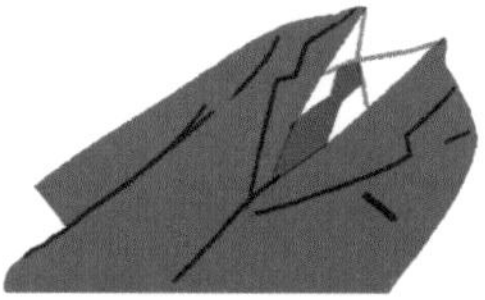

フルオーダーでもリーズナブルな価格のお店なら、仕立券を贈るのもよいでしょう。ネクタイ、ベルトなどの小物もおすすめです。

【ビジネスバッグ】

革製にこだわらず、長く使える上質なものを選びます。若い人に人気のあるブランドをチェックしてみましょう。

【時計・アクセサリー】

ビジネスシーンに合う大人らしいものを選びましょう。アクセサリーは仕事の邪魔にならないものを選びます。

【デジタルデバイス】

ノートパソコンやタブレット、最新のスマートフォンなど。ワイヤレスイヤフォンやモバイルバッテリーなども人気です。

**これが大事！**

- ☑ 今後の進路に役立つ品を考える
- ☑ 5000～2万円までが相場
- ☑ 就職のお礼の品は初給料で返す

Money

## お金の目安 卒業・就職・成人祝いの金額

いずれも紅白蝶結びの水引で、のしつきにします。卒業祝いは、就職祝いや入学祝いを兼ねて贈ることが多いでしょう。就職祝いを贈るタイミングは入社式前です。内定が出た段階では早すぎます。

| 贈る相手 | 卒業・就職 | 成人 |
|---|---|---|
| 子ども | 3万円 | 1～5万円 |
| 孫 | 3～5万円 | 3～10万円 |
| おい・めい | 1～2万円 | 1～3万円 |
| 親族 | 5,000～2万円 | 5,000～2万円 |
| 友人の子 | 5,000～1万円 | 5,000～1万円 |

### 【お祝いのお返し】

#### 卒業・成人祝いの場合

電話や手紙で、必ず本人からお礼を述べるのがマナー。贈り主が親の知人などで本人と面識がないという場合でも、本人からお礼の気持ちを伝えます。成人式で晴れ着を着たら礼状に写真を添えるとよいでしょう。

#### 就職祝いの場合

初給料で購入した菓子折りなどを持参して、あいさつにうかがうのがベストです。表書きは「御挨拶」「松の葉」などとします。「松の葉」とは、ささやかな贈り物という意味で「寸志」と同じ。遠方の場合は、お礼と近況を知らせる手紙を送るとよいでしょう。

Check!

ここが重要！

#### 卒業・成人のお祝いも社会人なら相応のお礼を

卒業・成人のお祝いにお返しは不要とされますが、すでに社会人としての収入がある場合は、本人が手みやげをもって先方へお礼にうかがうか、内祝いを贈ります。また、先方に同様の祝いごとがあった場合は、自分が受けたときと相応の贈り物をします。

Gifts

# 母の日・父の日のお祝い

これが大事！

- 親に感謝の気持ちを伝える日
- 決まりはなく自由な形で祝う
- 存命の親に白い花を贈るのは避ける

## 5月は母、6月は父へ感謝の気持ちを表す日

世界的にお祝いされている母の日や父の日。諸説ありますが、どちらもアメリカの教会で生まれたものと言われています。

母の日は5月の第二日曜日、父の日は6月の第三日曜と制定されていますが、最近では日づけにこだわらず、母の日は5月、父の日は6月の間にお祝いすればよいという考え方も出てきました。どちらも共通しているのは、父母への感謝の気持ちを生前の間に表すことを大事な点としていることです。

日本では、母の日は赤のカーネーション、父の日は黄色のバラを贈ることが基本とされています。

しかし、祝い方に厳密な決まりはありません。自由な形で日ごろの感謝を伝え、お祝いするようにしましょう。少し奮発したものをプレゼントしたいなら、きょうだいでお金を出し合って一緒に贈るのもよいでしょう。ただし、白い花は亡くなった人に贈るものとされているので注意します。

Agree! これは納得！

### 実親も義親も予算は同じに

既婚者の場合は、配偶者の親である義理の父母へもお祝いをする機会になります。気をつけたいのは、自分の親と比べて、対応に温度差をださないこと。贈り物はそれぞれの好みに合わせて用意すべきですが、予算は同じにするのがマナーです。

義父母が苦手という人もいるでしょう。夫や妻からそれぞれの実親にアプローチしてもらうのも手ですが、ひと言でも自分なりの感謝の言葉を伝えましょう。

## 母の日・父の日の贈り物例

### 【母の日】

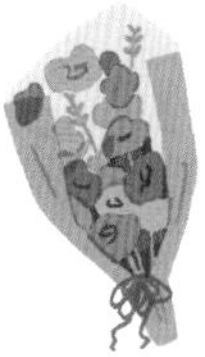

#### フラワーギフト

カーネーションが好まれますが、母親の好きな花をアレンジメントにしてもよいでしょう。メッセージを添えればベターです。

#### スイーツ

甘いものは心をほぐすと言われ、好まれます。好き嫌いもあるので、事前に好みのチェックを。カーネーションとセットで贈るのもよいでしょう。

#### 体験チケット

舞台の鑑賞券、ゴルフやダンスのレッスン券、ものづくり体験、エステやスパなど好みのものを。贅沢なレストランの食事券などもおすすめです。

### 【父の日】

#### お酒

リラックスし、開放感をもたらすプレゼントとしてはポピュラーなプレゼントです。最近はクラフトビールや国産ウィスキーなども人気です。

#### 趣味のもの・文具類

庭仕事、スポーツ、囲碁、将棋など趣味をもつ人なら、それにちなんだものだと楽しんでもらえます。ペンは退職後でも役立つ実用的なギフトです。

#### 服飾雑貨

身だしなみに気を使う中高年男性も増えています。ハンカチ、ソックス、タオル、帽子、ストールなどファッション雑貨も好まれます。

HOW?
こんなときは?

### 母の日と父の日のお祝いをまとめてもいい?

高齢になっても行動的で毎日忙しく過ごす両親もいるでしょうし、遠方でなかなか会う機会が取れない人もいるしょう。そのようなときは、まとめてお祝いするのも悪いことではありません。お祝いの席でそれぞれ個別にプレゼントを用意するのもよいですが、ペア食事券や旅行券を用意して、夫婦で一緒に過ごしてもらう時間を贈るのもおすすめです。先にくる母の日に家族みんなで食事をし、父の日にはマッサージ機などふたりで使えるアイテムを贈るというのも一法です。

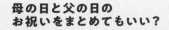

Gifts

# 結婚記念日のお祝い

これが大事！

- ☑ 夫婦がきずなを深めるための記念日
- ☑ 形にこだわらず互いに感謝を伝える
- ☑ 金婚式・銀婚式は特別な形で祝う

## 夫婦ふたりや身内でお祝いする記念日

結婚してから最初の15年間は毎年、それ以降は5年おきにやってくるのが結婚記念日です。お祝いのしかたに決まりはなく、食事に出かけたり贈り物を交換したりして夫婦ふたりで祝うのが一般的です。夫婦のきずなをより深くするうえでもプラスになる大切な日。親や身内の結婚記念日には、贈り物をしたり、ふたりで過ごす時間がもてるよう気を配りましょう。

## 銀婚式・金婚式はいつもより盛大に祝う

結婚記念日は結婚後の年数によって名称がつけられています。その中でも大切にされる年が、結婚25年目の銀婚式と50年目の金婚式です。夫婦で大きな節目を迎えることができた特別な結婚記念日として、このときは子どもや友人などをまじえて、特別な形でお祝いするのもおすすめです。子どもが親のためにお祝いの席を用意することもあります。

Money ¥ お金の目安

### 結婚記念祝いの金額

のしつき・紅白蝶結びの水引です。贈り物のほか、食事会やお祝いの席を設けるのもよいでしょう。とくに両親や祖父母が金婚式・銀婚式を迎えるときは、特別なお祝いを検討します。

| 記念日 | 金額の目安 |
|---|---|
| 金婚・銀婚式 | 3～5万円 |
| 通常 | 5,000～1万円 |

【お祝いのお返し】

基本的にお返しは不要。「内祝」の表書きで、家族や親族、友人などに記念品を贈ることもあります。

# 結婚記念日の名称

| 年 | 名称 | おもな贈り物 |
|---|---|---|
| 1年目 | 紙婚式 | 本、手帳、日記、アルバム、ペーパークラフト、レターセットなどの紙製品 |
| 2年目 | 藁婚式(綿婚式) | タオル、ハンカチ、スカーフ、ストール、エプロン、トートバッグ、シャツなどの木綿製品 |
| 3年目 | 革婚式 | キーケース、手帳、ベルト、バッグ、名刺入れ、靴、ブックカバー、財布などで革を使った製品 |
| 4年目 | 花婚式 | 花束、書籍、詩集、花柄の入った製品 |
| 5年目 | 木婚式 | フォトフレーム、箸、メッセージボード、木彫品などの木製品や観葉植物 |
| 6年目 | 鉄婚式 | フライパン、包丁、タンブラー、鉄瓶などの鉄を使った製品 |
| 7年目 | 銅婚式 | 鍋、マグカップ、タンブラー、食器などで銅を使った製品 |
| 8年目 | ゴム婚式・青銅婚式 | 貴金属、アクセサリー、電化製品、サンダル、ゴムの木 |
| 9年目 | 陶器婚式 | 花瓶、食器、土鍋、酒器などの陶器類 |
| 10年目 | アルミ婚式・錫婚式 | ヤカン、酒器、タンブラー、アクセサリーなどの錫・アルミを使った製品 |
| 11年目 | 鉄鋼婚式 | 鉄瓶、カトラリー、はさみ、フライパン、ゴルフクラブなど金属製品 |
| 12年目 | 絹婚式・亜麻婚式 | ハンカチ、パジャマ、ネクタイ、スカーフ、ワイシャツ、ブラウス、ショールなど絹を使った製品 |
| 13年目 | レース婚式 | ストール、日傘、カーテン、ブラウス、テーブルクロスなどのレース刺繍品 |
| 14年目 | 象牙婚式 | 箸、印鑑など。象牙にこだわらないでよい |
| 15年目 | 水晶婚式 | 指輪などのアクセサリーや置物などの水晶、グラスなどのクリスタル製品 |
| 20年目 | 磁器婚式・陶器婚式 | 花器、食器、置物などの磁器製品 |
| 25年目 | 銀婚式 | 時計、食器、アクセサリーなど銀を使った製品、シルバーカラーの製品 |
| 30年目 | 真珠婚式 | 真珠を使った製品、パールカラーの製品 |
| 35年目 | 珊瑚婚式 | 珊瑚やひすいを使った製品 |
| 40年目 | ルビー婚式 | ルビーを使った製品 |
| 45年目 | サファイヤ婚式 | サファイヤを使った製品 |
| 50年目 | 金婚式 | 金箔や金を使った製品、金貨、金杯、ゴールドカラーの製品 |
| 55年目 | エメラルド婚式 | エメラルドを使った製品 |
| 60年目 | ダイヤモンド婚式 | ダイヤモンドを使った製品 |
| 65年目 | ブルースターサファイア(碧玉)婚式 | ブルースターサファイアを使った製品、またその色の製品 |
| 75年目 | プラチナ婚式 | プラチナを使った製品 |

# 長寿のお祝い

これが大事!

- 本格的な長寿祝いは古希から
- 本人の性格や好みを考慮して
- 年寄りくさくない贈り物を

## 長寿は還暦から数えるがお祝いは古希からが一般的

長寿の祝いは賀寿《がじゅ》と呼ばれ、生まれた年を1歳とする数え年で名づけられています。

一般に長寿のはじまりは、数え年で61歳の還暦が節目とされています。ただ長寿社会となって久しい現在では、60歳を過ぎても現役の人は多く、長寿という言葉に違和感を感じる人もいるでしょう。よく知られているように、還暦では魔除けの赤いちゃんちゃんこを着たりしますが、個人の好みもあるので、当人の気持ちを考慮した形で行いたいものです。実際には古希や喜寿からのお祝いが多いようです。正式には数え年ですが、満年齢で祝う人も増えています。

お祝いのしかたに特別な形式はありません。家族の都合や本人の意向をくんで、食事会したり、贈り物を用意したりするとよいでしょう。敬老の日や本人の誕生日に行うのが自然です。贈り物は、いかにも年寄りであることを感じさせるようなものは避けます。

Money お金の目安

### 長寿祝いの金額

のしつき・紅白蝶結びの水引です。贈り物だけにこだわらず、家族みんなが顔を合わせる場を設けるなど本人が喜ぶ形を考えます。

| 贈る相手 | 金額の目安 |
|---|---|
| 親 | 2～3万円 |
| 祖父母 | 1～3万円 |
| 親族・恩師・知人 | 5,000～1万円 |
| 仕事関係 | 3,000～1万円 |

【お祝いのお返し】

家族からのお祝いはお返し不要。仕事関係では、いただいたお祝いの半額程度の品物を「内祝」として贈ります。

## 賀寿の名称

| 数え年 | 名称 | 由来 |
|---|---|---|
| 61歳 | 還暦《かんれき》 | 生まれた年の干支が一巡して元にもどることから。お祝いの色は赤。 |
| 66歳 | 緑寿《ろくじゅ》 | 2002年に日本百貨店協会が、緑緑（ろくろく）という語呂合わせから提唱した。お祝いの色は緑。 |
| 70歳 | 古稀《こき》・古希 | 中国唐の時代の詩人、杜甫の「人生七十古来稀なり(70歳まで生きるのは稀)」の詩句に由来。お祝いの色は紫、紺。 |
| 77歳 | 喜寿《きじゅ》 | 「喜」の文字の草書体が「七」を三つ重ね、七十七と読めるところから。お祝いの色は紫、紺、黄色。 |
| 80歳 | 傘寿《さんじゅ》 | 「傘」という文字を略字で書くと、八と十を重ねた形になることに由来。お祝いの色は黄色、金、金茶。 |
| 81歳 | 半寿《はんじゅ》・盤寿《ばんじゅ》 | 「八」、「十」、「一」の三文字を組み合わせると「半」になるのが由来。将棋盤のマス目が八十一であることから盤寿ともいう。お祝いの色は黄色、金、金茶。 |
| 88歳 | 米寿《べいじゅ》 | 「米」の字を分解すると、「八十八」と読めることから。お祝いの色は黄色、金、金茶。 |
| 90歳 | 卒寿《そつじゅ》 | 「卒」のくずし字「卆」が九十と読めることから。お祝いの色は白。 |
| 95歳 | 珍寿《ちんじゅ》 | 「珍」という字の偏である「王」を「一」「十」「一」にわけ、右側のつくりの部分を「八三」と分けると、「1＋10＋1＋83＝95」で95歳を意味するところから。お祝いの色はとくにない。 |
| 99歳 | 白寿《はくじゅ》 | 「百」から横線の「一」を取ると「白」になることから。お祝いの色は白。 |
| 100歳 | 紀寿《きじゅ》・百寿《ひゃくじゅ》 | 100年＝一世紀を表わす「紀」から。お祝いの色は白。 |
| 101歳 | 百一《ひゃくいち》賀《が》 | 100歳以上は101歳は百一賀、102歳は百二賀、103歳は百三賀というように毎年祝うことができる。 |

HOW? こんなときは?

### お祝いを本人が嫌がるときは?

長寿を祝うことに積極的でない人に対しては、本人の退職や転職にからめて新しい門出を祝う形にしたり、これまでしてくれたことへの「感謝をあらわすイベント」として提案すれば、賀寿の儀式や年齢の意識が薄められて賛同を得やすくなります。慣例にこだわらず、誕生日や壮行会のような自由な雰囲気にするとよいでしょう。

また家族旅行などのイベントに組み込んで、その中で祝うのも手です。お祝いの提案をするのも、子どもより孫のほうがアピール度が高い傾向があるようです。

Gifts

# 新築のお祝い

これが大事！

- ☑ 新築祝いは現金でもOK
- ☑ 火を連想する贈り物は避ける
- ☑ 中古住宅は引越し祝いにする

## 贈り物は品物よりも現金や商品券が無難

新築祝いの品を宅配などで贈る場合は、新居へ引越しした直後よりも、1～2か月経ち生活が落ち着いたころが目安です。それより前に新築披露に招かれた場合は、その日に持参するようにします。

贈る品は、相手の好みや家のテイストを考慮すると、インテリア用品を避けるのが無難です。いまは、記念品よりも日常で消費できるもののほうが喜ばれる傾向にあります。あとに残るものを贈りたいときは、先方のリクエストを聞いてみるのもよいでしょう。

新居への引越しは出費がかさむものなので、現金や商品券でも失礼にはあたりません。好きなものを選んでもらえるインテリアカタログなどもおすすめです。

住まいに関するお祝いは、新築マンションや中古物件の購入でも同様に行います。ただしその場合は、表書きを「引越祝」「御祝」などとして、引越し祝いとしてお祝いするようにします。

Money ¥ お金の目安

### 新築祝いの金額

のしつき・紅白蝶結びの水引で、表書きは「御新築祝」とします。リフォームやマンション購入の場合は「御祝」とします。

| 贈る相手 | 金額の目安 |
|---|---|
| 親族・きょうだい | 1～5万円 |
| 友人・知人 | 5,000～1万円 |

**【お祝いのお返し】**

新築披露に招待した場合は不要。招かない場合にはお祝いの半額程度の品を送ります。表書きは「内祝」にします。

# 新築祝いに不向きの贈り物

### ・火を連想させる贈り物

ライターや灰皿、暖房器具、バーベキューセットなどはタブーです。炎をイメージさせるため赤い色彩のものもNGとされます。

### ・壁に穴を開けるもの

壁掛けの時計や絵画などクギやフックを使って飾るものは、壁や柱に穴を開けることになるため嫌がられることがあります。

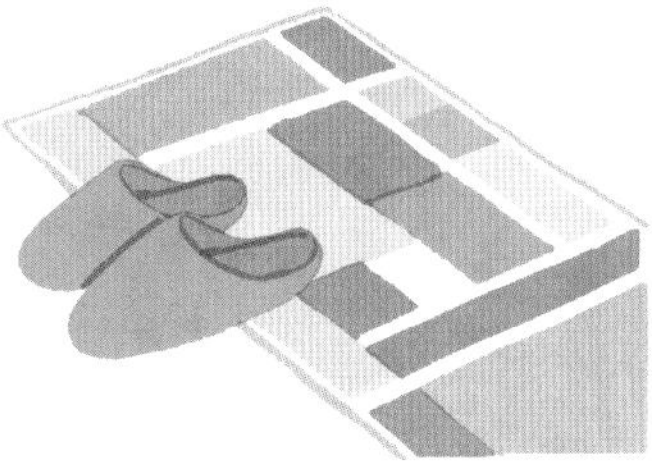

### ・「踏む」贈り物

スリッパやマット（ラグ）など踏んで使うものは、「あなたを踏み台にします」という意味を含むとされます。とくに上司や目上の方へは避けます。

HOW?
こんなときは?

## お祝いのリクエストが思ったよりも高額だったときは?

正直に伝えられる間柄なら、「少し予算オーバー」と伝えてもよいでしょう。リクエストに応えたいなら、共通の友人に声をかけて連名で贈る方法もあります。どちらもむずかしい場合は無理をせずに、予算内の額で現金や商品券にしておくのが無難でしょう。

Gifts

# 昇進・栄転・退職のお祝い

これが大事！

- ☑ 部課内の慣例に従って祝う
- ☑ 退職者へは新たな門出を応援する
- ☑ 個人的なお祝いは職場の外で

## 昇進・栄転のお祝いは おおげさにせずさりげなく

昇進や栄転などの職場の人事は、人によっては複雑な思いを抱えることがあります。周囲の人に配慮し、仲間内でささやかにお祝いするのがよいでしょう。一般的には、部課内でまとめて記念品や餞別《せんべつ》を贈ることが多いようです。職場の慣例に従いましょう。とくにお世話になった人へ個人的なお祝いを贈りたい場合は、職場の外で渡すか自宅に届けるようにします。

## 退職は事情に配慮しつつ 新しい門出を応援する

職場を去る人の事情はさまざまですが、いずれも新しい環境へのスタートを応援し、温かく見送るようにします。お祝いや見送りのしかたは職場の慣例に従いますが、一般的には送別会を催し、部課内で餞別などを贈ります。

家族の定年退職の日は、家族そろって迎えたいもの。これまでの労をねぎらい、感謝の言葉を伝えましょう。

### 贈り物の例

**【昇進・栄転】**

花束、文房具や名刺入れなどのビジネス小物、趣味のもの、酒、商品券など。現金もよいですが、目上の人にはNGです。品物を贈る場合は本人の嗜好を確認して用意します。

**【退職】**

花束、趣味のもの、食事券、旅行券、商品券など。定年退職の男性に花束を贈る場合は、奥さんの好きな花を入れてもよいでしょう。ビジネスに関連したものはNGです。

Money
お金の目安

## 昇進・栄転・退職祝いの金額

いずれも、のしつき・紅白の蝶結びの水引です。昇進・栄転の表書きは「御祝」、退職は「御礼」としておくと、さまざまな事情に配慮できます。部課内の人がまとめて贈り物をする場合、部課内での合計は1～3万円程度が目安です。

| 目的 | 贈る相手 | 金額の目安 |
|---|---|---|
| 昇進・栄転祝い | 職場の人 | 2,000～5,000円 |
| 退職祝い | 上司・先輩 | 5,000～1万円 |
| | 同僚 | 3,000～5,000円 |
| | 部下 | 5,000～1万円 |
| | 親 | 1～3万円 |

### 【お祝いのお返し】

基本的にお返しは不要。昇進・栄転の場合は、後日お礼状と一緒に菓子折りなどを贈ってもよいでしょう。退職の場合は後日お礼状を。

How?
こんなときは？

### リストラで退職する人はどう見送るべき？

リストラなど不本意な退職であっても、前向きでポジティブな言葉でさりげなく見送りましょう。一緒に働いてくれたことへのねぎらいと感謝を伝え、「さびしい」「残念」といったことばは避けます。贈り物の表書きは「おはなむけ」「御餞別」などとします。

### 左遷か栄転か見極めがむずかしいときは？

異動の際に降格するのが左遷、昇進・昇格するのが栄転です。しかし、状況によっては見極めがむずかしいときもあります。いずれにせよ、職場の慣例に従い見送ります。贈り物の表書きは「御餞別」とすれば問題ありません。

Gifts

# 開店・開業のお祝い

これが大事！

- 品物を贈るなら相手の希望を確認
- 配送はオープン当日までに届ける
- 売り上げに協力するとよい

## 贈り物は先方の意向に合ったものを選ぶ

新しいお店やオフィスのオープンは、応援の気持ち込めてお祝いを用意します。シャンパンなどの華やかなお酒、日本酒、生花や観葉植物などが定番です。必要なオフィス用品や日用品なども喜ばれます。その場合は先方の好みや希望を確認しておきましょう。あとに残る品物を贈るときは、お店やオフィスの雰囲気に合わせることが大前提です。

## 開店の場合は売り上げにも貢献を

お祝いは1週間前から当日までに届く手配を。開店・開業の準備中は慌ただしく不在のことも多いので、あらかじめ配達予定など知らせておくとよいでしょう。プレオープンやお祝いの席に招待されている場合は、その際にお祝いを持参します。

お店の開店後に伺うなら、食事をしたり商品を購入したりするなど、売り上げに協力します。

Check! ここが重要！

### 観葉植物は相手の都合を確認する

観葉植物の贈り物は開店・開業祝いの定番のひとつ。生花よりも枯れにくく長持ちし、インテリアアイテムとしても人気があります。ただ、枯れにくいといっても植物としての基本的なお世話は必要です。植物の管理が苦手な人には負担になることも。

置き場所も取るものなので、観葉植物を検討している場合は先方に都合を聞くようにしましょう。

Money お金の目安

## 開店・開業祝いの金額

のしつき・紅白の蝶結びの水引で、表書きは「御祝」にします。現金やカタログギフトでもかまいません。食品以外の品物は先方の希望を聞いておくと安心です。

| 贈る相手 | 金額の目安 |
|---|---|
| 友人・知人 | 5,000～2万円 |
| 取引先 | 1～3万円 |
| 親族 | 1～5万円 |

### 【お祝いのお返し】

お披露目の席でおもてなしをし、「開店記念」「内祝」などの記念品を渡します。欠席の人にお祝いをいただいたら、1～2週間の間にお礼状を添えて記念品を。

## 開店・開業祝いの品の例

### ・食品

お酒ならシャンパンや紅白のワイン、おめでたいラベルの日本酒など。スタッフがつまめる個包装のお菓子もよいでしょう。

### ・アレンジメントフラワー

お花屋さんにはお店やオフィスの雰囲気を伝え、アレンジしてもらいましょう。プリザーブドフラワーなら長く楽しめます。

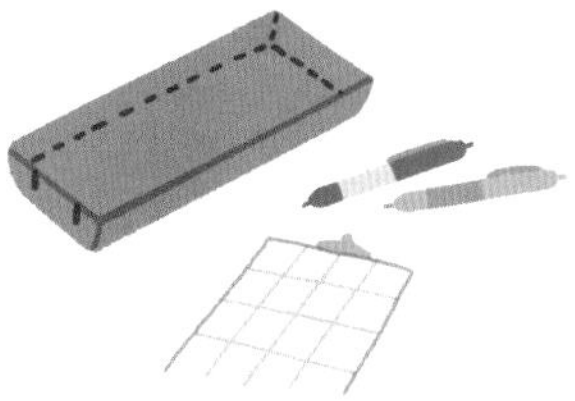

### ・文房具・事務用品

レジで使うトレー、ペン、ペンケースなどはデザイン性が高く、場の雰囲気に合うものを選びます。

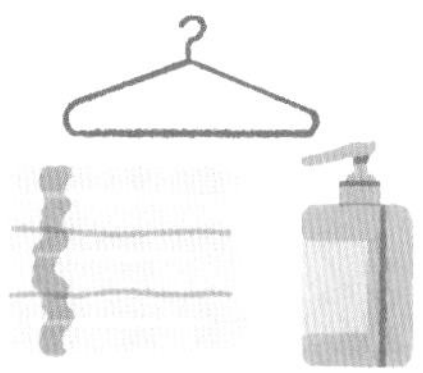

### ・日用品

オフィスならハンドソープボトル、ティッシュケース、タオル類、タオルハンガーなどサニタリー用品もおすすめです。

Gifts

# 発表会・受賞・受章のお祝い

これが大事！

- ☑ 無料の会へはお祝いを持参する
- ☑ 有料の会は出向くことがお祝い
- ☑ 受賞（章）の知らせには祝電を

## 発表会や展覧会は生花やお菓子を手渡す

発表会や展覧会に招待されたら、できるだけ都合をつけて出向くのがマナーです。無料の催しなら、生花、お酒やお菓子などを持参すると喜ばれるでしょう。有料のチケットをいただいたときは、チケット代＋α程度のお祝いを包みます。チケットを購入した場合は、それがお祝いです。個展の場合、価格に無理がなければ、作品を購入するのも喜ばれます。

## 受賞（章）を聞いたら祝電でお祝いを伝える

受賞や受章は、その人の長年の功労や功績に対して贈られるもの。知らせを聞いたら、すぐにお祝いの気持ち伝えます。電話はつながりにくいこともあるので、祝電（▶p.31）を送るとよいでしょう。

お祝いには酒類、お菓子、果物、生花などが一般的です。鯛や伊勢海老を贈ることもあります。祝賀会に招かれたらお祝い金を持参しますが、会費制の場合は不要です。

Check! ここが重要！

### 受賞と受章の違い

受賞は、文化芸術、スポーツ、学問などそれぞれの分野の団体が設けている賞を受けることです。新人賞、ノーベル賞、芥川賞などがそれにあたります。受章は、すぐれた業績や功労に対して国や天皇が授与する章を受けることです。国からの授与が「勲章（くんしょう）」、天皇から授与が「褒章（ほうしょう）」です。

Money
お金の目安

## 発表会・受賞・受章祝いの金額

のしつき・紅白の蝶結びの水引で、表書きは「御祝」「受賞御祝」「受章御祝」などにします。受賞・受章で鯛や伊勢海老、肉などの生ものを贈る際は、のしのないかけ紙をかけます。

| 目的 | 金額の目安 |
|---|---|
| 発表会 | チケットの購入。有料チケットをいただいた場合は、チケット代＋$\alpha$の額。 |
| 受賞・受章 | 5,000～３万円 |

### 【お祝いのお返し】

発表会などのお祝いではとくにお返しは不要。受賞・受章祝いでは、いただいたお祝いの半額程度の記念品を渡します。電話や祝電でいただいたお祝いにはお礼状を送ります。

## 章の名称

| 種類 | 名称 | 授与対象 |
|---|---|---|
| 勲章 | 大勲位菊花章《だいくんいきっかしょう》 | 日本の最高位の勲章。２等級ある。旭日大綬章または瑞宝大綬章を授与されるべき功労より優れた功労のある人 |
| | 桐花大綬章《とうかだいじゅしょう》 | 旭日大綬章または瑞宝大綬章を授与されるべき功労より優れた功労のある人 |
| | 旭日章《きょくじつしょう》 | ６等級あり最高級は旭日大綬章。特定の分野で顕著な功績を挙げた人 |
| | 瑞宝章《ずいほうしょう》 | ６等級あり最高級は瑞宝大綬章。長年、公務などに従事し、成績を挙げた人 |
| | 文化勲章《ぶんかくんしょう》 | 文化の発達に関しとくに顕著な功績のある人 |
| 褒章 | 紅綬褒章《こうじゅほうしょう》 | 人命救助に尽力した人 |
| | 緑綬褒章《りょくじゅほうしょう》 | 社会奉仕活動で顕著な実績を挙げた人 |
| | 黄綬褒章《おうじゅほうしょう》 | 農業、商業、工業の分野で精励し、技術や実績のある人 |
| | 紫綬褒章《しじゅほうしょう》 | 学術、スポーツ・文化芸術分野で優れた業績を挙げた人 |
| | 藍綬褒章《らんじゅほうしょう》 | 産業の振興や社会福祉の増進に業績を挙げた人。公共の事務（保護司、民生・児童委員、調停委員などの事務）に尽力した人 |
| | 紺綬褒章《こんじゅほうしょう》 | 公益のため私財を寄附した人 |

Gifts

# お中元・お歳暮の贈り物

これが大事！

- 贈る時期に合わせた表書きにする
- 金額は毎年ほぼ同じにする
- 送り状、お礼状を忘れずに送る

## 先方の好みのものをタイミングよく贈る

お中元とお歳暮は、日ごろお世話になっている人に感謝の気持ちを表すものです。それぞれ贈る時期が決まっているので、タイミングを逃さないことがマナーです。品物だけでなく、はがきなどであいさつ状を出すと心が伝わります。

贈る品は、先方の家族構成や好みを考慮して選びましょう。お中元とお歳暮、どちらか一方にする場合は、お歳暮を優先します。

### 贈るタイミングと表書き

| | 表書き | 贈る時期 |
|---|---|---|
| お中元 | 御中元 | 7月上旬～7月15日（地方による） |
| | 暑中御見舞 | 7月16日～立秋（8月8日ころ）前日まで |
| | 暑中御伺 | 「暑中御見舞」と同時期で目上の人に贈る場合 |
| | 残暑御見舞 | 立秋以降、白露（9月8日ころ）前日まで |
| | 残暑御伺 | 「残暑御見舞」と同時期で目上の人に贈る場合 |
| お歳暮 | 御歳暮 | 12月上旬～12月20日ころ |
| | 御年賀 | 年明け～松の内（1月7日）まで |
| | 寒中御見舞 | 松の内以降、立春（2月3日ころ）前日まで |
| | 寒中御伺 | 「寒中御見舞」と同時期で目上の人に贈る場合 |

これもチェック！

- 贈る時期に合わせて、表書きを変える。
- 地方によっては、お中元の時期が異なることもある。月遅れの旧盆を迎える地方は、8月15日までに贈る。
- 仕事関係や持参して手渡しする場合は外のし、配送する場合は内のしが多い（▶p.21）。

合わせて確認 「かけ紙のルール」▶p.20

Money

## お金の目安　お中元・お歳暮の金額

お中元を贈った先にはお歳暮も贈るのが礼儀です。一度お歳暮を贈ったら毎年贈るものなので、毎年ではなくその年だけ贈り物をしたいときは、表書きを「御礼」とします。

| 贈る相手 | 金額の目安 |
| --- | --- |
| 上司 | 5,000円前後 |
| 親・親族 | 3,000～5,000円 |
| 友人・知人 | 3,000～5,000円 |
| 仲人 | 5,000円前後 |

Check! ここが重要！

### いただいた場合は3日以内に礼状を

はがきでよいのですぐに礼状を送ります。無事着いたというお知らせにもなります。基本的にお返しは不要とされますが、気になるときはお礼のメッセージを添え、受け取ったものの半額程度の品を贈るとよいでしょう。その場合は、時期を少しずらします。お中元をいただいたなら「暑中御伺」などの名目にします（▶右ページ）。

### 受け取れないときは理由を明確に

社内の取り決めで受け取れないこともあるでしょう。そういった場合は、上から包装し直して返送します。その際、受け取れない旨を明記したあいさつ状を添えましょう。

### 【あいさつ状の文例】

拝啓　深冷の候、皆様ますますご健勝のこととお慶び申し上げます。

　このたびはご丁重な品をお送りいただき、誠にありがとうございます。

　しかしながら、弊社ではお取引先からのご贈答はすべて辞退させていただくこととなっております。不躾とは存じますが、ご恵贈の品を返送させていただきます。せっかくのお心遣いに心苦しいのですが、ご理解のほどお願い申し上げます。

　書中にて恵贈品ご返送のご連絡と、お詫びを申し上げます。

敬具

○○年○月○日

○○○株式会社

代表取締役　○○○○

Gifts

# 年始あいさつの贈り物

これが大事！

- 目下が目上の人の自宅へ出向く
- 1月2日～7日までにうかがう
- お年玉はお小づかい1か月分が目安

## 年始のあいさつのマナー

### ・あいさつ例

あけましておめでとうございます。本年もどうぞよろしくお願い申し上げます。
（年賀の品を出す）こちら、気持ちばかりですが、ごあいさつのものです。どうぞお納めください。

### ・うかがう先

職場の上司、恩師、お稽古ごとの先生、仲人、先輩など日ごろお世話になっている目上の人をたずねます。カジュアルすぎない、やや改まった服装がよいでしょう。

### ・タイミング

元日は避け、1月2日～7日の間に出向きます。毎年決まった日時にうかがうのがよいでしょう。

### ・訪問中

玄関先であいさつをしたら、年賀の品を渡して帰ります。とくにすすめられたら、家に上がってもよいですが、長居はしないようにします。

## 元日を避け松の内にうかがう

年始のあいさつは、日ごろお世話になっている方の自宅に出向くもので、年始回りともいいます。うかがう場合は、暮れのうちに先方の都合を確かめておき、1月7日ごろまでに出向きます。子連れは避け、大人だけでたずねます。年賀の品は、お歳暮を贈っていても簡単なものを用意しましょう。贈っていなければ、ある程度改まった品にします。

合わせて確認 「個人宅を訪問するとき」▶ p.160

Money

## お金の目安　お年賀とお年玉の金額

お年玉の目安は、あげる子どもの1か月分のお小づかい程度。親戚同士で「小学生は○円」と決めておくのもよいでしょう。親といっしょのときに渡します。

| 目的 | 贈る相手 | 金額の目安 |
|---|---|---|
| お年賀 | お歳暮を贈った人 | 1,000円前後 |
| | お歳暮を贈っていない人 | 3,000～5,000円 |
| お年玉 | 小学校入学前 | 1,000円 |
| | 小学生 | 1,000～5,000円 |
| | 中学生 | 3,000～5,000円 |
| | 高校生 | 5,000～1万円 |
| | 大学生 | 1万円 |
| | 親・祖父母 | 1～3万円 |

Check! ここが重要！

### お年玉の表書きは相手に合わせて

お年玉は、毎年、元日に家にやってきて福をもたらすと言われる歳神様へおそなえしたものを、年長者が年少者へ分け与えたことが始まりとされます。そのため、親や年長の親族への表書きは「お年玉」ではなく「御年賀」、上司の子どもなどに贈るときは「文具料」などとします。

【親や祖父母など目上の人へ】

【上司の子どもへ】

# いろいろなお見舞い

これが大事！

- 快気内祝いは、全快したときに
- 災害見舞いは白無地封筒に入れる
- 病気見舞いにはタブーの花がある

## 病気見舞いは時期をみて、災害見舞いはいち早く

病気見舞いは特別のケースを除いて、早ければいいというものではありません。まずは、家族に本人の容態をたずね、見舞いに行っても差し支えないかどうか、本人の意向を聞いてもらいましょう。

風水害や火事などの被災者には、形式的なお見舞いは無意味です。現金を贈るときは手渡しにこだわらず、振込など相手の負担にならない方法でいち早く渡します。

## お見舞いの贈り物

### 【病気見舞い】

食事療法を受けている場合もあるため、食品を贈るときは事前に確認します。タオルやパジャマ、軽い読み物などが一般的。入院が長期にわたるときは、現金でも失礼にはなりません。

### 【災害見舞い】

まず先方の状況を確認して、近くならば駆けつけて手伝います。遠方の場合は、現金や必要な品物を贈るなどします。

### 【陣中見舞い】

陣中見舞いは、運動部の合宿や会社をあげての販促キャンペーン中の職場などへ、激励を目的として物品を贈るものです。食品や飲み物が一般的。

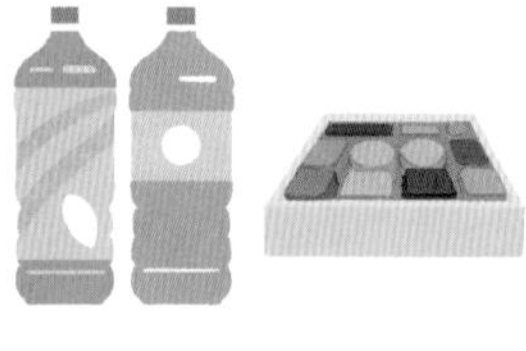

Money
お金の目安

## 病気見舞いの金額

のしなし・紅白結び切りの水引で。表書きは「御見舞」ですが、目上の人へのお見舞いは「御伺」とします。仕事関係者への見舞金は、職場の規定に沿います。

| 贈る相手 | 金額の目安 |
|---|---|
| 親 | 1～3万円 |
| きょうだい | 1～2万円 |
| 親族 | 1～2万円 |
| 仕事関係 | 5,000～1万円 |
| 友人・知人 | 3,000～1万円 |

### 【お見舞いのお返し】

退院1～2週間後をめどにお見舞いの3分の1～半額程度の品を返します。表書きは「快気祝」「快気内祝」ですが、退院後に自宅療養となる場合は「退院祝」とすることもあります。

NG!
これはタブー

### 大勢でのお見舞い

大人数でのお見舞いは入院している本人だけでなく、同じ病室の人にも迷惑です。多くても3人ほどが目安です。

### 病院での長居

そのときは楽しくてもあとで疲れてしまうことも。30分以内には引き上げましょう。当然、面会時間外のお見舞いはNG。

### 鉢植えの植物

鉢に植えられた植物は、「寝（根）つく」に通じることから、傷病のお見舞いの品には不向きとされています。

### 不幸を連想させる花

白い花や菊は葬儀に用いられることが多い花です。花首から落ちる椿やチューリップ、「死苦（シク）」を連想させるシクラメンもNGです。

### 香りや花粉の強い花

ユリ、スイセン、フリージアなどの香りの強い花や花粉が落ちやすい花は、迷惑になります。花弁が散りやすいポピーも避けます。

# 引越しあいさつの贈り物

Gifts

これが大事!

- ☑ お世話になった人にはあいさつを
- ☑ 転居先でのあいさつは当日か翌日に
- ☑ ひとり暮らしは状況をみて行う

## 引越し先でのあいさつの範囲

【戸建て】

**向こう三軒両隣＋裏手の家＋自治会長宅**

自宅の両隣と、向かいの家とその両隣、自宅の裏手の家にあいさつするのが基本。そのほか町会長など自治会の代表の家にも出向く。

【集合住宅】

**上下＋両隣＋管理人**

自室の真上と真下の部屋、自室の両隣、大家・管理人へのあいさつが基本。女性のひとり暮らしは防犯上の不安もあるため、あいさつが必要かどうか、管理人などに相談を。

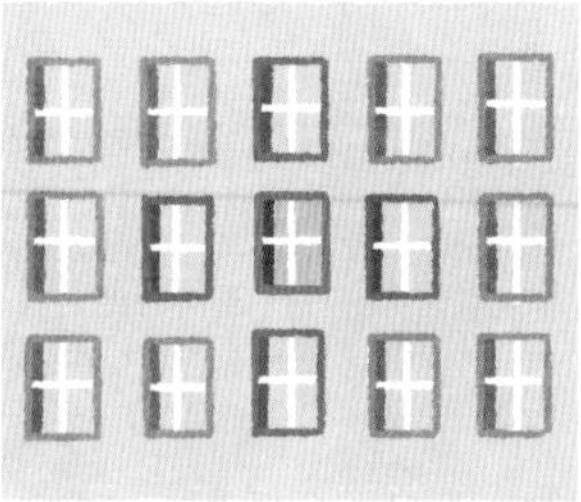

## 引越しが決まったら早めのあいさつを

近所でお世話になった人には、引越しの1か月ほど前にはあいさつをすませます。その際、相手の負担にならない程度のお礼の品を持参するとよいでしょう。

転居先では、引越し作業中に迷惑をかけることもあるので、前日までにあいさつを。無理な場合は、当日の作業前にひと声かけておくとよいでしょう。当日作業終了後か翌日にはあいさつ回りをします。

合わせて確認 「ご近所とのおつき合い」▶ p.194

Money
お金の目安

## 引越しあいさつの金額

のしつき・紅白蝶結びの水引で、表書きは「御挨拶」に。品物は、洗剤、石鹸、タオルなどの日用品や菓子類など、あとに残らない消耗品が適しています。

| 贈る相手 | 金額の目安 |
| --- | --- |
| 引越し前のご近所 | 500～3,000円 |
| 引越し先のご近所 | 500～1,500円 |

How?
こんなときは？

### あいさつにうかがった先が不在がちな場合は？

引越しのあいさつに出向いても、訪問先が不在ということもあるでしょう。時間などを変えて何度かたずねても不在のときには、無理にあいさつをしなくてもかまいません。気になるなら、あいさつの品に手紙を添えて、ポストに入れたりドアノブにかけておく方法もあります。心当たりのない品物で相手を不安にさせように、「××へ引越してきた○○と申します」という文がすぐに認識できる工夫をしておくとベストです。その場合の贈り物は、食品以外のものにします。

### ひとり暮らしでも引越しのあいさつは必要？

みなさん
あまりしていない
ようですよ

外出の際などに顔を合わせることもあるでしょうし、隣に住む人がどんな人かわからないのは不安だと思います。ただ、ひとり暮らしとわかってしまうと防犯上の問題、とくに女性は不安を感じる人も多いでしょう。管理会社などに、近隣にはどんな人が住んでいるか様子を聞き、あいさつしたほうがいいか相談してみるのも一案です。心配ならあいさつ回りの際、家族に同伴してもらう手もあります。

地元に長く住む人やファミリー世帯には、ひとり暮らしを伝えておくと何かのときに手助けしてくれることもあるでしょう。

# 贈り物の迷いごと

いつもと違う状況だと
贈り物もマナーも迷いがち。
こんなときはどうする?

**Q お中元・お歳暮を今年限りにしたい**

**A** 毎年贈っていたものを急にやめるのは気が引けるでしょうが、事情がある場合は段階を踏んでいきます。まずは最初の年にお中元をやめ、翌年にお歳暮もやめるとよいでしょう。

**Q 慶事と弔事が重なった人へお祝いを贈ってよい?**

**A** 原則は弔事を優先するため、お祝いは贈りません。しかし最近では、少し時期をずらしてお祝いを贈るケースもあるようです。その場合は、四十九日が過ぎてからにします。

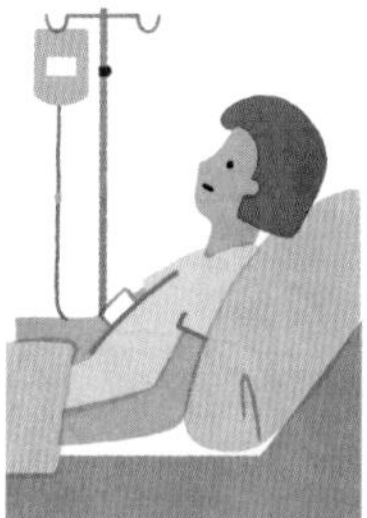

**Q 入院・退院を知らずお見舞いに行けなかった**

**A** 元気になって退院している場合は「退院祝」として品物を贈るとよいでしょう。石鹸や洗剤、果物や菓子折り、お茶類などが一般的です。退院後も自宅療養中の場合は「御見舞」とします。自宅へお見舞いにうかがう際は事前に連絡し、病院へのお見舞いと同じように先方の都合に配慮します。

**Q 退職した上司にもお中元やお歳暮は必要？**

**A** 仲人をしてもらったなど、特別にお世話になった人でないならばやめてもよいでしょう。ただし、退職した途端にやめてしまうと、先方にドライだと思われるかもしれません。1年ほどは続け、段階を踏んでやめるとよいでしょう。

**Q 喪中の人へお中元やお歳暮は控えるべき？**

**A** 喪中だからといって、とくに控える必要はありません。なぜなら、お中元やお歳暮はお祝いではなく、日ごろお世話になっていることへのお礼のために贈るものだからです。どうしても気になるなら、それぞれ贈る時期をずらして、表書きを「暑中御見舞」や「寒中御見舞」とするのもよいでしょう（▶p.114）。

**Q 現金を贈るときに気をつけることは？**

**A** 現金を贈るのは失礼という考え方もありますが、好みに合わない品よりは現金のほうがうれしい、という人は少なくありません。気になるときは、表書きを「御菓子料」「御花料」などにすればスマートです。目上の方へ贈るなら、商品券やカタログギフトなどにしてもよいでしょう。

### Q 一貫校での進学祝いはそのつど贈るべき？

A 私立では、小学校から大学まで内部進学することもあります。このようなときは、進学のつどお祝いをする必要はないでしょう。ただ、家族ぐるみでおつき合いがあり、本人とも日ごろから親しくしているなら、お祝いをしてあげるに越したことはありません。

### Q 病院スタッフにお礼の品を渡したい

A 金品の授受を禁じている病院もあるので、まずは、贈り物がＯＫかどうかを確かめてからにしましょう。お礼をする場合は紅白の蝶結びで、表書きは「御礼」です。「快気祝」ではありません。贈り物ができない場合は、退院後にお礼状などを出すのもよいでしょう。

### Q 毎年、好みでないお歳暮が届く

A せっかくの贈り物でも、親しい相手ではない限り自分の好みは伝えにくいものです。ただ贈り物は、好みでなくてもそのまま受け取るのが礼儀です。お礼状を出す際に「我が家ではもったいないもので……」などと書くと察してくれることがあるかもしれませんが、可能性は低いでしょう。苦手な贈り物は、周囲の人へのおすそ分けにするなど、割り切ることも必要。お歳暮など毎年の贈り物自体を断るのなら、「今後はそのようなお気づかいはなさいませんようにお願い申し上げます」と礼状に書き添えます。

Meals

# 5章

# 食事・お酒のマナー

食事のしかたによっては、同席者を不快にさせてしまうこともあります。日本人なら身につけておきたい日本食のマナーやルール、スマートに見える洋食の食べ方、レストランでのふるまいなどを身につけましょう。気持ちよく飲むためのお酒のマナーも必須です。

Meals

# フォーマルな店でのふるまい

これが大事！

- 特別な食事は事前に予約を
- ドレスコードを確認しておく
- 時間に余裕を持って到着を

## フォーマルな飲食店は予約をするのが基本

フォーマルな飲食店で食事を楽しむときは、まず事前に予約を入れます。予約の際にドレスコードがあるかどうかを確認し、あればそれに沿った服装で出かけましょう。お店に到着したら予約した氏名を告げ、スタッフの案内を受けて着席し、料理をオーダーします。マナーを守りながらなごやかに食事をすることで、特別な会食の席をより楽しむことができます。

### フォーマル店での食事までの流れ

**1 予約を入れる**

日時、氏名、人数などをお店に連絡する。席や料理の希望があれば、このときに相談。

**2 店に入る**

「△時に予約した○○です」と予約していることを告げ、そこから先は店のルールに従う。

これもチェック！

- ▶ 男性はジャケットを着用。ジーンズはNG。
- ▶ 女性はフォーマルなワンピースかスーツがベスト。

NG!

## これは タブー

### 香りの強い香水

アクセサリーや靴は自由ですが、香りの強い香水は料理のにおいを損なってしまうので避けます。

### テーブルに物を置く

食事をするテーブルの上に、バッグや携帯電話などは置きません。

### 大声を出す

スタッフを呼ぶときは、軽く手を挙げて知らせます。大声で呼んだり、手を打ったりしないように。

## 3 テーブルまで移動

クロークのある店では、コートや大きな荷物を預ける。テーブルへは勝手に行かずに、スタッフの案内を待つ。

## 4 注文する

着席し、スタッフからメニューの説明を受けたら、料理とともに飲み物をオーダーする。ナプキンは注文がすんでから広げる。

これもチェック!

- 店内ではレディファーストが基本。歩くときも座るときも女性を先に。
- スタッフが椅子を引いたら、まず女性が着席。左側から椅子とテーブルの間に入り、スタッフの押す椅子がひざ裏に当たったら座る。

Meals

# 洋食の基本マナー

## ナプキンやカトラリーを優雅に使って食事を

フォーマルなレストランでは、普段家庭では使わないナプキンや多くのフォーク、ナイフなどのカトラリーが用意されており、ワインのオーダーにも作法があります。料理はコースメニューとアラカルトが用意されているケースが多く、メニューを見ながらどちらを選ぶのか決めます。料理やワインのことは納得するまでスタッフに質問するとよいでしょう。

### ナプキンのマナー

- **注文が済んだら**

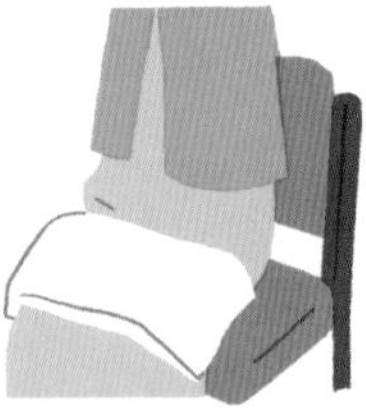

2つ折りにしてひざの上へ。食前酒や前菜が運ばれる前に広げる。

- **中座するときは**

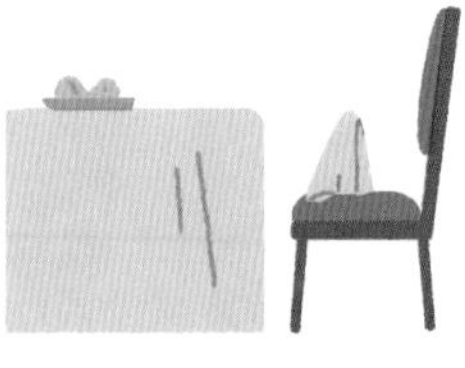

椅子の座面にナプキンの中心をつまむようにして置く。

- **食事中**

口元をふく際は、2つ折りにしたナプキンの内側を使う。

- **退席するとき**

食事が終わったら、軽くたたんでテーブルの上へ置く。

これが大事！

- ☑ カトラリーは外側から使う
- ☑ 食事中は音を立てないようにする
- ☑ テイスティングは試飲と違うと認識

# ワインの飲み方

## 【テイスティングのしかた】

**1** ワインのラベルがオーダーしたものかどうか確認する。

**2** テイスティング用に少しだけグラスに注がれるので、まず色や透明感を見る。

**3** グラスをゆっくりと回してから、グラスに鼻を近づけてワインの香りを確かめる。

**4** ひと口含んで、味に問題がなければ「こちらでけっこうです」と伝える。

### • 飲みたいものでOK

肉料理には赤ワイン、魚料理には白ワインが合うと言われますが、飲みたいものを頼んで大丈夫です。ワイン選びに迷ったときは、味の好みと予算を伝えて、ソムリエに相談しましょう。

### • テイスティングは品質チェック

ワインが変質していないかを確認するテイスティングは、そのテーブルのホストが行います。試飲ではないので、好みでないからと取り替えることはできません。

NG!
これは
タブー

**ナプキンをきれいにたたむ**

ナプキンをきれいにたたむのは「サービスに不満がある」という意思表示。満足なら無造作に置きましょう。

**ワインを手酌する**

グラスに注ぐのはスタッフの役目。注いでほしいときはスタッフに声をかけ、自分たちでは注ぎません。

## 基本的なフルコースのセッティング例

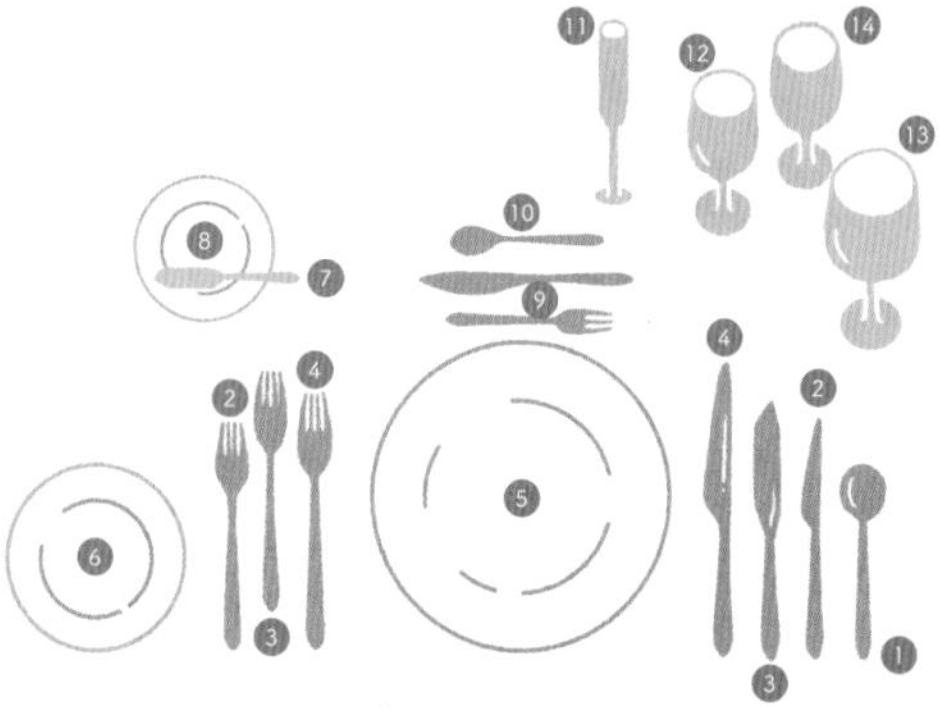

❶ スープ用スプーン
❷ 前菜用ナイフ・フォーク
❸ 魚料理用ナイフ・フォーク
❹ 肉料理用ナイフ・フォーク
❺ 料理皿
❻ サラダ皿
❼ バターナイフ
❽ パン皿
❾ デザート用ナイフ・フォーク
❿ コーヒー用スプーン
⓫ シャンパングラス
⓬ 白ワイン用グラス
⓭ 赤ワイン用グラス
⓮ 水用グラス

これもチェック!

- ▶ たくさん並んだカトラリーは、料理の順番に合わせて、外側から使う。
- ▶ 使う順番を間違えても、それほど気にする必要はない。

## カトラリーのマナー

### 【食事がすんだら】

ナイフとフォークを右側にそろえて置く。

### 【食事中】

食べている途中は「八」の字形に置く。

### 【使い方】

右手にナイフを、左手にフォークを持つ。

# スープ・パンの食べ方

## 【スープの飲み方】

スプーンを使い、皿の手前から奥へすくい食べる。

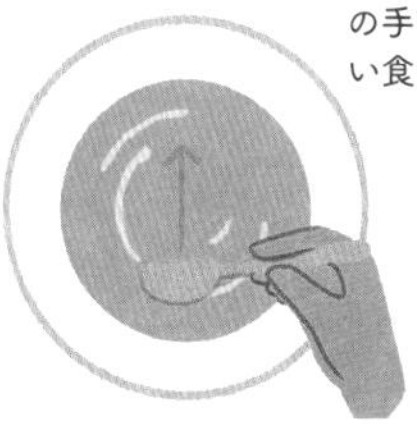

残り少なくなったら、皿を少し傾けてすくう。

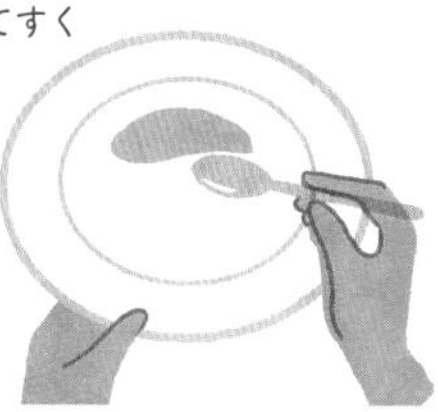

カップスープは取っ手を持って、直接飲む。スプーンがあれば使う。

## 【パンの食べ方】

数種類用意されている場合は、好みで選んでよい。

バターはパンを食べる分だけちぎってから塗る。パンくずがテーブルクロスの上に落ちるのはOK。

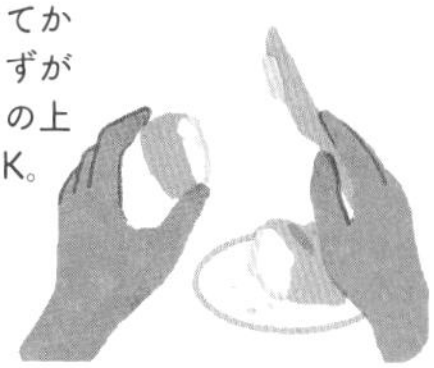

パン皿がなければ、テーブルクロスの上に直接置いてもよい。

NG!
これは
タブー

### 音を立てる

カトラリーの音をカチャカチャ立てたり、スープが熱いからと、フーフーと息を吹きかけたりしてはいけません。ズルズルと音を立てて飲むのもマナー違反です。カトラリーなどを落としてしまったら自分では拾わずに、スタッフに新しい物をもらいます。

# 洋食料理の食べ方の基本

## いろいろな料理の食べ方

### 【魚料理】

**1** 魚の中骨に沿って、頭側から尾側へナイフを入れる。

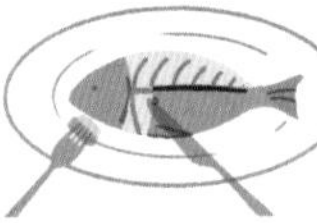

**2** 上の身の向こう側を左からひと口ずつ食べ、同様に手前側も食べる。

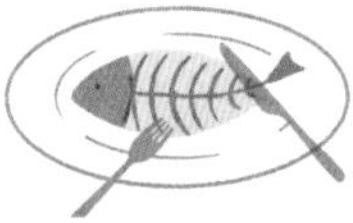

**3** 中骨の下にナイフを入れて中骨を外し、外した骨は皿の向こう側に置く。

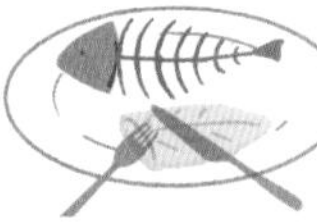

**4** 下の身を左側から食べる。魚はひっくり返さないのがマナー。

### 【アミューズ】

オードブルの前に出されるひと口サイズのお通し。手でつまみ、ひと口で食べる。

### 【サラダ】

ナイフとフォークで小さくまとめて、フォークに刺して食べる。

**これが大事！**

- ☑ 魚や肉は左側から食べる
- ☑ 料理はひと口サイズに切って食べる
- ☑ 食べ方は遠慮なく店員にたずねてよい

### 食べ方がわからなければスタッフへ質問を

フレンチなどのフルコースはかなりの品数とボリュームになるため、日本人向けに省略されたコースも多く提供されています。おもに出てくるのは、オードブル（前菜）、スープ、魚料理、肉料理、サラダ、デザートなど。料理によっては、手を使って食べてよいものもあります。食べ方がわからない場合は、遠慮なくスタッフに質問しましょう。

## 【殻付き料理】

**1**

フォークで身を押さえ、身と殻の間にナイフを入れ身を外す。

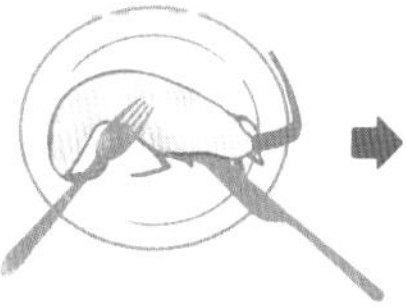

**2**

ひと口で食べられるものはひと口で、大きな身は手前に置いて左側からひと口ずつ食べる。

## 【パスタ】

フォークを時計回りに回し、何本か巻き取り口に運ぶ。スプーンの上で巻くのは正式なマナーではない。

## 【ピザ】

カトラリーがある場合はひと口サイズに切り、フォークで口へ運ぶ。ない場合は手で食べてもOK。

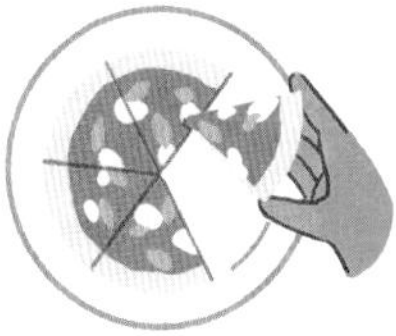

## 【肉料理】

左側からひと口サイズに切り、ソースをからめながら食べる。

## 【ライスや豆類】

フォークですくって食べる。左右どちらの手を使ってもよい。

## 【ブロシェット】

左手で串を持ち、フォークでひとつずつ身を外して食べる。

## 【ミルフィーユ】

崩さずに横に倒して、フォークで支えながらナイフで切る。

ポイント！

### ▶ フィンガーボールの使い方

フォーマルなレストランでは、手で食べる料理用に水の入ったフィンガーボウルが出されることがあります。フィンガーボウルには指先をつけ、軽く洗ってナプキンでふきます。

# 洋食料理の迷いごと

スマートにふるまいたい
レストランでのマナー。
こんなときはどうする?

**Q** **案内された席を替えてもらいたい**

**A** フォーマルなお店に予約をして出向いた場合は、お店の人の案内に従うのがマナーです。着席してみて空調がきついなどの問題があれば、スタッフに伝え対応してもらいましょう。カジュアルなお店であれば、「あちらの席に移ってもいいですか?」などとたずねてみてもよいと思います。ただし、混雑している時間帯は控えるのが大人の対応です。

**Q** **アラカルトで頼む際にルールはある?**

**A** 基本は前菜、メイン、デザートをひと品ずつです。まずはメインを決め、食材や味つけがかぶらないように前菜を選ぶとよいでしょう。メインが肉なら前菜は魚介という具合です。同席者と違う料理でも、フォーマルなお店の場合、取り分けして食べるのはNGです。

**Q** **ワインのテイスティングは誰がすればいいの?**

**A** テイスティングは伝統的に男性の役目ですが、男性がいなければ女性が担当してもかまいません。幹事の役割を果たしている人や、ワイン好きな人が担当するとスムーズです。自信がないときは、テイスティング自体をソムリエにお任せしてもいいでしょう。

**Q カトラリーが1種類だけのとき、どうすればいい？**

**A** カジュアルなお店なら、同じカトラリーを複数の料理に使うことも。ナイフとフォークを置くフォークレストが用意してある店では、食べ終わるたびにナイフとフォークをフォークレストへ戻します。カトラリーが変わる料理ではスタッフが新しいものを持ってくるので、それを使います。

**Q どうしても食べきれないときは？**

**A** コース料理は量が多いので、少食の人の中には食べきれない人もいるでしょう。そんなときは無理をせず、ナイフとフォークをそろえて置いて、食べ終えたことをスタッフに知らせます（p.130）。

**Q お勘定はどうすればいい？**

**A** フォーマルなレストランでは、座席で支払いをすませるのが一般的です。スタッフに勘定をしたい旨を告げると、金額を書いた伝票をテーブルまで持ってくるので、その場で現金やクレジットカードで支払います。

# 日本料理の基本マナー

これが大事!

- ☑ 箸づかいと器の扱いがポイント
- ☑ 「会席料理」と「懐石料理」は違う
- ☑ 手を受け皿がわりにしない

## 会席料理の献立例

1. 先付
2. 吸い物
3. 刺身
4. 焼き物
5. 煮物
6. 揚げ物
7. 蒸し物
8. 酢の物
9. ごはん・留め椀
10. 水菓子

ポイント!

**▶ 会席料理と懐石料理の違い**

宴席で出されるのが会席料理、お茶席で出されるのが懐石料理です。懐石料理には料理の順番や作法がありますが、会席料理にはとくに決まりごとはありません。

## 改めて確認したい日本料理の作法

フォーマルな日本料理といえば「会席料理」です。お酒を楽しむ宴席などで出される料理で、さまざまな食材や調理法の料理があります。結婚披露宴などでは最初からすべてテーブルに並べられていますが、料亭や旅館などではひと品ずつ出されることもあります。マナーのポイントは箸づかいと、小ぶりの器を手に持っていいこと。ただし、器は大切に扱います。

合わせて確認 「和室での基本の作法」▶ p.168

# 器の扱い方

## 【器を持つとき】

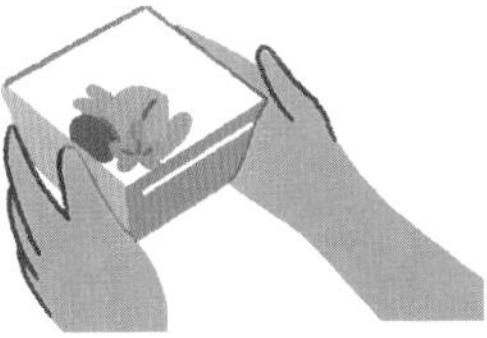

器を取り上げるときは、いったん箸を置き、両手で持ち上げる。手に持ってよい器は、茶碗、お椀、小鉢、小皿、しょうゆ皿、どんぶりなど（▶p.147）。

## 【置いたまま食べるとき】

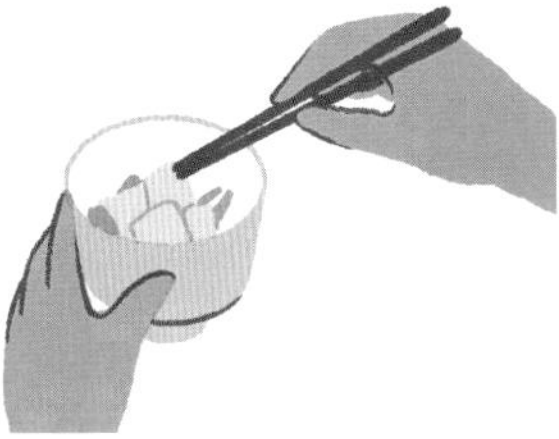

左手を軽く器に添えて食べる。前かがみにならないよう注意する。

## 【ふたつきの器】

**1** 折敷（お盆）の上にあるふたつきの器は、すべて最初にふたを取る。左手で器を支え、右手でふたを取る。

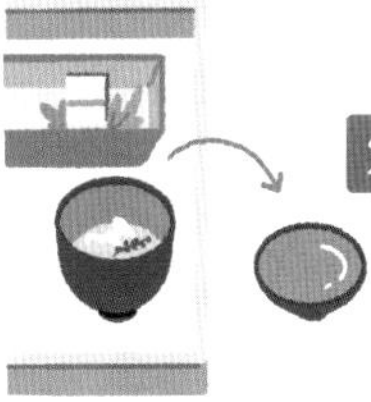

**2** ふたは、折敷の外側に裏返して置き、食べ終わったら、もと通りにふたをする。

これもチェック！

- ▶ 汁ものの椀のふたが取れにくい場合は、お椀のふちを手ではさみ、軽く押す。
- ▶ ふたの水滴はお椀の上で落としてから置く。

NG!
これはタブー

### 器を重ねる

器は傷をつけるおそれがあるので、勝手に重ねてはいけません。

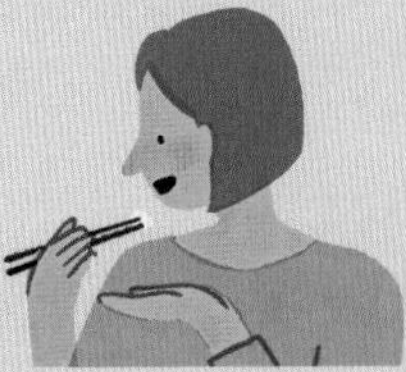

### 手を受け皿にする

汁がたれるからと、手を受け皿がわりにするのはマナー違反です。

# 箸の正しい使い方

これが大事！

- 箸の使い方にタブーがあることを知る
- 箸を置くときは必ず箸置きに置く
- 箸の上げ下げも上品に行う

## 箸のタブーを知れば箸づかいの上級者に

箸の使い方は日本料理のマナーのポイントです。箸の上げ下げ、持ち方、置き方の所作が美しければ、マナー上級者という印象を相手に与えることができます。箸には「嫌い箸」という「してはいけないタブー」があり、昔は家庭でも親が子に注意する光景が見られました。こうしたタブーを避けることで、自然でスマートに箸を使うことができるようになります。

### 正しい箸の持ち方

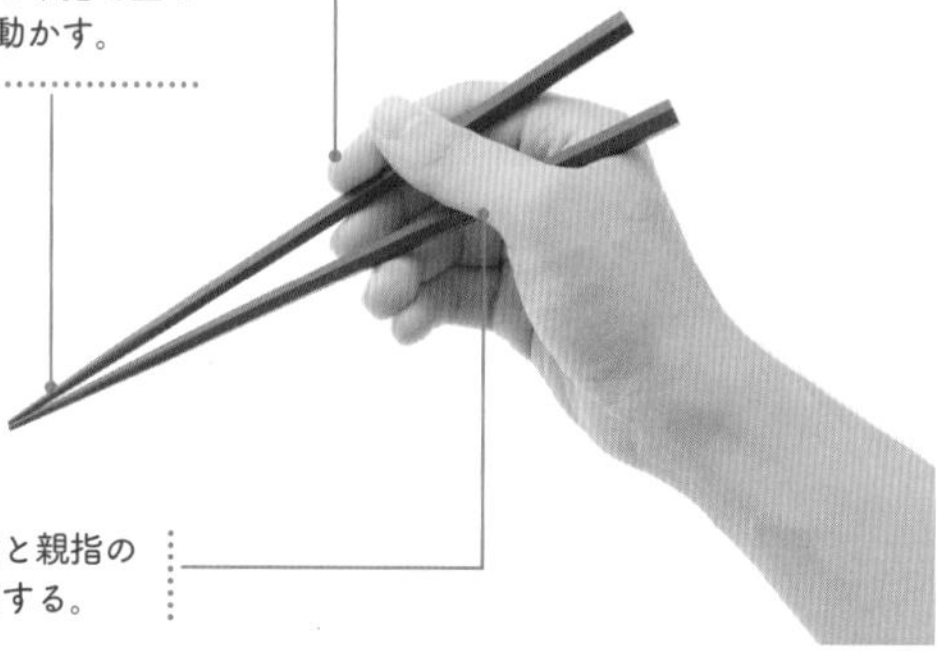
上の箸は人差し指と中指の先ではさみ、親指の先を添えて支える。
食べ物をはさむときは、人差し指と中指で上の箸だけを動かす。
下の箸は薬指と親指のつけ根で固定する。

Check!

ここが重要！

### 箸は必ず箸置きに置くようにする

食事中に箸を下げたときは、必ずそろえて箸置きに置きます。箸置きが用意されていない場合は、箸袋を折って箸置きのかわりにするとよいでしょう。

食事が終わったら箸置きにそろえて置くか、箸先を箸袋に入れておきます。

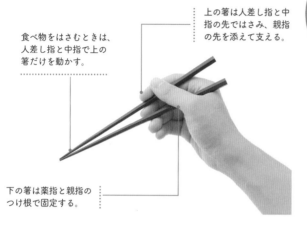

## 箸の上げ下げ

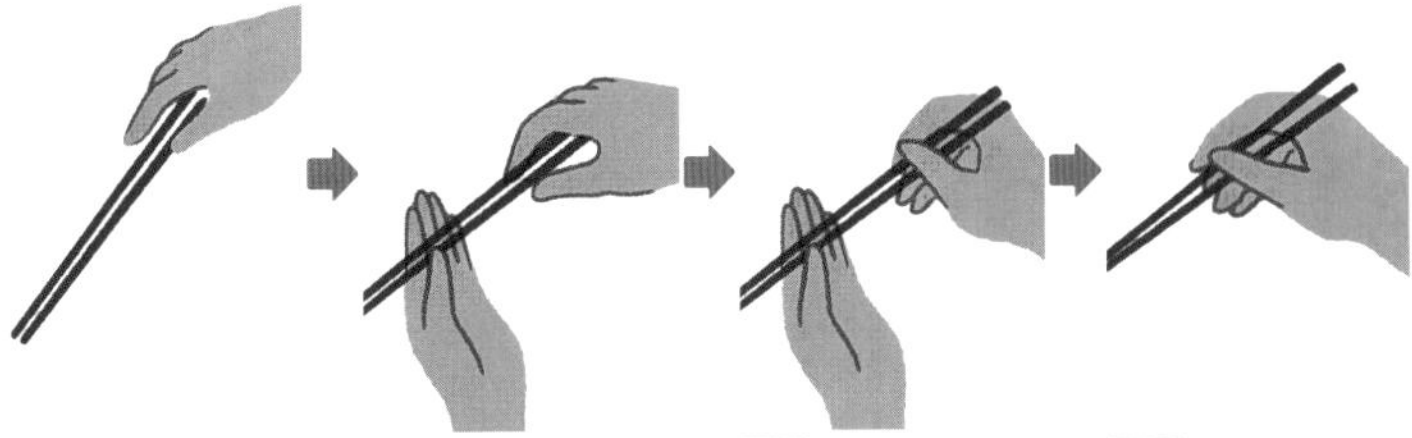

1. 右手で箸の上のほうを持つ。
2. 左手を箸の下から添える。
3. 右手を下側に持ち替える。
4. 左手を離す。

NG!

### これはタブー

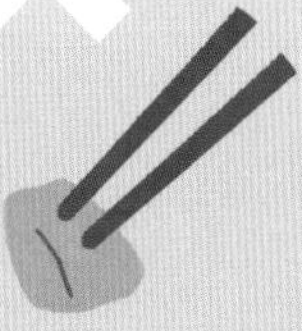

**刺し箸**

食べ物に突き刺して取るのはNGです。

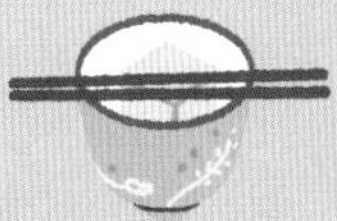

**渡し箸**

器の上に箸を渡すのはいけません。

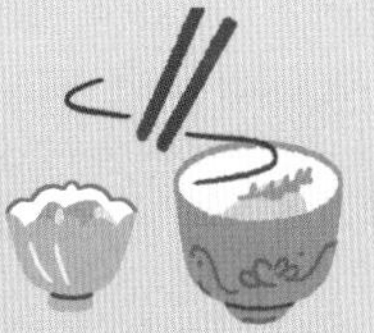

**迷い箸**

食べる料理を迷わないようにします。

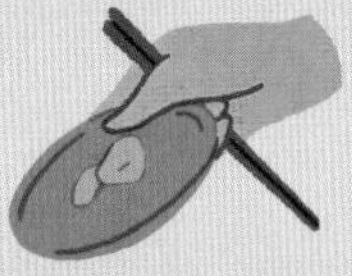

**持ち箸**

器を取るときは箸を置いてから。

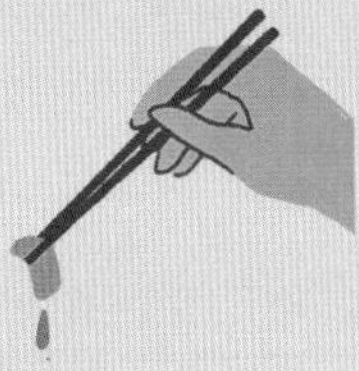

**涙箸**

食べ物の汁がたれないようにします。

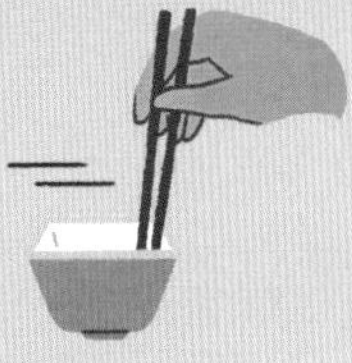

**寄せ箸**

箸で器を引き寄せるのはやめます。

# 日本料理の食べ方の基本

これが大事！

- ☑ なじみの料理にも意外な作法がある
- ☑ 懐紙をうまく使えるとスマート
- ☑ 食べ終えたあとも皿の上はきれいに

## おなじみの料理も正しい食べ方でいただく

日本料理は家庭で出される料理と重なりますが、意外に食べ方を知らないもの。改まった席で家庭と同じように食べていると、知らない間に恥をかいていることもあります。正しい食べ方を頭に入れておきましょう。

日本料理は品数が多く、ひと品ごとの量が少ないことが特徴。器とのバランスや盛りつけの美しさを楽しみながらいただきます。

Agree! これは納得！

### 懐紙を持参してレベルアップ

懐紙は2つ折りになった和紙で、着物が一般的だったころは、つねに懐に入れて携帯するものでした。現代で言えば、ハンカチやティッシュペーパーといったところでしょうか。

懐紙にはさまざまな使い方がありますが、日本料理ではナプキンのかわりに使うことができます。改まった和の席で懐紙を上手に使えば、スマートな印象を与えます。

**・懐紙の使い方**

- 汁気のあるものを受ける（手で受けるのはマナー違反）。
- 食べきれなかった菓子を包んで持ち帰る。
- 口元や指先をふく。
- グラスや杯の汚れをふき取る。
- 骨など食べ残しを隠す。
- 生菓子などの取り皿に使う。

# いろいろな日本料理の食べ方

## 【尾頭つきの焼き魚】

**1** 頭に近い背側の身から箸でほぐしながら食べる。身がほぐれにくいときは、懐紙で押さえながらほぐす。

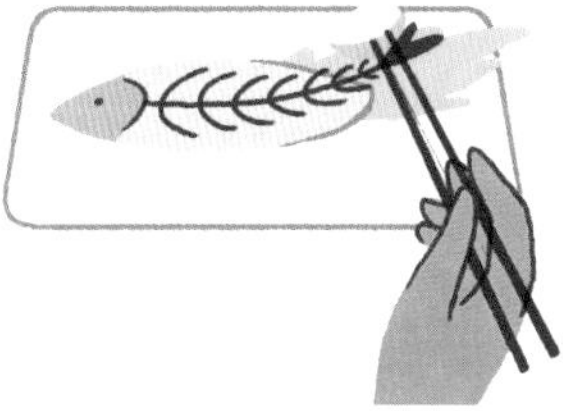

**2** 上の身を食べ終えたら、箸で尾の部分をはさみ、中骨を持ち上げて外す。

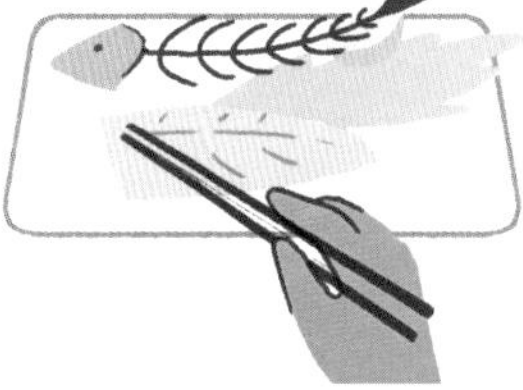

**3** 頭と骨を向こう側に置き、下の身をほぐして食べる。骨や皮は皿のすみにまとめ、あれば懐紙をかけておく。

## 【鮎の塩焼き】

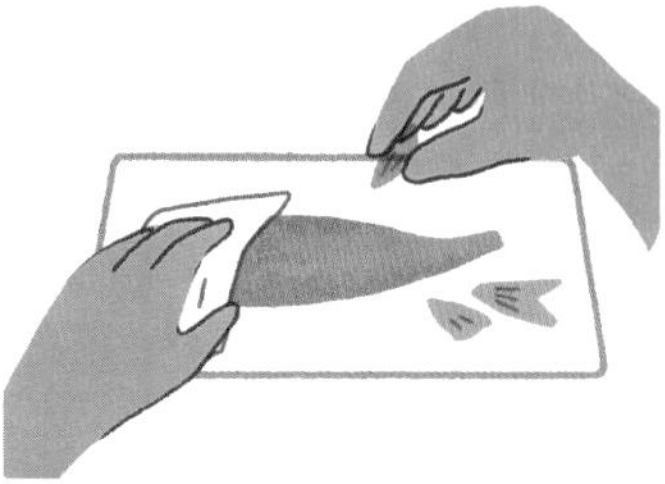

**1** 懐紙で鮎の頭を押さえ、背びれ、腹びれ、尾を取る。

**2** 骨と身が外れやすくなるように箸で身全体を数回押し、首回りの皮を箸で切る。

**3** 頭を手で持って、少しねじりながらゆっくりと引くと、中骨がきれいに抜ける。

## 【にぎり寿司】

### ・箸で食べる

寿司をやや横に倒して箸ではさみ、ネタの端にしょうゆを少しつけたら、ひと口で食べる。

### ・手で食べる

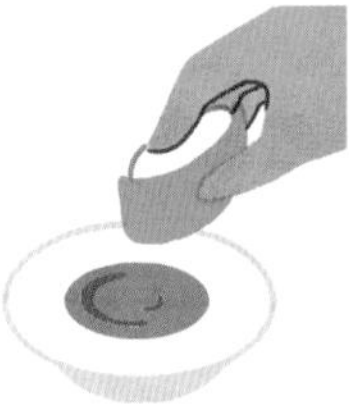

寿司をやや横に倒して、親指、人差し指、中指で寿司をつまみ、ネタの端にしょうゆを少しつけたら、ひと口で食べる。

### ・薬味が乗ったネタ

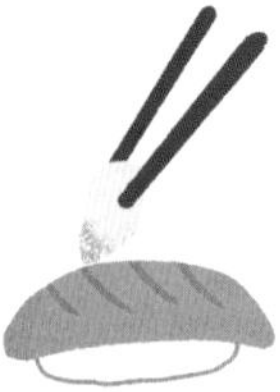

ネギなどの薬味がのったネタは、ガリ（しょうが）にしょうゆをつけてネタの上へ運び、しょうゆを落として食べる。

## 【刺身】

**1** 本わさびとわさびおろしが用意されていたら、円を描くように本わさびをすりおろす。

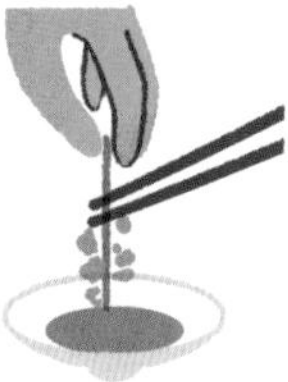

**2** 花穂じそを箸でしごいて、しょうゆに落とす。

**3** わさびはしょうゆに溶いてもよいが、刺身にのせて食べるのが本来の食べ方となる。

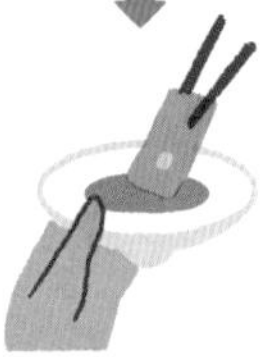

**4** しょうゆ皿を手に持ち、受けながら食べる。

NG! これはタブー

### 舟盛りを崩す

舟盛りの刺し身は、盛りつけを崩さないように気をつけながら取り分けます。舟盛り自体は動かせないので、近い席の人が担当するとよいでしょう。

### 寿司を放置する

ごはんやネタの温度、握りぐあいなどに職人芸がある寿司。カウンターなどでひとつずつ寿司が出される場合は、出されたらすぐに食べるのがマナーです。

## 【煮物】

**1** 具材は器の中で、ひと口で食べられる大きさに崩してから口に運ぶ。

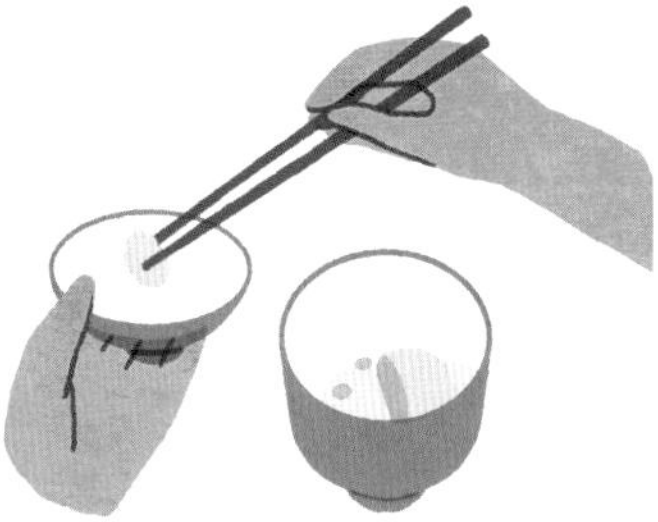

**2** 汁がたれそうなときは、その器のふたか、懐紙を皿がわりにする。

**3** 汁は器に口をつけて飲んでもかまわない。その際、器は両手で持って口をつけるようにする。

## 【ちらし寿司】

刺身と同じように、ネタひとつずつに、わさびとしょうゆをつけ、それを酢飯といっしょに食べる。わさびを溶いたしょうゆを全体にかけるのはマナー違反。

## 【てんぷら】

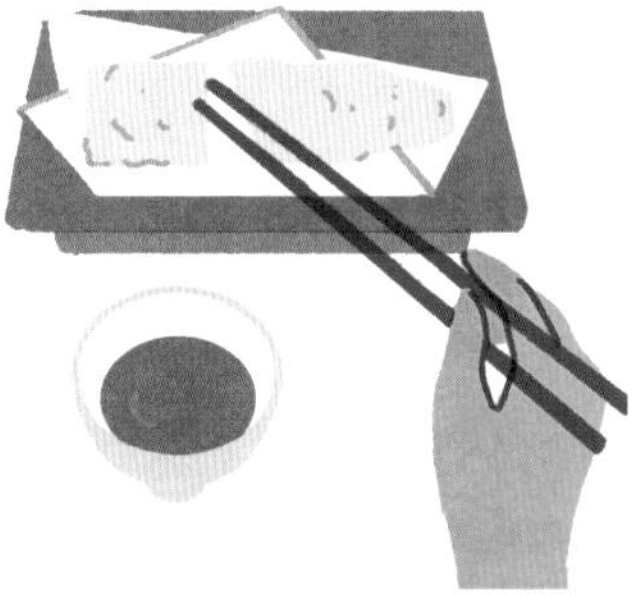

箸でひと口大に切るか、そのまま食べる。そのまま食べた場合は、噛み切った物を皿に戻さずに、すべて食べきる。天つゆの器は手に持ち、つゆがたれないように食べる。

## 【土瓶蒸し】

**1** 土瓶の上にあるすだちを取って受け皿に置き、杯を取って左に置く。

**2** 土瓶の中にすだちをしぼる。

**3** 杯に汁を注ぎ、香りを楽しみながらいただく。

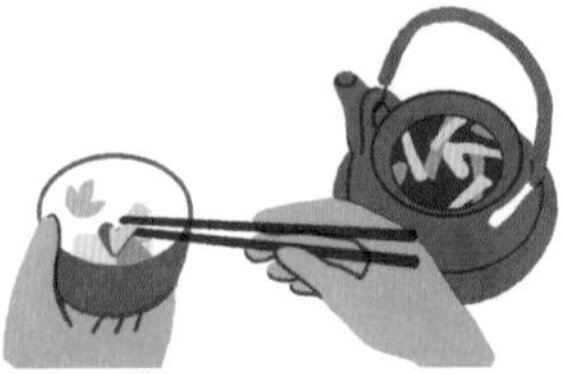

**4** 土瓶から少しずつ具を取り出して杯に入れ、いただく。

## 【茶碗蒸し】

**1** 卵液を器からはがすように、スプーンで器の内側を1周させる。

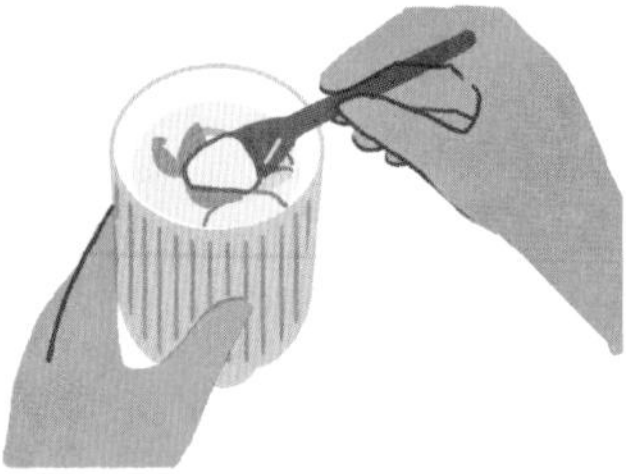

**2** 上からスプーンで食べる。多少具をまぜて食べてもよいが、音を立てるのはNG。だしなどが残っていたら、口をつけて飲んでもよい。

Check!

ここが
**重要!**

### おしぼりを出されたらすぐに使う

おしぼりは日本独自のおもてなしの習慣です。冷やしてあったり、温かくしてあるのはお店側の気づかい。出されたらすぐに使います。使ったあとは、ふいた面を内側にたたみ、おしぼり置きなどに戻します。

## 【殻つきかにの料理】

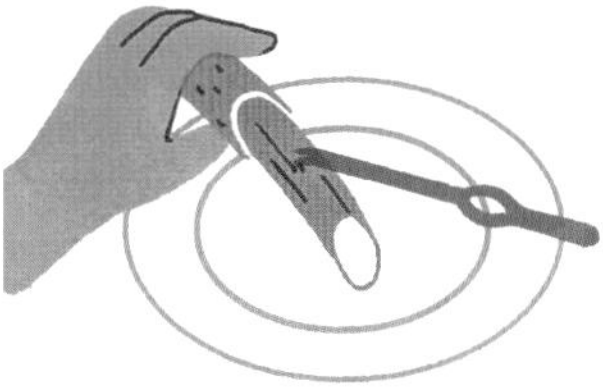

**1** 殻にななめに切れ目が入れてあれば、そこから専用ピックで身を取り出す。

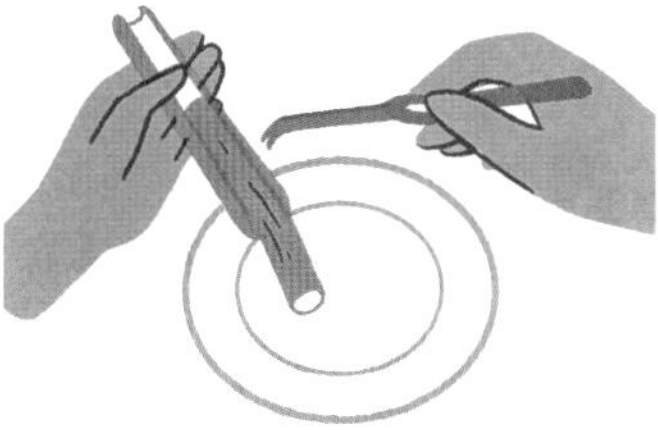

**2** 細い脚は手で関節の部分を折る。裏に切れ目があるので、その部分から手で殻を割り、専用ピックで身を取り出す。

## 【串物】

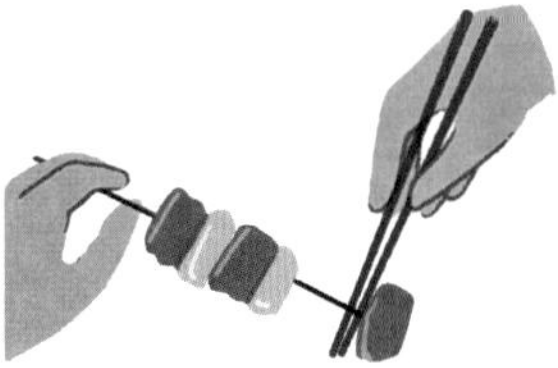

食べる分だけひとつずつ串から外して食べる。具材を箸で押さえ、串を回転させると外れやすくなる。

## 【貝の汁物】

汁を飲んでから、貝の身を箸でつまんで口に運ぶ。貝殻に口をつけるのはNG。

NG!
これは
タブー

### おしぼりで手以外をふく

顔をふいたり、食事中に口元をふくことはしません。

### おしぼりを台ふきにする

台ふきのかわりに使うのはお店に対して失礼です。

# 日本料理の迷いごと

和食をいただいている最中のマナー、こんなときはどうする？

**Q 左利きの人の箸づかいは？**

**A** 右利きと真逆に考え、マナー通りに使います。箸置きは通常、左側に置いてありますが、右側に置き換えて箸も反対向きに置いて問題ありません。

**Q おかわりをすすめられたら？**

**A** ごはんや汁物など「おかわりをどうぞ」とすすめられたときは、おかわりを頼んでかまいません。このとき、空になったお椀は両手で持ち、ていねいに渡しましょう。受け取るときも両手で受け、いったんテーブルに置いてから、改めて取り上げて食べはじめます。

**Q ナプキンがあっても懐紙を使うべき？**

**A** 最近では日本料理店でもナプキンを置く店が少なくありません。ナプキンがあれば、それを使うのがマナーです。ただし、ハンカチやティッシュペーパーを出すなら、懐紙を使うほうがはるかにスマートに見えます。懐紙は文具店や茶道具店で購入できます。

## Q 手に持ってよい器といけない器の違いは？

**A** 洋食では料理の器を手に持つことはありませんが、日本料理では左手に器を持ち、右手で箸を使います。

　持ってよいのは手のひらより小さな小鉢や小皿。飯碗や汁椀は必ず持って食べます。小さめのどんぶりも持ってかまいません。反対に持ってはいけないものは、盛り合わせの大皿や、刺身や焼き魚がのった平皿です。

　器を持つときは、いったん箸を置きます。両手で器を取り上げ左手でしっかり持ち直してから、右手で箸を取って料理をいただくようにします。

### 【器と箸を持つとき】

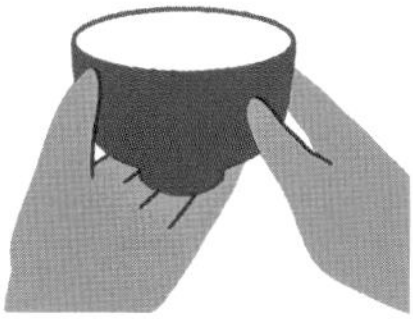

**1** 箸を置き、器を両手で取り上げ、左手のひらに乗せる。

**2** 右手で上から箸を取り上げ、器を乗せている左手の指先で箸の先をはさむ。

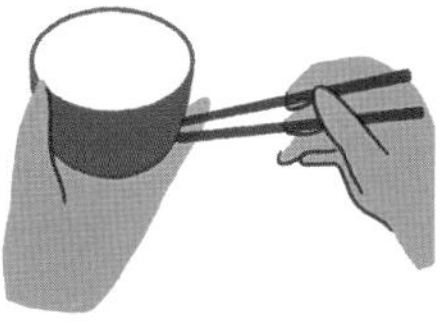

**3** 右手を箸の下側に移動させ、正しく持つ。置くときは逆の手順で箸を置いてから器を置く。箸で器を引き寄せるのはNG。

## Q 和の席での正座が苦手。どうすればいい！

**A** 正しいマナーは正座ですが、長時間の正座ができない人もいるでしょう。しびれが切れそうになったら、目立たないように足を崩してかまいません。このとき、裾が大きく広がるスカートなら、崩した足を隠すことができます。上席者が先に足を崩して同席者にもすすめたときは、無理をせず、崩します。

Meals

# 中国料理の基本マナー

## 大皿料理が全員にいき渡るように配慮する

中国には地域によりさまざまな料理があり、とくに有名なのが北京、上海、四川、広東の４大料理です。円卓を囲み、大人数でにぎやかに食べる中国料理は、細かなマナーがあまりありません。基本的にはターンテーブルに並んだ大皿料理を自分でひとり分ずつ取り分けます。全員にいき渡るよう少しずつ取るのがマナー。余ったらおかわりしたい人がいただきます。

### 中国４大料理

【北京料理】

北京の宮廷料理から発達した料理で、寒い地域なので濃厚な味つけが多い。北京ダックや水餃子が有名。

【上海料理】

魚介類が豊富な地方で、素材の味を生かした淡白な味つけと甘辛い味つけがある。上海がに、豚の角煮、小龍包など。

【四川料理】

山間部で寒暖の差が激しく、唐辛子や山椒など香辛料を使った辛い料理が多い。麻婆豆腐、回鍋肉など。

【広東料理】

海にも山にも近く食材が豊富で、淡白な味つけが多い。フカヒレなどの高級食材のほか、点心も人気がある。

これが大事！

- ターンテーブルは時計回りが原則
- 器は手に持たず置いたまま食べる
- 取り皿は料理ごとに替えるのがマナー

# 円卓でのマナー

## ・ターンテーブルは時計回りで

主賓から順に取るのが基本。全員にいき渡るよう配慮します。1周回って余ったらおかわりは自由です。

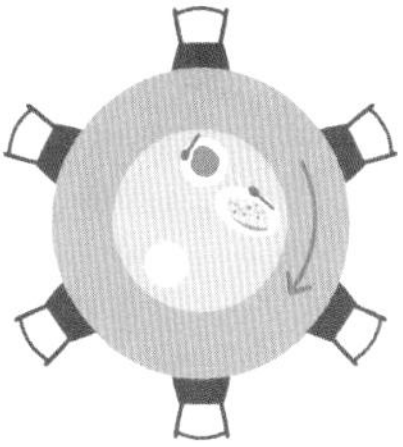

## ・取り皿は料理ごとに替える

料理の味が混ざらないよう、取り皿は料理ごとに取り替えます。何枚使ってもOKです。

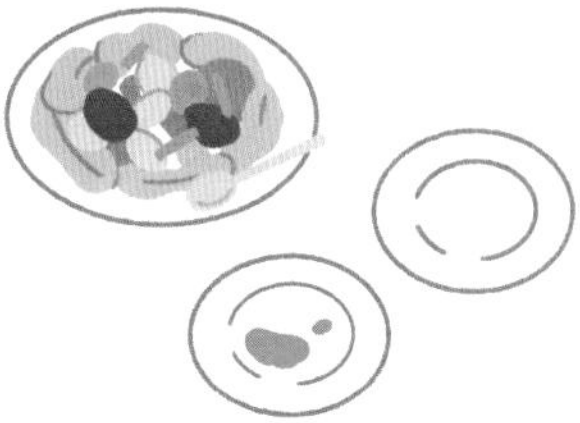

## ・器は持たない

中国料理の席では、器を持ち上げるのはNGです。食べるときだけでなく、料理を取り分けるときも持ちません。

## ・中国料理の箸置きは縦置き

箸は縦に置くのが基本です。箸置きが用意されているので、その場所に置きます。

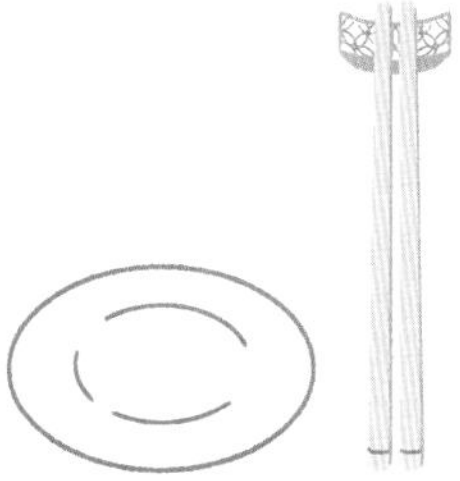

NG!

**これはタブー**

### ターンテーブルからはみだす

取り分け用のスプーンなどが、ターンテーブルからはみださないようにします。

### 立ち上がって料理を取る

料理は座ったまま取ります。料理が遠いときは、目の前にくるようにターンテーブルを回します。

### ターンテーブルに物を置く

ターンテーブルは共有のスペースです。自分の器やグラスは置いてはいけません。

Meals

# 立食パーティーの基本マナー

これが大事！

- ☑ 飲食よりも人との交流がメイン
- ☑ 同じ皿を使い続けるのはＮＧ
- ☑ ずっと立ち続けられる靴で行く

## マナーのよし悪しが目立つ立食パーティー

最近では結婚披露宴にも立食パーティーが増えています。決まった席がなく、料理もブッフェスタイルで好きなものを自分で取り分けるため、全体にカジュアルな雰囲気です。しかし、誰もが自由に動けるだけに、よけいにマナーのよし悪しが目立つことに。知らないうちにひんしゅくを買わないように、マナーをわきまえて臨みましょう。

Check!　ここが重要！

### 立ちっぱなしでも疲れない靴で

会場の壁際などに用意されている椅子は、疲れた人が代わる代わる座るためのもの。一部の人が独占的に使えるものではありません。基本的にはずっと立ちっぱなしのつもりで、長時間でも疲れにくい靴を選びましょう。

NG!　これはタブー

### 料理を一気に取る

一気にたくさん取るのはマナー違反です。味つけの違う料理がごちゃまぜになってしまうような取り方も避けます。

### 話を聞かない

宴席などでのスピーチ中は、食べるのをやめて話を聞きます。

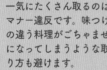

## スマートな立食マナー

### ・食べ終えた食器は接客係へ

食べ終えた皿はサイドテーブルに重ねておくと、接客係が下げてくれます。飲み終えたグラスも同じです。料理が置かれているテーブルに、自分の皿や食べ終えた皿を置くのはNGです。

### ・食事だけでなく積極的に交流を

一般的に、立食パーティーのおもな目的は飲食よりも出席者同士が交流することにあります。食べ放題という考えは持たず、なごやかに歓談し、交流を深めましょう。

### ・荷物はクロークへ

荷物やコート類は受付かクロークへ預けます。女性なら小ぶりのハンドバッグひとつだけを持参します。

### ・手に持つお皿は一枚まで

お皿１枚とグラスひとつを左手で持つのが基本です。左手の人差し指と中指の間に皿を挟み、親指と人差し指を使ってグラスを固定します。フォークなどもいっしょに持つときは、左手の中指と薬指の間に挟みます。

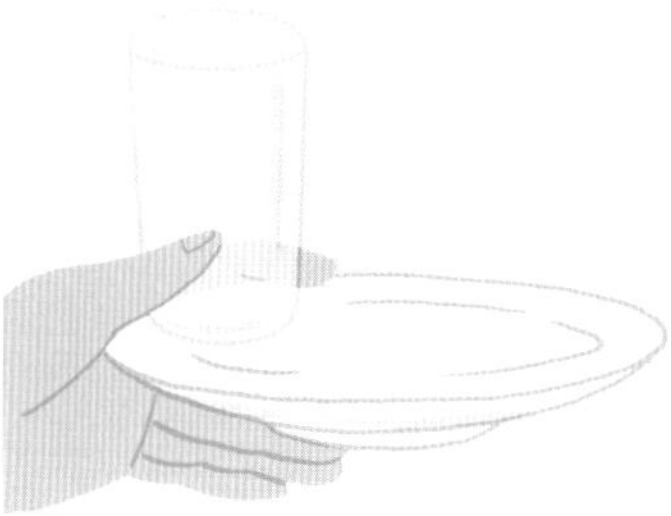

### ・お皿の使い回しはしない

同じ取り皿を何度も使うのはやめましょう。食べ終えたら新しい皿と取り替えるのがブッフェスタイルのマナーです。

### ・料理は少しずつ取る

ひと皿には少量ずつ３～４品の料理を取るのが目安です。同じ料理ばかり取ったり、皿を山盛りにするのは避けましょう。

# 立食マナーの迷いごと

立食のパーティーも
気兼ねなく楽しみたい。
こんなときはどうする?

**Q どこで食べればいいの?**

**A** 人の流れを遮らない場所なら、どこでもかまいません。仲間内で固まらず、サイドテーブルに適度に分散し、いろいろな人と歓談しながら飲食を楽しむのがマナーです。

**Q 自分のグラスがわからなくなった……**

**A** サイドテーブルにグラスを置くとき、紙ナプキンを折って自分だけがわかる目印にする、コースターに印をつけるなど、マイグラスを見分ける工夫をするといいでしょう。

それでもわからなくなったときは、新しいグラスと飲み物をいただきましょう。

**Q 立ち続けることがつらくなったら?**

**A** 会場に用意されている椅子に自由に座ってかまいません。ただし、椅子を占領し続けるのはNG。ほかの参加者にも譲る気持ちを持ちましょう。

**Q 目上の人に料理を取り分けるべき?**

**A** 立食パーティーはセルフサービスが基本。友人の分まで料理を取るのはマナー違反です。ただし、目上の人や高齢の人には、かわりに取る配慮があってもよいでしょう。

## Q 何度も料理を取りに行ってもいいの？

**A** 料理を取りに行くときは、ひとりひと皿が基本。2枚も3枚も皿を持つのはマナー違反です。逆に、食べたい料理がほかにあれば何度でも取りに行ってかまいません。

2度目以降に料理を取りに行くときは、食べ終えた皿はサイドテーブルに置いておき、新しい皿を使います。

## Q 初対面の人と話すのが苦手なのですが……

**A** 決まった席がなく、会場内を自由に動けるのが立食パーティーの長所です。それまで縁のなかった人と親しくなったり、新たな人脈を築くきっかけにするのが、立食パーティーの目的であったりもします。人見知りをする人も、勇気を出して隣に立っている人に話しかけてみましょう。まずは、自己紹介するのがマナーです。

仕事に関連したパーティーであれば、名刺を多めに用意しましょう。名刺交換をお願いすれば人脈が広がります。

### 【立食パーティーで会話を楽しむコツ】

**▶ 自分のセールスポイントを用意**

趣味や特技、興味のあることなど、自分から振れる話題を考えておきます。「私も！」と共感してくれる人がいるかもしれません。

**▶ 相手のことを知ろうとする**

どのあたりに住んでいるのか、趣味は何か、仕事は何か。相手に興味を持ち友好的になりたいと思えば、自然と質問も出てきます。

**▶ 主催者との関係を伝える**

主催者とどのような知り合いか、どんな趣旨でパーティーに呼ばれているかという話題から入ると、お互いの立ち位置がわかります。

**▶ 食べている料理の話をする**

「このパスタおいしいですね」「お酒が好きなんですか？」などいま共有しているものを話題にすると、相手も話しやすくなります。

Meals

# 茶席での基本マナー

## お菓子のいただき方

**1** 菓子の器が運ばれてきたら、左隣の人に「お先に（ちょうだいします）」と一礼する。

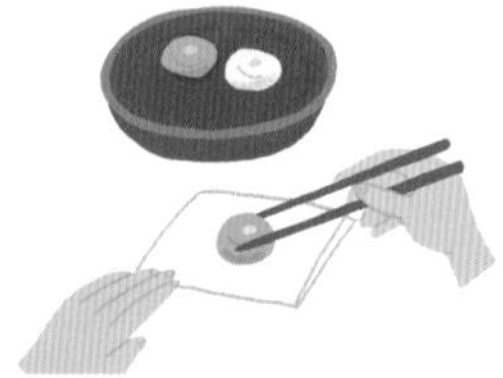

**2** 懐紙の輪を自分のほうに向けて置き、菓子を取り箸で取って懐紙にのせる。干菓子の場合は手で取る。

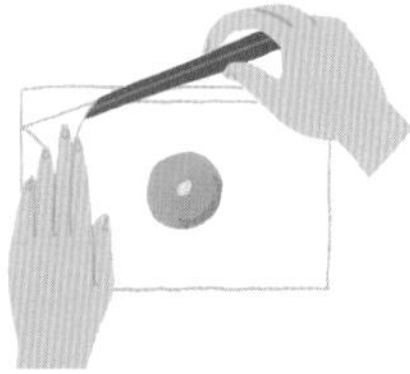

**3** 取り箸の先を菓子を置いた懐紙の端でぬぐって元に戻し、菓子鉢を左隣の人へ回す。いちばん上座の人が食べ始めるまで待つ。

**4** いただくときは、お菓子を懐紙ごと胸の高さに持ち、ようじなどで少しずつ切って口に運ぶ。干菓子は手で取り、いただく。

## 抹茶を出されたときの最低限のたしなみとは

年末年始やお花見の季節など、お寺や訪問先などで抹茶を出されることがあります。正式な茶会ではありませんので流派や作法にこだわる必要はありませんが、最低限のお茶のたしなみを知っていれば、その場であわてることもありません。

茶席ではゆったりとした時間の流れを楽しみ、季節を愛で、もてなしに感謝することが大切です。

### これが大事！

- ☑ もてなす側へ感謝の気持ちをもつ
- ☑ 正面を汚さないため茶碗を回す
- ☑ 茶席では腕時計をはずす

合わせて確認　「懐紙の使い方」▶ p.140

# 抹茶のいただき方

**1** 隣の人に「お先に」、お茶を立ててくれた亭主に「お手前ちょうだいいたします」と頭を下げる。

**2** 茶碗を右手で取り、左手に乗せ、右手を添えて持ち上げ、同時に頭を軽く下げる。

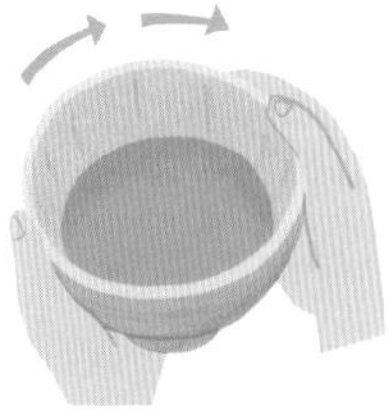

**3** 茶碗は正面を向いているので、時計回りに2回茶碗を回す。

**4** 茶碗に口を当て、抹茶をいただく。薄茶の場合、何回で飲みきるという決まりはない。

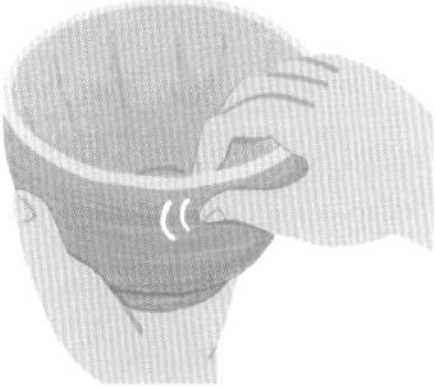

**5** 飲み終えたら、飲み口を人差し指と親指でふき、さらに指を懐紙でふく。

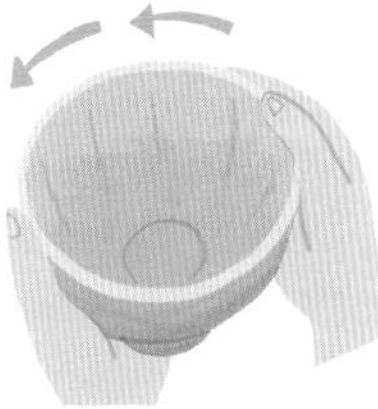

**6** 茶碗を反時計回りに2回回し、正面を亭主に向けて置く。

Check!

**ここが重要！**

## 腕時計をはずすのが礼儀

茶席ではコートや帽子を脱ぎます。また、「時間を気にするのは亭主に対して失礼」という考えから、腕時計もはずします。

ポイント！

### ▶ 濃茶の場合は飲み口をきれいに

抹茶には薄茶と濃茶があり、一般的によく出されるのは飲みやすい薄茶です。薄茶はひとり1杯ずつ出されますが、濃茶は1杯のお茶を回し飲みするため、「3人様でどうぞ」などと指定された人数で飲みきれるように調整します。次の人が不快にならないよう、飲み口は懐紙などでていねいにふき取ります。

# お酒の席のマナー

Meals

## 適量をわきまえて明るく楽しく飲む

レストランで出されるアルコール類は食事を引き立てる役割が大きいですが、居酒屋やパブなどで開かれる宴席はお酒が主役。もちろん、さまざまな料理が提供されますが、お酒を飲みながら会話を楽しみ、親睦を深めることがお酒の席の目的です。酔っ払って周囲に迷惑をかけたり、飲み過ぎて気分が悪くならないためにも、適量をわきまえましょう。

これが大事！

- ☑「楽しく飲む」が第一。強要はNG
- ☑お酒をつぐときはていねいに
- ☑自分の適量をわきまえておく

## お酒の席でのふるまい

### ・楽しく飲む

お酒は明るく楽しく飲むことが大切。怒りっぽくなったり愚痴っぽくなると場の雰囲気を悪くします。

### ・飲めない人に強要しない

実は日本人の半数近くが、お酒が苦手な体質だと言われています。飲めない人が無理に飲むのは危険なので、絶対に強要してはいけません。

### ・飲めない人は断っていい

お酒を飲めない人は乾杯で口をつけるだけにし、あとはグラスにお酒を入れたままにしておきます。それでもすすめられた場合は、断ってかまいません。

### ・適量をわきまえる

酔って騒いだり、具合が悪くなったりすると、周囲の人やお店に迷惑をかけます。自分の適量を考えて、雰囲気に流されず飲み過ぎないことが大切です。

# お酒のつぎ方・受け方

## 【ビール】

### つぎ方

ラベルを上にして、一方の手でびんをしっかりつかみ、もう一方の手で支える。最初は少しずつ静かに、途中から勢いよくそそぎ、少し泡を立てる。最後は再び静かにそそぎ、あふれない程度で止める。

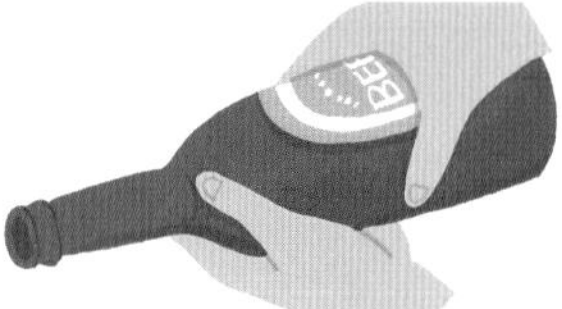

### 受け方

一方の手でグラスを持ち、もう一方の手でグラスの底を支え、自然な角度で受ける。あえて傾ける必要はないが、泡が立ちすぎてしまうときは、少し傾けながら調整するとよい。

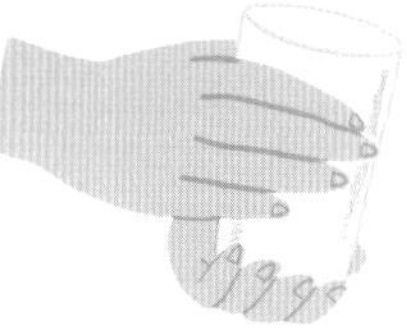

## 【日本酒】

### つぎ方

銚子やとっくりは一方の手で上から持ち、もう一方の手を添える。銚子の首は持たない。杯に少しずつつぎ、8～9分目で止める。

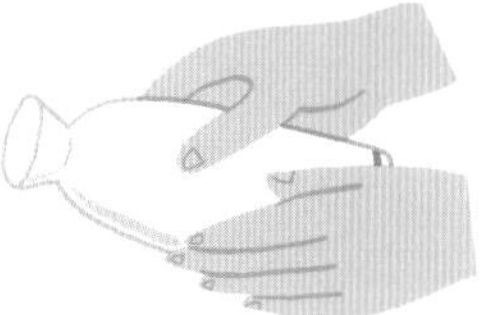

### 受け方

杯は両手を添えて持ち、酒を受けたら口をつけてテーブルに置く。片手持ちや、テーブルに置いたまま受けるのはマナー違反。杯を逆さにしておくのは「もう飲めない」というサイン。

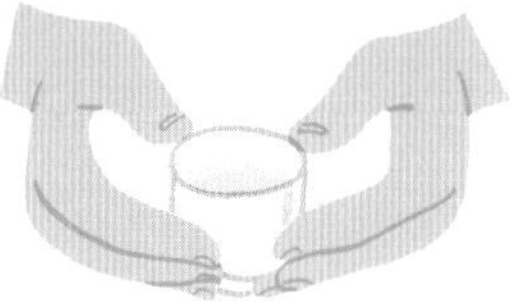

## 【ワイン】

### つぎ方

ラベルを上にして片手でボトルを持ち、グラスの3分の1程度まで静かにつぐ。最後はボトルを軽くひねるようにすると、液だれを防げる。ボトルの口はグラスの縁につけない。

### 受け方

グラスはテーブルに置いたままで、グラスの足のつけ根に軽く手を添えて支える程度でよい。グラス部分に触れたり、持ち上げたりするのはNG。遠慮するときは、右手の人差し指と中指の先をグラスの縁に軽く当てる。

## カクテルの飲み方

### ・フルーツなどは途中で食べる

カクテルの中にあるオリーブや、グラスに飾られたフルーツなどは、食べてOKです。ただし、最初はそのまま飲みましょう。カクテルを少し飲んだ後に取り出します。おつまみのように少しずつ食べてかまいません。タネや皮などは、コースターや紙ナプキンの上に置きます。

【ショートカクテル】

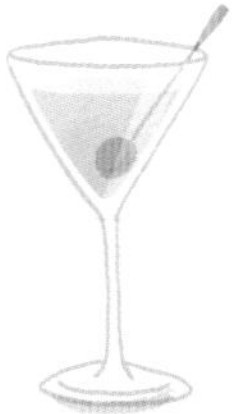

氷はなく最適な温度で提供されるため、短時間で飲むカクテル。体温でカクテルを温めないようグラスの足を持つ。動かすとあふれそうなときは、グラスを置いたまま口を運んで飲んでもOK。足に軽く手を添え、音を立てずに飲む。ショートカクテルはアルコール度数が強いものが多いので飲み過ぎに注意。

【ロングカクテル】

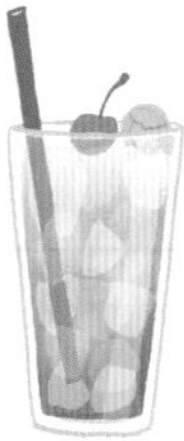

氷が入ったカクテルで、時間が経ってもぬるくならない。挿してあるストローを使ってもよいし、グラスから直接飲んでもよい。ストローが2本ある場合、使うのは1本でもよい。グラスを手で持つときは、体温でカクテルを温めないよう下のほうを持つ。

Check!

ここが重要!

### グラスの口紅はふき取って

グラスや杯に口紅がついたままの状態は、あまりよい印象ではありません。口紅は控えめにして、あらかじめナプキンなどで口元を押さえておくとよいでしょう。グラスについたときは、指やナプキンなどでふき取ります。

6
章

# 訪問・おもてなしのマナー

個人の家を訪問するときには、失礼にならないよう、さまざまな気配りが必要です。逆に、自分の家に人を招き、もてなすときにも気づかいをしたいもの。訪問・おもてなしのマナーを心得て、お互いが気持ちよく時間を過ごせるようにしましょう。

Visit

# 個人宅を訪問するとき

これが大事!

- ☑ 必ず先方の了解をとってから行く
- ☑ 訪問の時間帯には配慮する
- ☑ 訪問の目的を告げておく

## 訪問の目的を伝え アポを取ってからうかがう

よそのお宅へうかがうときには、必ず約束してからがマナーです。とくに目上の人への相談事やお詫び、お礼など、改まった要件の場合は、まず手紙を出し、その到着を見計らい電話で都合をたずねるのがていねいです。なお、目的をはっきり伝えずに訪問の約束をしようとするのは、相手を不安にさせます。「ちょっとお目にかかりたいのですが……」はNGです。

### 訪問の基本マナー

- **先方の都合をたずねてから**

親しい間柄でも、必ず連絡して約束してから訪ねます。訪問したい理由も伝えます。

- **訪問にふさわしい時間帯に**

「いつでもどうぞ」と言われていても、食事の時間帯や夜間・早朝の訪問は避けます。午前中なら11時過ぎ、午後なら14～16時くらいに。

- **手みやげを用意していく**

個人宅への訪問は、必ず手みやげを持参します。あらかじめ用意しておきましょう(▶p.166)。

Check!
ここが
重要!

## 訪問にかかる時間なども告げておく

電話で訪問の意図を告げる際に「30分くらいお時間をいただけますか」など、滞在時間の目安も伝えます。玄関先で失礼する場合は、その旨も伝えましょう。

## 車の場合は違法駐車にならぬように

先方に駐車場がない場合は、近くにパーキングがあるかどうか確認しておきます。違法駐車はNGですから、近くに駐車場がない場合は、最寄り駅まで公共交通機関で行くほうが無難です。

NG!
これは
タブー

## 幼児連れ

幼児連れの訪問は、原則避けます。やむを得ず同行する場合は、子どもが飽きないようにお気に入りのおもちゃなどを持参しましょう。

## 約束なしの訪問

訪問の約束がないのに「近くにきたので寄ってみました」などと急にたずねるのはNG。近くからでも必ず電話などで先方の都合の確認を。

Visit

# 到着・玄関でのマナー

これが大事!

- 到着は5分早めより5分遅めがよい
- 身だしなみを整えてからチャイムを押す
- 靴下、靴などの足元にも注意する

## 家に上がるまでの流れを押さえておく

訪問先に着いたら、チャイムを鳴らす前に身だしなみを整えます。現在は、TVつきインターフォンが多いので、先にチャイムを鳴らすと、自分の様子が相手にわかってしまいます。冬場は、マフラーや手袋は外し、コートも脱いだほうがよいでしょう。出迎えた相手には、会釈して簡単なあいさつを。正式なあいさつは部屋に通されてからします。

## 玄関先での基本マナー

### ・ドアは後ろ手に閉めない

相手に背を向けないよう、体をななめにして振り返るように閉めます。

### ・玄関先ですますときは最初に伝える

「本日は、こちらで」と最初に伝えましょう。玄関先での立ち話は、5分程度で切り上げます。

### ・到着は3〜5分遅めに

個人宅への訪問は、少し遅れて到着するのがマナーです。タクシーで出向くときは、訪問先の家の2、3軒手前で降ります。

### ・雨のときのかさは外に

濡れたかさは軽く水を切り、ひとまとめにして玄関の脇に立てかけます。

### ・水ものは玄関で渡す

冷凍品や水気のある生花などは、その旨を伝えて玄関で渡します。

# 玄関の上がり方

**1** 前向きのまま靴を脱ぎ、そのまま上がる。

**2** 相手に背を向けないようにして体をななめにし、ひざをついて靴の向きを直す。

**3** 靴はそろえて、玄関の端に寄せておく。

## NG! これはタブー

### 脱ぎにくい靴

靴は脱ぎはきしやすいものを。型崩れや中敷が汚いものは論外。ロングブーツは、自立タイプでも避けたほうがよいでしょう。

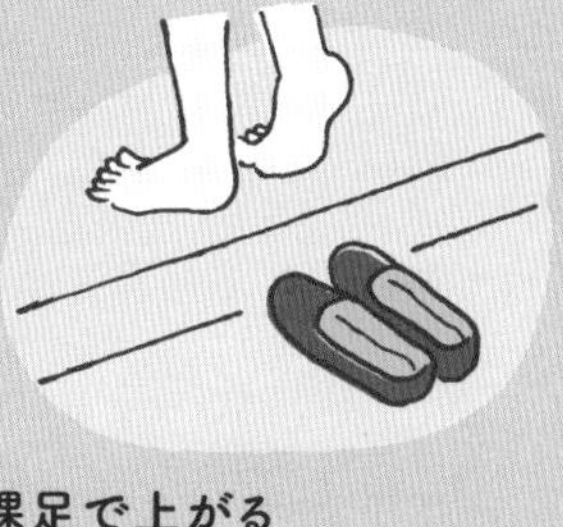

### 裸足で上がる

他家を訪問する際は、素足は厳禁。ストッキングかソックスを着用します。どうしてもの場合は、上がる前にフットカバーをはきます。

Visit

# 部屋に通されたときのふるまい方

これが大事！

- すすめられた席か、下座に座る
- 椅子にもランクがある
- あいさつは和室と洋室で異なる

## 和室・洋室ともに入り口に近い下座に座る

部屋に案内されたら「こちらにおかけください」などと指示されない限り、下座《しもざ》に座るのが原則です。和室でも洋室でも出入り口に近い場所が下座です。なお、洋室の場合は、椅子にもランクがあるため注意しましょう。勝手にソファに座ったりしないように。

室内に入ったら、改めてあいさつをします。あいさつは、ていねいに行うようにしましょう。

### 椅子のランク

| | | |
|---|---|---|
| 高 | 第1席 | ソファ |
| | 第2席 | アームチェア |
| | 第3席 | アームレスチェア |
| 低 | 第4席 | スツール、丸椅子など |

リラックスした姿勢が保てる椅子のほうが上位席です。いずれの椅子でも、背筋を伸ばして座るときれいに見えます。

NG!

これはタブー

### 調度品などに触れる

部屋で相手を待つときは、静かに座って待ちます。携帯電話も電源を切っておきます。また、立ち上がって室内の調度品を触ったり、書棚の本を勝手に引き出して見たりすることもしないように。

合わせて確認 「席次の基本」▶ p.226

# あいさつのしかた

## 【洋室の場合】

**1** 椅子から立ち上がり、相手の目を見てあいさつを述べる。

**2** 背筋を伸ばしたまま上体を腰から傾けて立礼する。女性の場合は両手を軽く重ね、目線は相手の足元に落とすとよい。

## 【和室の場合】

**1** 座布団が敷いてあっても、下座側の畳の上に座る。座布団に座るのはすすめられてから。

**2** あいさつは座布団をおりて行う。相手の目を見て「ごぶさたしております」などと述べる。

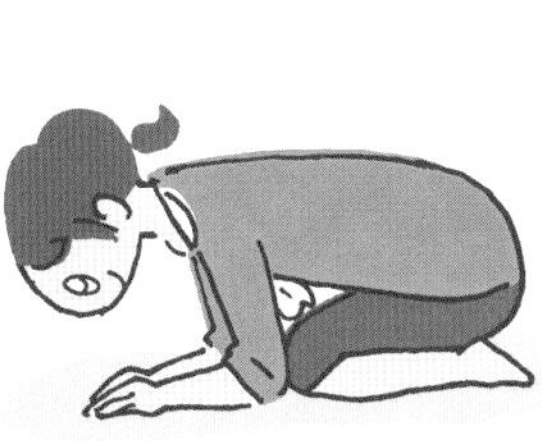

**3** 両手を畳につけ、指先を見るように頭を下げる。背中は丸めず、腰から折るようにする。

ポイント！

▶ **招待されたときのあいさつ**

「本日は、お招きいただきありがとうございます」

▶ **こちらから約束を依頼したときのあいさつ**

「本日は、お時間を割いていただきありがとうございます」

# スマートな手みやげの渡し方

これが大事！

- 手みやげはあいさつのあとに渡す
- 渡すときは紙袋から出して両手で
- 金封は菓子折りなどにのせる

## 手みやげを渡すのはあいさつをすませてから

個人宅への訪問では必ず手みやげを用意します。手みやげは、部屋に通され、相手と正式なあいさつをすませた直後に渡すのが基本です。ふろしきや紙袋から出して、品物の正面を向け、必ず両手で差し出します。そのときは「つまらないものですが」ではなく、「お口に合うとよろしいのですが」や「おいしいと評判のようですので」などと言い添えます。

## 手みやげを選ぶコツ

- **あらかじめ準備しておく**

　当日に訪問先の近所で求めるのは「間に合わせ」の印象を与えかねません。

- **先方の年齢、家族構成を考慮する**

　先方の好みがわかればその品を。生菓子など早く消費しなければいけないものは、家族の人数に合わせます。

Money お金の目安

## 手みやげの金額

　通常の訪問では、先方の負担にならない額にするのがマナーですが、頼みごとの場合は、相応の品を持参します。

| 訪問の目的 | 金額の目安 |
|---|---|
| あいさつなど | 2,000～3,000円 |
| 頼みごと | 1万円～ |
| 仕事の取引先 | 3,000～5,000円 |

## 手みやげの渡し方

### 【洋室の場合】

**1** 立礼であいさつをする（▶p.165）。

**2** 立ったまま品物を紙袋から出し、正面を向けて両手で相手に差し出す。

### 【和室の場合】

**1** 座礼であいさつをする（▶p.165）。

**2** 品物を紙袋から出し、正面を向けてひざの前に置く。

**3** 両手で畳の上を滑らせるようにして差し出す。

Check! ここが重要！

**お礼を包んで持参する場合**

仲人のお礼など金封を渡すときは、手みやげの菓子折りの上にのせて、いっしょに差し出します。とくに目上の人に対しては、金封だけを渡すのは失礼とされます。ギフト券などをお礼にする場合も、のし袋に入れて同様にします。

Visit

# 和室での基本の作法

これが大事!

- つねに上座を意識しておく
- ふすまの開け閉めはスマートに
- 足元の動きに注意を払う

## マナーの基本は目線の高さと足元の動き

和室には独特の作法がありますが、基本として3つのことを覚えておきましょう。1つ目は視線を低めにすること。相手を見下ろすような姿勢は慎みます。2つ目は畳のへりを踏まないなど、足元に関するマナーを守ること。3つ目は上座《かみざ》を意識し、上座にいる相手に背を向けないことです。基本は正座ですが、すすめられたら足を崩してもかまいません。

## 和室の席次

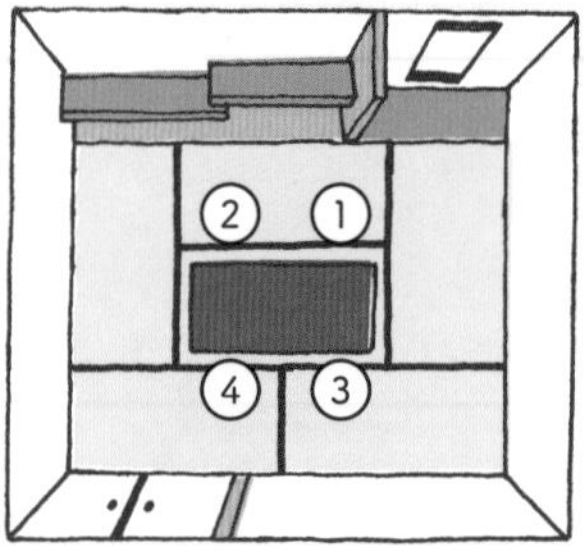


入り口からもっとも遠く、床の間に近い席が最上席です。入り口近くが下座になります。

## 座布団の当て方

両手を握って体の脇につき、ひざでにじりよります。座布団を外すときも、握った両手を体の脇につけ、にじりおります。座布団の上でひざを崩すときは、下座側に脚をずらします。

合わせて確認 「席次の基本」▶ p.226

# ふすまの開け閉め

**1** 「失礼します」と声をかけてから、引き手に近いほうの手を、引き手にかけて5cmほど開ける。

**2** 引き手にあった手をふすまのふちに沿って少し下げ、ふちに手をかけて体半分ほど開ける。

**3** 手を替えて、ふすまのふちを押し、体が入る程度まで開ける。全部開けずに引き手部分は残す。

**4** にじりながら部屋に入り、ふすまに近いほうの手でふちを握って、半分ほど閉める。

**5** 手を替えて、ふすまのふちをつかんで5cmほどの位置まで閉める。

**6** 両手を引き手にかけ、全部閉める。

1のみ部屋の外から見た図

NG!
これは
タブー

### 畳のへりや座布団を踏む

敷居、畳のへりを踏んではいけません。座布団も踏まないようにします。

### 座布団の上であいさつ

あいさつのときは、座布団からおりてあいさつします。

Visit

# 洋室での基本の作法

これが大事！

- 洋室では立ってあいさつが基本
- どんな椅子でも座る姿勢はきれいに
- 手みやげは座る前に渡す

## 座っていてもあいさつは必ず立ち上がって行う

洋室に通されたら、入り口にもっとも近い下座に立ち、立ったままあいさつをします。手みやげは着席する前に渡しましょう。相手が「どうぞおかけください」と言ったら椅子に座ります。

案内の人などに「かけてお待ちください」と言われたときは、いったん下座に座りますが、相手がみえたら、必ず立ち上がりあいさつをします。

## 洋室の席次

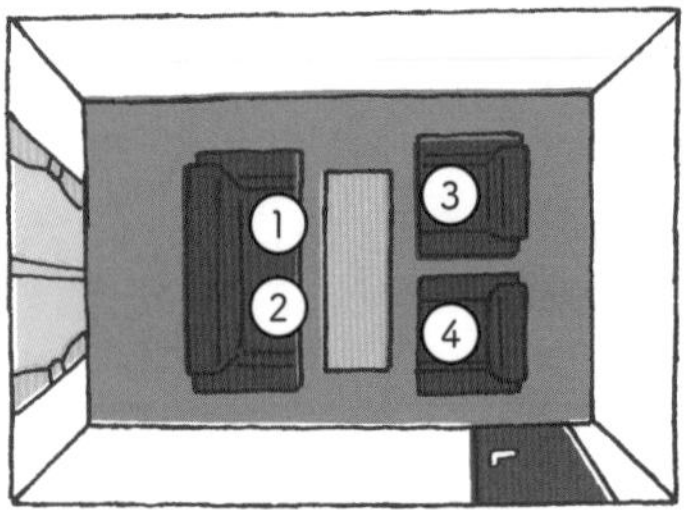


ひとり掛けの椅子よりも長椅子のほうが上座です。長椅子は、入り口からいちばん遠い位置が上座、3人掛けの場合は中心が下座です。

Check!
ここが重要！

### バッグや荷物の置き場所

ハンドバッグなどは体と背もたれの間に置くか、自分の横に置きます。テーブルの上には置かないようにしましょう。大きめの荷物は足元に置きますが、本来なら部屋に持ち込まず、玄関の隅などに置かせてもらうほうがスマートです。

合わせて確認 「席次の基本」▶ p.226

# 美しい座り方

## 【椅子の場合】

浅めに腰掛かけ背筋を伸ばします。両手はももの上で軽く重ねます。

## 【ソファの場合】

ソファに座る場合は、ひざ頭をそろえた脚をななめに流すときれいに見えます。

NG!
## これはタブー

### 片手で椅子を引く

床を傷つけるおそれがあります。両手で持ち、床を引きずらないようにします。

### 脚を組む

横柄な態度と思われがちなので、避けたほうが無難です。

### 寄りかかる

深く座り背もたれに寄りかかる姿勢は見た目もNGです。

# お茶とお菓子のいただき方

これが大事！

- 好みを聞かれたら遠慮なく答える
- いったん手をつけたら残さない
- 抹茶とお菓子ではお菓子が先

## 手をつけたものは食べ残さない飲み残さない

飲み物の好みを聞かれたら「どちらでも……」と言うより、好きなものを答えたほうがいいでしょう。ただし、複数で訪問した場合は、目上の人が決めたものに統一します。飲み物もお菓子も、温かいうち、あるいは冷たいうちにいただきます。食べられないものが出たときは、お礼を伝え、正直に申し出ましょう。いったん手をつけたものは残さずにいただきます。

## お菓子のいただき方

### 【ケーキ】

**1** まわりにセロファンがついているときは、フォークで巻きつけるようにして取る。

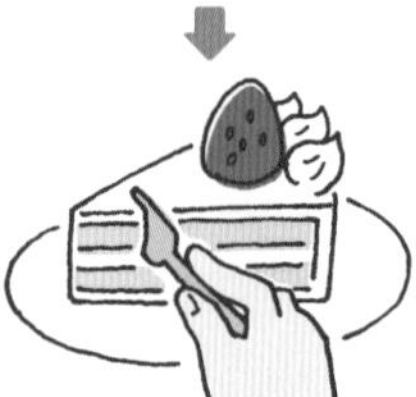

**2** 左端または手前から、ひと口大に切っていただく。食べ終えたら、フォークを銀紙で包み、皿の手前側に置く。

### 【和菓子】

皿を左手でおさえ、黒文字（大きめの楊枝）で、左端からひと口大に切っていただく。

これもチェック！

▶ 飲み物を飲んでからお菓子に手をつけるのが一般的だが、抹茶が出されたときは茶道の流儀にならい、先にお菓子に口をつけてから飲むほうがよい。

# お茶のいただき方

## 【コーヒー・紅茶】

**1** 角砂糖は一度スプーンにのせてからカップ内に入れる。かき混ぜるときは音をたてない。

**2** レモンを入れるときは、スプーンにのせ、そのままくぐらせたら引き上げて元の器に戻す。

**3** スプーンはカップの向こう側に置く。

**4** カップは指をそろえて持つ。左手はカップに添えない。

## 【日本茶】

**1** 左手で茶碗を支え、右手でふたを持ち上げる。

**2** ふたの裏のしずくを茶碗のふちに落とす。

**3** 両手でふたを裏返し、茶碗の右側に置く。

**4** 右手で茶碗を持ち、左手を底に添えて飲む。おいとまするときはふたを元に戻しておく。

Visit

# スマートなおいとまのしかた

これが大事！

- ☑ 長居せずタイミングよく席を立つ
- ☑ 引き留められても遠慮するのがマナー
- ☑ 帰宅後はお礼の一報を入れる

## 長居しないように帰るときは自分から切り出す

親しい間柄でも長居はマナー違反です。約束をしたときに伝えた時間が近づいてきたら、「そろそろおいとまさせていただきます」と自ら切り出しましょう。目安はだいたい1時間ほどです。

引き留められることもありますが、社交辞令と考えそのまま失礼したほうがスマートです。あいさつは室内でていねいに行い、玄関では手短かにすませます。

## 帰り際のふるまい

- **見送りを遠慮するひと声を**

　相手が玄関の外まで見送りに出ようとしているときは、「こちらで結構でございます」と気づかうようにします。

- **見送ってもらうときは余韻を残す**

　相手が見送っているときは、少し歩いたあとに振り返って立ち止まり、会釈します。

## スリッパの脱ぎ方

1 正面を向いたままスリッパを脱ぎ、そのまま靴をはく。

2 振り返って腰を落とした姿勢で、スリッパの先を室内に向けそろえる。スリッパラックには戻さない。

Check!

ここが
重要！

## 約束していない食事は遠慮する

相手から「お食事でも」とすすめられても、前もって約束していない場合は遠慮します。ただし、すでに用意が整っているようなときは、厚意に甘えたほうが喜ばれます。

## 引き留められても早めに帰る

訪問時間は1時間以内、長くても2時間までと心得ましょう。会話がひと区切りついたころに、自分から切り出します。

## 身支度を整えるのは外で

コート類は、玄関の外に出てから着るのが原則。玄関内ですすめられたときは「失礼します」と断って着てもかまいません。手袋やマフラーなどの小物は、玄関を出てから身につけるほうがスマート。

## 帰宅後のお礼をも忘れずに

親しい間柄なら帰宅後に電話やメールでお礼を伝えます。改まった用件で訪問した場合は、３日以内に礼状を。はがきでもかまわないので速やかに出しましょう。

Visit

# ホームパーティーでのふるまい方

これが大事！

- ☑ 約束の時間より5分遅れがベスト
- ☑ 切り上げはタイミングよく
- ☑ TPOにふさわしい身なりで

## どんな集まりなのかを知り ふさわしくふるまう

パーティーにはいろいろな種類があります。ファミリーでにぎやかに楽しむものや、招待状をいただくようなフォーマルなものまで。

お誘いを受けたら、どんな集まりなのかたずねてみましょう。それにより、招待される側の準備も異なります。ホームパーティーでいちばん避けたいのは「場違い」感。そのパーティーの場にふさわしい準備やふるまいが必要です。

### ホームパーティーの基本マナー

**• 約束の時間より遅く**

開始時刻より早く行くのはマナー違反。定刻よりも5分遅れくらいがベストです。招く側にとって、準備後にホッとひと息入れる時間は、貴重なものなのです。

**• 手みやげを忘れずに**

みんなでつまめる食べ物などを持参します。招待された人同士で相談して、ちょっと豪華なデザートを選ぶのも気がきいています。ほかのゲストとのバランスを考えます。

**• 会話を楽しむ**

パーティーの楽しみのひとつは会話です。自分の好む話題に執着せず、場を和ませるような話題を提供しましょう。話すだけでなく、聞き上手になることも大切です。

合わせて確認 「手みやげの渡し方」▶ p.167

## パーティーを楽しむために

### ・子連れの場合は臨機応変に

子ども同士が遊びに夢中になると、思わぬハプニングが発生することも。子どもがいっしょの場合は、目を離さないことが鉄則です。ぐずったりしたときは、早めにおいとまするなどの配慮を。

### ・TPOを確認する

パーティーの内容によって服装なども変わります。カジュアルなものかフォーマルなものか。招待客はどのような人たちかなど、招待された時点でたずねておくと安心です。

### ・おいとまはタイミングよく

切り上げるタイミングはデザートのあと。ただし、雰囲気をこわさないことが大切。「そろそろこのへんで」と少し早めに申し出るのもマナーです。ディナーパーティーなら3～4時間が目安でしょう。

### ・大人だけの場合は役割を分担する

招いてくれる人に、すべてお任せにしないこと。ゲストがそれぞれひと品持ち寄ったり、BBQパーティーなら、道具係、食品係、飲物係、焼き係など、事前に役割分担を決めておくのもよいでしょう。

NG!
**これはタブー**

### 大声を出す

大声で話したり、大きな音を出したりするのは、近所迷惑にもなります。

### 勝手にドアを開ける

開放されていないエリアのドアを開けたり、関係ない部屋をのぞいたりするのはマナー違反です。

# 訪問先での迷いごと

トイレや喫煙など
他人の家で気になること。
こんなときどうする？

**Q 服装のマナーなどはあるの？**

**A** 個人宅を訪問するときの服装でなによりも重要なのは、清潔さです。とくに靴と靴下はきれいなものをはきます。靴下は洗濯したものでも黒ずみが残っているものは避けましょう。体臭にも気をつけます。夏は制汗剤を使うなどの配慮が必要です。ただし香水のつけすぎはNGです。女性の場合、露出度の高いファッションも向いていません。

**Q 訪問先で上座をすすめられたときは？**

**A** 相手が目上の人の場合やお願いごとでうかがったときは、遠慮するのがマナーです。ただ、最近はあまりこだわらないケースも増えています。何度かすすめられたときは、従うほうがよいでしょう。

複数で訪問したときは、目上の人に上座を譲ります。

**Q 約束の日程を変えてほしいときは？**

**A** やむを得ない事情があるときは、すぐに連絡をしてその理由とお詫びを述べます。その後の予定がわかる場合は、希望する日を複数あげて、先方の都合をうかがいます。

### Q トイレに行くタイミングは？

A トイレは訪問前にすませておくのがマナーですが、やむを得ない場合は、話が途切れたときなどにしましょう。訪問してすぐに借りたいという場合は「手を洗わせていただきたいのですが」など、ソフトにたずねましょう。生理用品はできるだけ持ち帰るようにします。

### Q タバコを吸いたくなったら？

A テーブルに灰皿が用意されていない場合は、禁煙のサインと考えましょう。灰皿があった場合でも、相手からすすめられるまでは遠慮するのがマナーです。

### Q お酒をすすめられたら？

A 基本的には食事をすすめられたときと同じように、あらかじめ約束のなかったお酒は遠慮するようにします。食事をいただくことになり、相手がお酒好きで、「ごいっしょに」とすすめられた場合は、いっしょにいただくほうが喜ばれるでしょう。訪問先の人が飲まない場合は、自分が好きであっても遠慮を。

当然ですが、お酒をいただいたときは、飲み過ぎないように注意します。いつもよりグッと抑え気味に飲むことを心がけましょう。

# お客さまを迎えるとき

Visit

## 事前の準備は歓迎の気持ち。相手に合わせて配慮を

　自宅で来客を迎えるときは、相手を緊張させず、リラックスしてもらえるよう考えることが大切です。最低限の掃除は、玄関、トイレ、お客さまを迎える部屋。家族の私物などは移動させておきます。前日までにすませておくと、当日あわてずにすみます。

　飲み物とできればお菓子も用意しましょう。相手の好みに合うものでもてなせればベストです。

### 掃除と片づけのポイント

【トイレ】

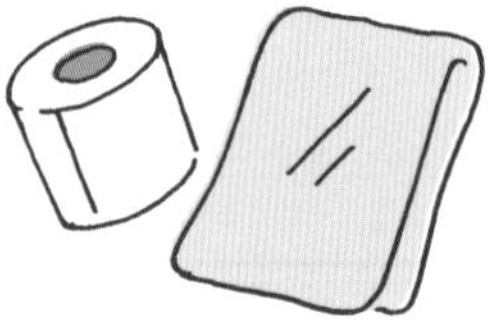

念入りに掃除を。タオルやトイレットペーパーは直前に新しいものをセットしておきます。

【玄関】

不要品を片づけ、家族の靴はしまっておきます。におい対策も必要です。

【客間】

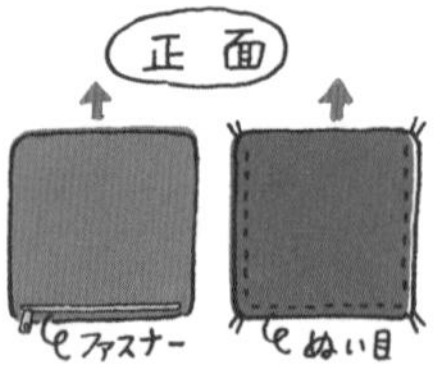


座布団は輪になっているほうが正面を向くようにしておきます。

【外回り】

掃き清めてから、夏場なら打ち水などをしておきます。

これが大事！

- 歓迎する気持ちで準備する
- 最低限の掃除・片づけはしておく
- 来客の好みを考慮するようにする

## お客さまを気持ちよく迎えるために

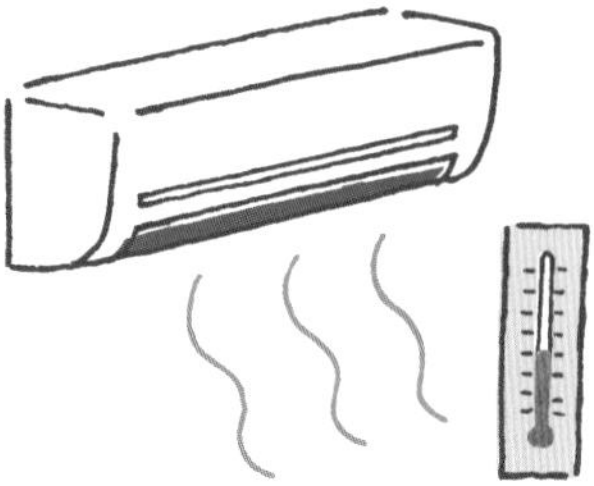

### ・もてなしの気持ちを表す

花などを飾ってもてなしの気持ちを表します。アレンジメントフラワーなら、手軽に飾れます。

### ・部屋は適温にしておく

冷暖房などを事前にセットしておき、室内は適温にしておきましょう。

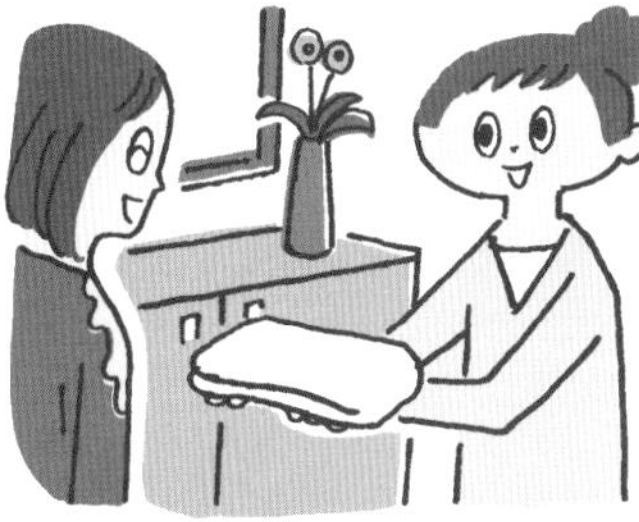

### ・雨天の日は特別の配慮を

かさ立てはわかりやすい場所に設置し、玄関にタオルを用意しておきます。足ふき用のものもあればベターです。

### ・ペットは来客の前に出ないように

ペットを飼っている場合は、来客にその旨を事前に伝えておきましょう。当日はペットが客室に入らないようにするか、ケージに入れておきます。ペット臭を消すために、お香を焚くなどの配慮を。

Check!

ここが重要！

### 用意しておくとよい物

来客用のスリッパは人数分あるか確認を。お茶やお菓子といっしょに出すおしぼりを用意します。コート類を着用する時季は、玄関先にハンガーラックをつけておくとすぐに預かることができます。

Visit

# スマートな出迎えと案内

これが大事！

- ☑ 15分前には準備を整えておく
- ☑ 玄関でのあいさつは手短かにすます
- ☑ 案内では相手におしりを向けない

## 早めに準備をすませ玄関でのあいさつは手短に

お客さまが約束の時間より早めにみえても、あわてるのはNG。15分ほど前に用意を整えておけば安心です。玄関のチャイムが鳴ったらすみやかにドアを開け、相手を笑顔で招き入れます。正式なあいさつは客間で行うので、玄関では手短かにすませて、部屋に案内します。お客さまの靴をそろえ直す場合は、部屋に通したあとで。目の前では行いません。

### お客さまの出迎え方

【洋風玄関】

立ってあいさつします。

【和風玄関】

ひざをついて迎えます。

【オートロックマンション】

エントランス（ホール）で出迎えます。

ポイント！

**あいさつ**

「ようこそいらっしゃいました」「お待ちしておりました」など簡単に。

**コート類**

「お預かりします」と預かりハンガーへかけます。

**スリッパ**

「どうぞお使いください」とすすめます。

## 部屋に案内するとき

### 【階段では】

とっさのときに下から支えられるようにするため、階段を上るときはお客さまが先です。階段をおりるときは自分が先に。

### 【客間まで】

先に立って案内します。体はななめにして振り返る感じで歩き、お客さまにはおしりを向けないようにします。

### 【ふすま】

部屋の入り口でひざをつき、ふすまを開けます。室内を手で示して「どうぞこちらに」と上座の座布団をすすめます。

### 【引くドア】

引いて開けるドアの場合は、引き開けたドアを押さえ、室内を手で示し「どうぞ」とお客さまを先に通します。

### 【押すドア】

押して開けるドアの場合は、自分が先に部屋に入りドアを押さえ、室内を手で示し「どうぞ」とお客さまを招き入れます。

# 客間でのふるまい

これが大事！

- 上座はしつこくすすめない
- いただいたおみやげは高い位置に置く
- お礼の言葉に気持ちを込める

## 和室での手みやげの受け取り方

**1**

手みやげを差し出されたら、「お気づかいいただきまして恐縮です」など簡単にお礼を述べ、両手をついて軽く頭を下げる。

**2**

品物は畳の上に置きっぱなしにせずに、いち段高い床の間かテーブルに置く。

**3**

お茶のしたくで部屋を出るとき、別室へ持っていく。

## さりげなく上座をすすめあらためてあいさつを交わす

部屋に案内したら上座をすすめます。和室・洋室とも、出入り口からもっとも遠い席が上座です。ただし、お客さまが目下だったり固辞する場合は、しつこくすすめないのもマナーのうちです。あいさつは、洋室では立って、和室では畳の上に正座して行います。すんだら洋室ではお客さまに椅子をすすめ、和室では「どうぞお当てください」と座布団をすすめます。

合わせて確認 「和室の席次」▶ p.168 「洋室の席次」▶ p.170

# お客さまへのさまざまな対応

## ・席のすすめ方

　さりげなく「こちらへどうぞ」と上座をすすめます。景色のよい場所や、季節に応じて居心地のよい場所があれば、そこをすすめてもかまいません。「こちらからですと海が見えますので」とか「本日はお寒いですから、こちらへ」など、ひと言声をかけましょう。

## ・お茶やお菓子のすすめ方

　お客さまが、茶菓に手をつけないときは「どうぞご遠慮なく」とすすめます。２、３度すすめてもそのままなら、それ以上は控えます。

## ・お茶のおかわり

　30分ほどたったらいれ替えるとよいでしょう。最初が日本茶なら次はコーヒーと種類を変えても。お菓子は必ずしも必要ではありません。

## ・食事時間になってしまったら

「お時間があればごいっしょにいかがですか」と声をかけてみます。断られたら、それ以上はすすめなくてもよいでしょう。声がけが帰るきっかけになることもあります。

## ・帰り際の引き留め

　お客さまが帰るそぶりを見せたら、「お茶をもう１杯いかがですか」などと引き留めるのがマナーです。すぐに立ち上がるのはNG。しつこく引き留める必要はありません。

Visit

# お茶とお菓子の出し方

これが大事！

- 飲み物などは必ずトレーにのせる
- 相手から見てお茶は右、お菓子は左に
- お茶のつぎ足しはしない

## お茶やお菓子は必ずお盆にのせて客間へ

お客さまにお出しする飲み物やお菓子などは、お盆かトレーにのせて運びます。日本茶の場合は、茶碗と茶托は別々にのせ、お客さまに出す前にセットしましょう。

お茶の用意は、別室でしてもお客さまの前でしてもかまいません（▼p.190）。お客さまにお出しするときは、和室・洋室いずれの場合も、下座側から出すようにします。

### 茶器のセットのしかた

【コーヒー・紅茶】

カップの取っ手は右側、スプーンは柄を右にして手前へ。カップに絵柄があるときは取っ手の向きにかかわらず、絵柄をお客さま側に。

砂糖、ミルクをつけるときは手前に。スプーンのかき混ぜる側に触れないように置きます。むき出しの角砂糖はスプーンの上に。

【日本茶】

茶托の木目は横向きで、茶碗は絵柄がある側をお客さまに向けます。

【冷たい飲み物】

コースターにのせ、ストローはグラスの手前からさしておきます。

# お茶の出し方

## 【洋室の場合】

**1** お盆をいったんテーブルの端かサイドテーブルに置く。

↓

**2** お客さまから見て右から順におしぼり、お茶、お菓子と並べる。

## 【和室の場合】

**1** お客さまの脇の畳の上にお盆を置く。テーブルの上にはのせない。

↓

**2** おしぼりを最初に出す。それから、お客さまから見て右にお茶、左にお菓子を出す。

NG!
これはタブー

### 器が濡れている

お茶をこぼしてしまった場合は、出すときにふきんでふきます。お盆の上にきれいなふきんを用意しておきましょう。

### お茶をつぎ足す

おかわりは、茶托ごと下げ、湯のみをすすいでからいれ直します。お茶のつぎ足しはNGです。

Visit

# お見送りのしかた

これが大事！

- ☑ 見送りはもてなしの締めくくり
- ☑ 一度は引き留めるのがマナー
- ☑ 姿が見えなくなるまで見送る

## 見送りは玄関の外に出て姿が見えなくなるまで

お客さまがおいとまを切りだしたら「お茶をもう1杯いかがですか」などと、いったん引き留めるのが礼儀です。ただし、引き留めることが相手の迷惑になるようなときは「もう少しゆっくりしていただきたかったのですが……」と、名残惜しさをにじませるとよいでしょう。見送りは、もてなしの総仕上げ。「終わりよければすべてよし」を肝に銘じてふるまいます。

### 感じのよい見送り方

【玄関では】

お客さまの訪問やおみやげに対するお礼を手短かに伝えます。

【マンションの場合】

通常は、エレベーター前まで送り、相手が乗り込んだら、「ここで失礼させていただきます」と頭を下げます。車での来訪は、駐車場まで見送ります。

【戸建ての場合】

玄関先、もしくは門まで出て見送ります。お客さまの姿が見えなくなるまでその場に立ち、ていねいに見送りましょう。

Check!

ここが重要！

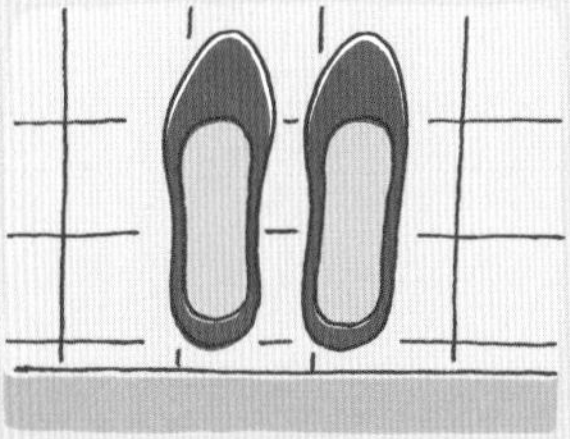

### 靴は両足の間を少し開けておく

　お客さまの靴は、玄関の中央に、足が入れやすいように左右を少し開けて置いておきます。必要なら靴べらもわかりやすい位置に。年配の方やブーツの方には、安定のよいスツールなどを用意すると親切です。

### コート類は着やすいように広げて渡す

　お客さまが靴をはき終えたら、コートを渡します。その際は「どうぞここでお召しください」とすすめ、袖を通しやすいように広げて差し出します。年配の方には、さりげなく身支度のお手伝いをします。

NG!

これはタブー

### すぐ門灯（玄関灯）を消す

お客さまが玄関を出たとたん、門灯を消したりするのは非常に感じの悪いものです。忘れ物に気づいてお客さまが引き返すこともありますから、しばらくはつけておきます。

### 音をたてて施錠する

玄関でていねいに見送られたとしても、ドアを閉めるや否やカギを閉める音がしては興ざめです。タイプにもよりますが、施錠の音は意外に大きいので気をつけます。

# もてなしマナーの迷いごと

お客さまを不快にさせず
もてなしたいけど
こんなときどうする？

## Q ホームパーティーにふさわしい料理は？

**A** ホームパーティーなどで料理にかかりきりでは、お客さまと話す時間がなくなってしまいます。事前に作り、すぐに出せる料理が1～2品あると便利。オーブン料理や煮込み料理など、多少その場を離れても問題ないものはメインにするのがおすすめです。いちばんのポイントは、作り慣れている料理を作ること。はじめての料理はアクシデントが起きる可能性もあります。ゲストの好き嫌いや、アレルギーなどを聞いておくと、メニュー決めの参考にできます。

## Q お茶は来客の目の前でいれてもよい？

**A** 正式には、お茶は来客の前でいれるものとされます。湯が沸いたポットやお茶をいれるセット、お湯こぼしの器、ふきんなどはあらかじめ用意しておきます。お盆の上でお茶をいれたら、茶托にのせて出します。湯のみは、ふたつきのものがよいでしょう。なお、キッチンでいれてから運んでも失礼ではありません。

【来客の前でお茶をいれる場合】

1 お茶をいれるときはお盆の上で。

2 茶托にのせて出す。

**Q 手みやげのお菓子は出したほうがいい？**

**A** ケーキやフルーツなど、すぐにいただけるものは、別室で盛りつけてお出しします。そのほうが持参した側もうれしいものです。その際、「おもたせですが、とてもおいしそうなので……」などとひと言添えます。

**【手みやげをいただいたら】**

**ケーキ・フルーツ**

別室で盛りつけてお客さまといっしょにいただく。

**Q 花をいただいたらすぐに飾るべき？**

**A** 生花は、すぐに生けて客間に飾るのがベスト。ただ、花器を用意したり、アレンジしたりと手間がかかることは否めません。無理であれば、ひとまず水に放っておき、帰り際にていねいにお礼を述べるとよいでしょう。

**生花**

できればすぐに生けて客間に飾る。無理なら水に挿しておく。

**Q 下座でも眺めがいい席なら案内ＯＫしても？**

**A** 席次はあくまでも一般的なルール。お客さまに一番すすめたい席は、その家によって異なります。一般的には上座でも、家具の配置などでお客さまが座りにくい席もあるでしょう。その場合は、「本当なら上座へご案内すべきですが、こちらのほうが眺めがよいので」「こちらの椅子のほうが座りやすいと思いますので」と一言添えて、案内します。年配者などは、和室の客間よりもダイニングの椅子のほうが座りやすいということもあります。

**Q 予定のない訪問客は断ってもOK?**

**A** 約束のない訪問は原則的には、断って問題ありません。「せっかくですが、これから出かける予定があるので……」と伝え、「○日なら」と別の日程を提案するとよいでしょう。

**Q お客さまが思ったより長居だったら?**

**A** 相手がなかなか帰るそぶりを見せない場合は、こちらから切り出します。「お話がはずんでしまってうっかりしていましたが……」と自分が時間を忘れていたことにして、「○時に歯医者の予約があるので」「そろそろ子どもが帰ってくる時間で騒がしくなりますので」と次の予定があることを伝えます。外出の予定があるなら、「○○までごいっしょしませんか」と、同時に家を出るように提案すると相手も帰りやすくなります。

**Q お客さまを泊めるときの心づかいは?**

**A** 自宅へ宿泊することがあらかじめわかっているときは、お客さまにひと部屋を提供し、自由に使ってもらうようにします。寝具は客用があればそれを使い、清潔なシーツやカバーをかけておきます。洗面用具や寝間着も整えておくとよいでしょう。

　自宅に宿泊してもらうスペースがないときは、近くのホテルなどに部屋をとりそちらへ案内するようにします。なお、ホテルなどを利用したときの宿泊費用は、招いた側が支払うのが原則です。

# 7章

# 日常生活でのマナー

社会を構成するひとりひとりが少し気を配るだけで、だれにとっても過ごしやすい社会になります。一般的なマナーを押さえておきましょう。また、ご近所や親戚、友人とのおつき合いも大切です。お互い気持ちよく、でも無理をせずつき合うためのマナーを心得ておきましょう。

Daily

# ご近所とのおつき合い

これが大事！

- ☑ 最低限のルールとマナーは守る
- ☑ プライバシーを尊重してつき合う
- ☑ 自分から地域になじむことも大切

## ルールとマナーを守れば生活のクオリティが上がる

毎日を快適に過ごすためには、近所づき合いは避けて通るわけにはいきません。他人とは関わりたくないという場合でも、最低限守らなければならないことがあります。それは居住地のルールとマナー。ルールはゴミ出しなどの決まりごと、マナーはあいさつなどの基本的礼儀です。単身者でも家族でも、この習慣がご近所とのよい関係をつくるベースになります。

## ご近所づき合いのコツ

### ・うわさ話はスルーする

近所の人のプライバシーに関するうわさや陰口は、言わない・聞かないのが原則。うわさ好きの人の話は、あたりさわりなくスルーすることも必要です。

### ・地域のルールを守る

問題になりやすいのがゴミ出しのルール。引越し直後はとくに注意します。町内会のルールにも気を配りましょう。

### ・地域になじむ努力も必要

はじめての土地なら自治会に加入するのもおすすめ。単身者世帯でも、防災・防犯に役立つ地域の生活情報は大切です。

### ・あいさつは先手必勝

あいさつはおつき合いの基本です。相手が大人でも子どもでも、同じように自分から進んであいさつしましょう。

Check!

ここが
重要!

## 家庭から出る「におい」には気を配る

家庭内の無臭化が進んだ現在、においの許容範囲はせばまっているとか。生活臭の3大トラブルはゴミ・ペット・タバコ。マンションなどでは、ベランダからのにおいが周囲に拡散するので、ベランダ喫煙、生ゴミ放置、家庭菜園の肥料などには要注意です。最近は、洗濯物の柔軟剤のにおいも、トラブルになることがあります。

## 生活音は「おたがいさま」の気持ちも大切

音に関する感受性は個人差があるので、自宅の生活音や楽器の練習音などには敏感であるべきです。深夜・早朝には音を出さないのが原則です。ご近所とは日ごろからあいさつを交わし、家族構成などを伝えておきましょう。そうすることで、相手の音に寛容になることが多いとされます。「うるさい」よりも「お互いさま」の精神です。

How?

こんな
ときは?

## 「迷惑してます」をうまく伝えたいときは?

ご近所への苦情は、申し立てるよりもお願いするスタイルのほうが角が立ちにくいもの。直接相手に怒鳴り込むなどはもってのほかです。まずは、やんわり伝えます。改善されない場合は、言葉をかえて何回も「お願い」しましょう。自治会の世話役などから伝えてもらうこともひとつの手です。

多少でも改善されたら「お気づかいありがとうございます」とひと言添えれば、逆恨みされることもないでしょう。

集合住宅では、管理人などを通して伝えるほうがベターです。

Daily

# 子ども関係のおつき合い

## パパ友・ママ友は期間限定。ゆるく接して、ストレス回避

子どもを通じたつき合いを大変にしないコツは、わが子可愛さのあまりに無理をしないことと、比較しないこと。子どもができると、パパやママには1か月健診を手始めにさまざまなデビューが待ち構えていますが、そのつど交友関係に気をつかっていては疲れ果てます。わが子をしっかり見守り育てる決意が第一。パパ友・ママ友とはゆるいおつき合いでOKです。

これが大事！

- 子ども同士を比較しないようにする
- パパママづき合いはゆるい関係でよい
- 小学生以上は友人関係も把握する

## 関係別のつき合いのコツ

### 【園や学校】

担任との関係が良好だと子どもも安心します。都合が許せば、園や学校行事のお手伝いにも積極的に参加し、オープンにおつき合いしましょう。お互いが協力する姿勢が子どものためです。

### 【パパ友・ママ友】

同年代の子がいるパパママは、子育ての仲間として心強い反面、共通点が子どもだけなので、親密になると息苦しくなることも。つき合いきれないときはうまく断る術を持ちましょう。

### 【習いごと先】

特別なおつき合いは必要ありませんが、講師の先生にお中元やお歳暮、発表会の際の謝礼などを贈ることもあります。同じ先生についている生徒さんに聞いてみてもよいでしょう。

### 【ご近所】

子どものふるまいが原因で、人間関係がギクシャクすることもあります。子どもといえども社会の一員。守るべきルールなどは、小さいうちからきちんと教えましょう。

How?
こんなときは?

## 子ども同士のケガの対応は?

大きなケガを負わせてしまった場合は、子どもといっしょにできるだけ早めに先方に出向き謝罪します。補償問題にもなるので、誠意をもって適切に対応します。小さなケガの場合、園や学校側がお互いの名前を明かさないこともありますが、ケガをさせてしまったことを知ったら、すぐに先方へ電話を入れ謝罪し、ケガの様子を確認しましょう。状況によっては子どもと出向いて謝罪します。

自分の子がケガを負ってきたときは、冷静に話を聞き、園や学校に相談します。

## 子どもがいじめられていたら?

子どもも話しにくいでしょうが、「あなたのことは私たちが必ず守る」と伝え、親は絶対的な味方であることを知ってもらい、安心させましょう。そのあとに、冷静に子どもの話を聞きます。「いつ、どこで、誰に、どのようにされたのか」をできるだけくわしく聞き、書き留めます。学校への相談は、文書で行うとお互い冷静に対話ができます。解決まではケースバイケースですが、子どもが苦痛に感じているなら、学校を休ませるなど、まずはその状況から解放してあげましょう。

Check!
ここが重要!

## 断りたい誘いは即答しない

気の進まないお誘いを受けたら、その場で返事をしないのがポイントです。「面白そうだけど、上の子のサッカーの予定があるかも」など、家族を理由にすると角が立ちません。後日、「確認したけど、どうしてもずらせない予定が入っていて」と、都合がつかなかったことを伝えます。

Daily

# 実家・親戚とのおつき合い

これが大事！

- 親戚づき合いは4親等までが目安
- 帰省時には積極的に手伝いをする
- 行事の費用は基本的に折半する

## 一生続くおつき合い。よい関係を続けるために

ひと昔前なら、実家や親戚が苦境におちいったときは、自らを犠牲にしてまでも助け合うことがありました。しかし現在では、そこまで求めたり求められる関係は少なくなっています。相手の負担になるようなことは避けるのが、つき合い上の暗黙のルールとなっているからです。親戚でも、プライバシーを保ったつき合いが求められます。

## 実家・親戚づき合いのコツ

### 【自分の実家・親戚】

**・冠婚葬祭への出席**

相手側の場合と同じバランスで考えますが、招待状がきた場合はなるべく出席します。

**・行事の費用**

きょうだい同士では折半が基本ですが、念のため事前に確認しましょう。

**・帰省時のふるまい**

自分の実家だからと羽を伸ばしすぎるのはNGです。きょうだい夫婦が同居の場合はきょうだいの配偶者を気づかい、家事をかわるなどの配慮を。介護などで親が世話になっているなら、ほかのきょうだいといっしょにお礼を渡すなどの気づかいも必要です。

### 【配偶者の実家・親戚】

**・冠婚葬祭への出席**

4親等以上の親族なら夫や妻と相談します。招待状がきた場合はなるべく出席を。

**・行事の費用**

慶事・法事などの費用は基本的に折半しますが、念のため事前に確認しましょう。

**・帰省時のふるまい**

両親および同居家族へのおみやげは必ず用意します。親族が集う場合は、その分の手みやげもあると喜ばれます。滞在中はお客さま気分はNG。できる範囲で家事を手伝い、長期の滞在になるときは、お礼（現金や商品券）を渡す配慮も必要です。

HOW?

こんなときは?

## 慶弔のおつき合いはどこまで?

親戚同士での結婚式やお悔やみごと、そのほか冠婚葬祭のおつき合いは、両親が健在であれば両親の意見に従うほうがよいでしょう。自分の判断が問われる場合は、4親等までが一般的な親戚づき合いの範囲とされます。相手からお祝いなどをもらったら、親等にかかわらずお返しをします。

## 親戚から借金を申し込まれたら?

余裕が十分あるのなら援助してもよいですが、返ってこなくても家計上、問題のない範囲に。ただし、家計は夫婦のものですから、配偶者の合意が必要です。貸す際は、身内といえども借用書を交わし、返済期限も定めておくべき。余裕がない場合は精神的に支えるなど、できる範囲でのサポートを。

## 口うるさい親戚への対応は?

うるさい親戚でも波風たてずにつき合いたいもの。親戚が集まる場では、「いろいろ勉強になります」と持ち上げておきましょう。実際の決断は「私どもにも事情がございまして」と、自分たちの考えを優先してかまいません。葬儀など地域のしきたりを重んじるものは、意見に耳をかたむけるのが賢明です。

## 夫実家に同居で帰郷される側。負担を減らしたい

実家のお嫁さんが帰省したきょうだい一家の面倒をみるというのは、ひと昔前の家族観。少子高齢化の現代では、緊急時はサポートし合うけれどふだんはお互いに負担をかけない、というつき合い方が望まれています。夫からきょうだいに話してもらい、妻の負担を軽減する工夫をすべきでしょう。

NG!

これはタブー

## 子どもの前でのかげ口

義父母のかげ口などは、子どもの口から必ず伝わってしまうので、要注意です。

## 配偶者を呼び捨て

配偶者の実家や親戚の前で相手を呼ぶときには、「○○さん」と名前にさんをつけます。

# 友人とのおつき合い

これが大事！

- ☑ 金銭貸借の保証人は早い段階で断る
- ☑ SNSでの非難応酬は絶対NG
- ☑ 依存しない、されない関係を目指す

## 「親しき中にも礼儀あり」の心持ちが大切

長いつき合いの友人であっても、節度ある態度を保つことが大切です。「友達なんだからこれぐらいのことは」という甘えや「私をピンチから救ってくれるよね」などというもたれかかりは慎むべき。もたれかかりが高じた依存が、深刻なトラブルの原因になることもあります。シンプルに、長く、無理なくつき合ってこそ、大人の友人同士といえます。

NG!

### これはタブー

**遅刻やドタキャンが定番化**

待ち合わせに毎回遅刻してくる人や約束のドタキャンに罪悪感のない人は、信頼度が下がるだけです。

**ネガティブトーク**

仕事の愚痴や、その場にいない友人の悪口は、聞かされるほうもうんざりしてしまいます。

**年齢で決めつける**

大人なら世代の違う友人もできてきます。「私おばさんだし」と自虐的になったり、相手の年齢をからかったりするような会話は避けましょう。

## 友人の友人と気が合わない

気の合わない人とは、なるべくいっしょにならないようにふるまいます。ただし、あくまでもさりげなく。あなたのお友だちも、それとなく気づくのではないでしょうか。もし、気の合わない理由をたずねられたときは、言葉をにごしておくほうがよいでしょう。

## 身元保証人を頼まれたら？

保証人には単なる「保証人」と「連帯保証人」があります。保証人の場合は、支払い請求を受けても、契約者本人に支払い能力があれば、それを強く主張できます。連帯保証人の場合は、契約者と同等の責任があり、契約者本人に支払い能力があっても、請求を受けたら支払いの義務が生じます。金銭貸借の保証人は、早い段階ではっきり断りましょう。万が一のことがあると自分の家族を巻き込んでしまうこともあります。

## 女子会が苦手でうまく断りたい

仕事を理由に断っていると、「忙しい人」と認識されお誘いが減ってくることも。断るときはすぐに返事をせず、時間をおいて「残念だけど、どうしても都合がつかない」というニュアンスにすると相手も納得しやすくなります。急な誘いには、「今日は母から電話が入る予定」など家族を理由にするのもおすすめです。

## 気の合わない友人と距離を置きたい

「友人と離れたい。でも意思表示ができない」という悩みは、最近とても増えています。がまんしながらうわべだけのつき合いを続けるのはストレスの元。しかし、突然無視したり音信不通にしたりでは、相手を傷つけます。大人なら対応を徐々に淡白にしていき、最終的にフェードアウトするのがベターです。理由などは、他人に口外しないほうが賢明です。

**【保証人と連帯保証人の違い】**

債権者（お金を貸した側）は、連帯保証人には契約者と同じようにいつでも支払い請求ができる。一方、保証人へは、契約者の支払い能力が完全にゼロの場合にしか請求できない。

Daily

# デジタルコミュニケーションのマナー

これが大事！

- ネットは公共の場と心得えて利用を
- 個人が特定される情報は公表しない
- デマやフェイクニュースに注意する

## 危険から身を守ることを第一に考えて利用する

スマートフォンのアプリで簡単につながることができるSNSは、家族や友人とのコミュニケーションでも欠かせないものとなっています。近況報告や情報交換、写真の共有など、誰でも気軽にできるものだからこそ、マナーを守りたいもの。さらに、ネットの危険からも身を守る意識をもつことも大切です。賢く楽しむルールを知っておきましょう。

NG! これはタブー

吉田さん！お久しぶり
ケントくんは元気？
会社の上司が○○○○でひどいやつで…
SNS

### グループトークで個人会話

グループのタイムランで、特定の人同士が個人的な話題で盛り上がるのは迷惑です。

### 本名での呼びかけ

本名を非公開にしている人へのコメントに、本名で呼びかけるのはNGです。家族の名前も書込み厳禁。

### かげ口の投稿

悪口・かげ口・誹謗中傷はNG。投稿が拡散すると多くの人が見ることになり、匿名でも名誉毀損で訴えられる可能性があります。

### 画像の無断転載

ほかの人が投稿した写真や絵を自分の端末に保存し、それを自分の投稿に使用するのは著作権の侵害です。

## 危険を避けるSNSとのつき合い方

### ・友だちつながりは慎重に

見知らぬ人はもちろん、いまは交流のない同級生なども、相手がつながりを求める目的は不明です。自分だけでなく自分とつながる人へも迷惑をかけてしまう可能性があります。つながるのは、信頼できる人、情報を共有してもいい人だけにします。

スしぶり!

### ・情報拡散は出元を確認して

よかれと思って拡散した情報がデマだったり、犯罪の手助けになっていたり。一般人がフェイクニュースを見抜くのは容易ではありません。有益に思われる情報も、情報源が不確かなものは無視がいちばんです。

### ・写真を勝手に公開しない

友人や家族が写っている写真を無断で投稿するのは厳禁。ネットに上がった顔写真が悪用される事例はあとを断ちません。その危険性もしっかり認識を。「これぐらいなら……」はNGです。

### ・人物以外の写真も注意する

生活圏内や職場の情報などが写り込んでいる写真は、個人を特定されてしまうことがあります。位置情報がオンになっていると、気づかぬうちに投稿場所が公開されてしまうこともあるので設定状況の確認をしておきましょう。

○○町○丁目
近所のネコは今日もかわいい…!!
投稿

HOW?
こんなときは?

### 既読無視の状態は居心地が悪い……

既読状態が相手に悪いと思い悩むなら、プッシュ通知をオフにしておきます。相手の投稿がわからなければ、つい見てしまうこともなくなります。

一方で、相手の既読には寛容になることが必要です。どうしても相手の既読無視が気になるなら、お互いに、すぐに返信できないときのためのルールを決めておくのも一案です。

### SNSのグループを抜けたいときは?

グループを抜けると、タイムラインに退出（退会）が表示されます。報告もなく突然抜けられると、残された人たちも不安です。抜ける前に、「仕事が忙しくスマホのチェックも滞りがちなので、しばらく抜けさせてください」「なかなか返信できずすみません。迷惑をかけるといけないので、いったん抜けます」とグループがいやになって抜けるわけでないということを伝えると、角が立ちにくくなります。

# 社会生活での基本マナー

## 相手を思いやる気持ちからマナーが生まれる

社会にはさまざまな考えの人たちが、それぞれのやり方やルールをもって暮らしています。その場限りのルールなども多くありますが、どんな場でも大切なのは相手の気持ちを想像する力をもつこと。自分の行動で相手が不快にならないか、迷惑をかけることはないか思いをめぐらせましょう。良好な関係を築くマナーは、相手を思いやる気持ちから生まれます。

## 公共の場でのマナー

### ・歩きスマホは要注意

街の中では、歩きながらスマホを見ている人も多いですが、急に立ち止まったり、すれ違う人とぶつかったり、思わぬ行動で周囲が戸惑うことも。事故を防ぐためにも、必要なときは端に寄り、立ち止まって利用しましょう。

### ・タバコは喫煙所で

タバコを持つ手の位置は、子どもの顔やベビーカーの高さに近く、小さい子が火の危険にさらされます。路上喫煙を禁止している自治体もありますが、そうでないエリアでも原則、歩きタバコはやめましょう。タバコは喫煙所で吸うのがマナーです。吸い殻のポイ捨てはもってのほか。

### ・自転車は車の仲間と心得て

自転車は自転車通行可の標識がある場所以外は、原則、車道を走ります。車道では左側通行を、止むを得ず歩道を走るときは、車道寄りをすぐ停止できるスピードで。飲酒、かささし、無灯火、ながら運転は道路交通法違反になります。

※2023年の道路交通法改正により、すべての自転車利用者のヘルメット着用が努力義務化されました。

これが大事！

- ☑ 公共の場では危険な行為を避ける
- ☑ お客さまは神さまではない
- ☑ ペットのマナーは飼い主の責任で

# お店や宿泊施設でのマナー

## ・店員と客は同等と心得る

高級店でもコンビニでも、客だからといって態度を変えるのは下品です。「お願いします」「ありがとうございます」と基本的なあいさつをはじめ、どんな場所でもていねいなコミュニケーションをとることがマナーです。

## ・どんな商品もていねいに扱う

当然ですが、商品はお金を出して買うまで自分のものではありません。価格や商品の質にかかわらず、手に取るときや試着の際はていねいに扱います。とくに革製品は傷や汚れがつきやすいため、「見せていただけますか」とひと声かけるのがマナー。

## ・手に取ったものは元の場所へ

手に取った商品は、もとの位置に戻すようにしましょう。スーパーなどでも同じです。フロアが違う、店内が広いなど、どうしても戻すのが大変な場合は、「もとの棚に戻していただけますか」と店員さんにお願いします。

## ・持ち帰りできるのはアメニティーのみ

浴室に置かれているシャンプーやリンスなどのアメニティー用品は、使わなければ持ち帰っても問題ありません。ただし、タオルやガウンのような備品は持ち帰り厳禁です。備品のタオルをビーチで使うのもNGです。

NG!
これはタブー

### 商品の無断撮影

店内での撮影を禁止しているお店は多いもの。買うものを迷って家族に相談したいなど、理由がある場合は必ずお店側に許可を。本や雑誌の中身を撮影するのは「デジタル万引き」とも言われ、モラルが問われます。

### 宿泊者以外の入室

原則として、ホテルでは宿泊者以外の人が部屋に入ることは認められていません。スイートルームなどのようにオフィスや別室が複数ある場合は可能です。来客とはホテルのロビーやラウンジで会うようにします。

# ペットのマナー

## ・散歩中のゴミは家庭で処分を

　ペットとの散歩では、フンの始末をするのは当然です。ただし、その始末したゴミをコンビニや公園のゴミ箱に入れるのは絶対にNG。ペットのゴミは家庭のゴミとして持ち帰り、適切に処分するのが飼い主のマナーです。

## ・ペット連れはエレベーターに注意

　ペット可の集合住宅も増えていますが、住民全員がペットを飼っているところばかりではありません。なかには動物が苦手な人がいることも。ペットといっしょのときには、エレベーターに人がいたら遠慮するなどの気づかいを。

## ・小型犬でもリードをつけて

　普段はおとなしい犬でも、何かの拍子に興奮し、人に飛びつく危険性があります。どんな犬でもリードは必須です。さらに、人通りの多い場所では、リードを短くするか、抱きかかえて通行する配慮が必要です。

Check!

ここが重要！

### 猫をペットにするなら室内飼育で

　猫は室内飼いが推奨されています。事故や感染症予防のメリットが大きく、室内のみの活動なら近隣へ迷惑をかけることもありません。室内飼いでも避妊去勢手術をすると、発情やマーキングがなくなり、猫も飼い主もストレスが減ります。

# 8章

# ビジネスのマナー



ビジネスの場では、上司や先輩など目上の人、部下や後輩など目下の者、取引先やお客さまなど、相手によってマナーやルールが変わってきます。基本的なビジネスマナーを身につけ、人とのコミュニケーションを大切にしながら、円滑にビジネスを進めていきましょう。

Business

# 職場でのあいさつのマナー

これが大事！

- あいさつ・おじぎは社会人の基本
- おじぎは角度で意味が変わる
- 「ながら」のあいさつは絶対NG

## あいさつは人間関係の基本。誰とでも気持ちよく交わす

あいさつは人間関係を円滑に保つうえで欠かせないもの。とくに職場ではあいさつがきちんとできることが常識とされ、業務の評価に影響することもあります。誰に対しても、自分から積極的にあいさつしましょう。

また、あいさつとともに欠かせないおじぎにもパターンがあります。適切なおじぎができるよう覚えておきましょう。

### おじぎの種類

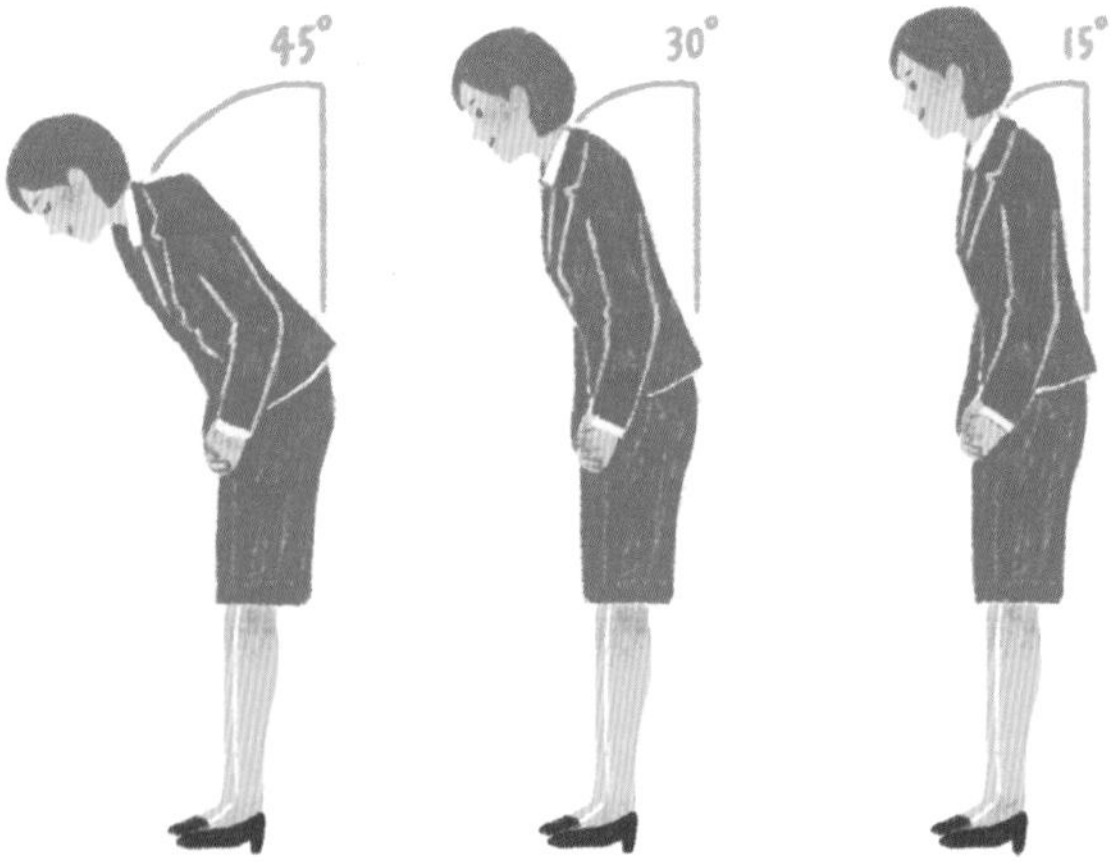


**角度45度の最敬礼**

謝罪するとき、感謝の気持ちを示すときなど。

**角度30度の敬礼**

社外の人に会うとき、お客さまに会うときなど。

**角度15度の会釈**

朝のあいさつ、社内で人とすれ違うとき、仕事の指示を受けるときなど。

# 一般的な社内あいさつ

## 【指示されたとき】

かしこまりました

承知しました

業務中に呼ばれたら「はい」と返事して、業務の手を止め、相手の元へ行きます。

## 【社外の人・来客へ】

お世話になっております

いらっしゃいませ

社外の人やお客さまを見かけたら、会社を代表するつもりで、自分から明るく声をかけます。

## 【離席・外出のとき】

食事へ行ってきます

△△社へ行ってまいります

周囲の人に行き先を告げます。社内ルールに従って、行き先・帰社予定時間などを書き残します。

## 【退社のとき】

お疲れさまでした

お先に失礼します

誰かが退社するときは「お疲れさまでした」。自分が退社するときは「お先に失礼します」。

## 【出社したとき】

おはようございます

社内の誰と会っても、自分から明るく気持ちよくあいさつします。

## 【席に戻ったとき】

ただいま戻りました

周囲の人に戻ったことを伝えます。

NG! これはタブー

### 特定の人にしかあいさつしない

会社はさまざまな部署や年齢・役職の人たちで成り立っています。「上司にはあいさつするが同僚にはしない」「男性にはあいさつするが女性にはしない」といったアンフェアな態度は厳禁です。

### 「ながらあいさつ」をする

スマホを見ながらする、パソコンの画面を見ながらするといった「ながらあいさつ」は相手に対して失礼です。あいさつは、相手の目を見ながら交わすのが基本のマナーです。

Business

# 敬語とクッション言葉

これが大事！

- ☑ 敬語には5つの種類がある
- ☑ 話す相手により使う敬語が変わる
- ☑ クッション言葉をうまく使う

## 敬語が使いこなせないと社会人として認められない

仕事の場に欠かせないのが敬語です。敬語が正しく使えないと知らず知らずのうちに相手に失礼なことを言ってしまい、社会人として未熟と見なされてしまいます。

敬語には尊敬語、謙譲語、丁重語、ていねい語、美化語という5つの種類があり、どれが欠けてもおかしな日本語になってしまいますので、一つひとつ覚えて使いこなせるようになりましょう。

## 言いにくいことはクッション言葉を使って

敬語と同様にビジネスの場でよく使われるのが「クッション言葉」です。クッション言葉は、依頼・謝罪・断りなど、言いづらいことを伝えるときに便利で、通常の言葉につけ加えることで、ていねい感が増してきつい印象をやわらげてくれます。とくに謝罪の場合は、上にも下にもクッション言葉をつけると、やわらかく丁重な印象を与えます。

## 一般的な表現の言い換え

| 一般的な表現 | 言い換え表現 |
| --- | --- |
| ありません | ございません |
| いません | おりません、席を外しております |
| 知りません | 存じません |
| わかりません | わかりかねます、判断しかねます |
| できません | いたしかねます |
| 了解です | 承知しました、かしこまりました |

日常ではよく使う表現でも、お客さまや社外に使ってはいけない言葉があります。言い換えができるようにしておきましょう。

# 覚えておきたいクッション言葉

## 【お願いするとき】

クッション言葉をつけ足すと、相手に唐突な印象を与えずにすむ。

〔例〕当社へお越しいただけますか？
▶おそれ入りますが、当社へお越しいただけますか？

- おそれ入りますが〜
- お手数ですが〜
- 申し訳ございませんが〜
- よろしければ〜
- ご面倒をおかけしますが〜
- ご迷惑をおかけしますが〜
- 差し支えなければ〜
- 大変恐縮でございますが〜

## 【質問するとき】

相手の気持ちに配慮していることを伝えつつ、必要なことを聞き出す。

〔例〕お電話番号を教えていただけますか？
▶差し支えなければ、お電話番号を教えていただけますか？

- 失礼ですが〜
- 差し支えなければ〜
- うかがいたいことがあるのですが〜
- おたずねしてもよろしいでしょうか

## 【断るとき・謝るとき】

ひと言つけ足すと、申し訳ない気持ちを相手に伝えながら断ることができる。

〔例〕○○は在庫切れとなっています
▶申し訳ございませんが、○○は在庫切れとなっています

- せっかくですが〜
- 大変申し訳ございませんが〜
- 大変残念ですが〜
- 大変恐縮ですが〜
- 身に余るお言葉ですが〜
- 申し訳ございませんが〜
- お気持ちはありがたいのですが〜

NG! これはタブー

### 目上の人へ「ご苦労さま」

「ご苦労さま」は、目上が目下をねぎらう言葉。目下の者からは「お疲れさまです」が正解です。「できますか？」「わかりますか？」も目上の人に対しては失礼な表現です。

### どんなときも「すみません」

お礼を伝えるときは「ありがとうございます」、謝罪は「申し訳ございません」、誰かに声をかけたいときは「よろしいでしょうか」と使い分けられるようにしましょう。

## 敬語の種類

| 敬語 | 特徴 |
|---|---|
| 尊敬語 | 目上の相手に対して、敬意を示す言葉。 |
| 謙譲語 | 自分の行動や状態をへりくだって表現し、相手を立てる言葉。 |
| 丁重語 | 自分の行動などをへりくだって表現し、聞き手に丁重に伝える言葉。 |
| ていねい語 | 文末に「です」「ます」をつけ、ていねいにした言葉。 |
| 美化語 | 名詞に「お」や「ご」をつけ、ていねいにした言葉。外来語にはつけない。 |

## 敬語の使い分け

| 一般的な表現 | 尊敬語 | 謙譲語 | 丁重語 |
|---|---|---|---|
| いる | いらっしゃる、おられる | おる | おります |
| する | なさる、される | いたす | いたします |
| 言う | おっしゃる | 申す、申し上げる | 申します、申し上げます |
| 見る | ごらんになる | 拝見する | 拝見します |
| 聞く | お聞きになる | 拝聴する | 拝聴します |
| たずねる | おたずねになる | うかがう | うかがいます |
| 行く | いらっしゃる | うかがう、参る | うかがいます、参ります |
| 来る | おいでになる<br>お越しになる<br>お見えになる | 参る | 参ります |
| 帰る | お帰りになる | 失礼する | 失礼します |
| 食べる | 召しあがる | いただく、頂戴する | いただきます、頂戴します |
| もらう | お受け取りになる | いただく、頂戴する | いただきます、頂戴します |

# 敬語の基本ルール

## 【謙譲語・丁重語のおもなルール】

### 1 動詞の言い換え

〔例〕言う

私はこう申し上げました

### 2 「お」+「～する」

〔例〕話す

私がお話しします

### 3 「お」+「～させていただく」

〔例〕話す

私がお話しさせていただきます

### 4 へりくだる言葉に置き換える

自社 ▶ 弊社　小社
自分が書いた文章 ▶ 拙文《せつぶん》

## 【美化語のおもなルール】

### 1 名詞の頭に「お」をつける

手紙 ▶ お手紙
茶 ▶ お茶
電話 ▶ お電話

### 2 名詞の頭に「ご」をつける

あいさつ ▶ ごあいさつ
報告 ▶ ご報告
理解 ▶ ご理解

## 【尊敬語のおもなルール】

### 1 動詞の言い換え

〔例〕食べる

お客さまが召しあがりました

### 2 「お」+「～になる」

〔例〕帰る

お客さまがお帰りになります

### 3 動詞+「れる(られる)」

〔例〕こぼす

お客さまがこぼされました

### 4 動詞+「くださる」

〔例〕話す

お客さまがお話しくださる

## 【ていねい語のおもなルール】

### 1 文末に「です」「ます」をつける

電話 ▶ 電話です

### 2 文末に「ございます」をつける

電話 ▶ お電話でございます

### 3 ていねいな言葉に置き換える

今日 ▶ 本日
昨日(きのう) ▶ 昨日(さくじつ)
明日(あす) ▶ 明日(みょうにち)
今 ▶ ただ今

# 電話の受け方の基本

Business

これが大事！

- ☑ 電話は3コール以内に出る
- ☑ 受けた電話は相手が切るのを待つ
- ☑ 要所要所に決まり言葉を使う

## 3コール以内に出て、必ずあいさつを返す

電話を受けるときは3コール以内に出るのがマナーです。受話器を取って社名を名乗ったら、相手も社名や氏名を名乗るので、必ず「お世話になっております」とあいさつをしましょう。受けた電話は自分から先に切るのは失礼になるので、相手が切ったことを確認してから受話器を置きます。スムーズに電話を受けられるようになると、仕事の幅が広がります。

## 電話応対のマナー

### 【うっかり切ってしまった】

> 先ほどは手違いで
> お電話を切ってしまい、
> 申し訳ありませんでした

相手の電話番号がわかる場合は、すぐにかけ直します。電話番号がわからない場合は、社内の担当者に伝え、対応をお願いします。

### 【すぐ要件に応えられないとき】

次のようにたずねます。

> 少々時間がかかりますので、こちらから改めて
> お電話を差し上げて
> よろしいでしょうか？

### 【よく聞きとれないとき】

> おそれ入りますが、
> 少しお電話が遠いようです
> ので、もう一度おっしゃって
> いただけますか？

不安な場合は相手の言葉を復唱します。

### 【質問に答えられないとき】

> 申し訳ございません。私
> ではわかりかねますので

最初に、自分では答えられないことを伝えます。続いて、次のどちらかの返答で対応します。

❶こちらで調べて改めてお電話を差し上げてよろしいでしょうか？

❷係の者とかわります。少々お待ちくださいませ

合わせて確認　「電話のかけ方の基本」▶ p.216　「敬語の使い分け」▶ p.212

# 電話を受ける流れ

**電話のコールが鳴る**

↓ 3コール以内

「はい。○○商事営業部でございます」

↓ 4コール以上

「お待たせいたしました。○○商事営業部でございます」

↓ 相手が名乗る

「こちらこそお世話になっております」

普段から取引があるのか不明でも、取引があるように接する。

↓ 相手が担当者を指名する

↓ 自分への用件の場合

「はい。土谷でございます」

↓

**用件に対応する**

↓ 自分以外への用件の場合

「高橋でございますね。少々お待ちください」

相手の社名・氏名が聞きとれなかったときは、ここで再確認する。

↓

**「保留」ボタンを押す**

保留で待たせるのは30〜60秒まで。それ以上になりそうなら、かけ直す。

↓ 担当者が出られる場合

「高橋課長、○○化学の瀬川さまよりお電話です」

↓

**取り次ぎ終了**

↓ 担当者が出られない場合

【不在】

「あいにく高橋は外出中でございます。戻りましたら、こちらからご連絡を差し上げるようにいたしましょうか？」

「○時に戻る予定です」と、おおよその帰社予定時間を告げてもよい。それにより、先方の要望が変わることがある。

【電話中・会議中】

「あいにく高橋は電話（会議）中でございます。終わりましたら、こちらからご連絡を差し上げるようにいたしましょうか？」

↓ 先方がかけ直す場合

「申し訳ございません。それではお電話があったことをお伝えいたします」

↓ 伝言を頼まれた場合

「ご伝言を承ります」

↓

**「電話メモ」を作成する**

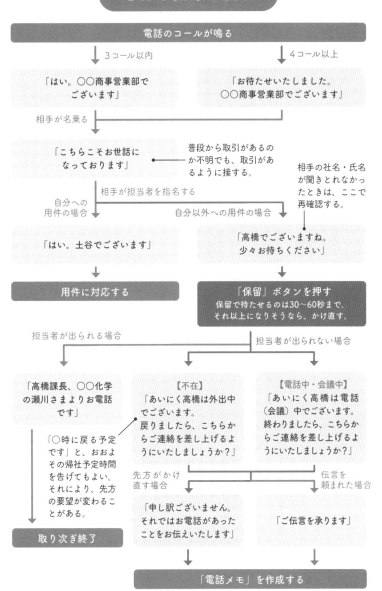

# 電話のかけ方の基本

これが大事！

- ☑ 最初に社名と氏名を名乗る
- ☑ 話すべきことを整理してからかける
- ☑ 重要なことはメールでも伝えておく

## 電話をかけるときの心構え

### 【かける前】

かける側であってもつねにメモを用意しておきましょう。別の電話番号へかけるように案内されたり、新たな展開があるなど、電話をかけたほうにもメモが必要なケースが意外とあります。社内はもちろん、出先からかける場合もできる限りメモを用意しておくと安心です。

### 【かけた後】

電話は声だけで情報を伝えるため、聞き間違いや聞きもらしが起きないとも限りません。間違いがあってはならないことは必ずメールでも共有し、のちのちのトラブルを未然に防ぎましょう。とくに、日時、場所、金額など数字の関係する内容は改めて文字で伝えます。

## 普段より高めのトーンで明るく話すようにする

電話をかけるときは普段の声より少し高めのトーンにして、明るくハキハキと話します。先方は、こちらの顔が見えないので、安心感を与えるために社名、氏名を最初にはっきりと名乗りましょう。

用件は簡潔に、要点を押さえて説明します。説明に必要な資料などをあらかじめ手元にそろえておくと、先方から質問を受けたときにあわてずにすみます。

合わせて確認　「電話の受け方の基本」▶p.214　「敬語の使い分け」▶p.212

## 電話をかける流れ

**資料やメモを用意して電話をかける**

↓ 先方が電話に出る

「○○商事営業部の土谷と申します。いつもお世話になっております」

↓ 先方もあいさつを返す

「仕入部の瀬川マネージャーをお願いいたします」 ― 相手の所属部署と名前、役職名を正確に伝える。

相手が出た場合

「○○商事営業部の土谷と申します。いつもお世話になっております」

↓

**用件を話す**

相手が出ない場合

【かけ直す】「では、後ほどこちらからかけ直します」

【相手からかけてもらう】「では、○○商事の土谷宛てに、折り返しお電話をいただけますでしょうか？」

【用件を伝える】「では、今から申し上げます内容をお伝えいただけますでしょうか？」 ― 万一、伝え忘れなどが生じたときのために、伝言を頼んだ相手の名前をメモしておく。

話が終わったら

「ありがとうございます。今後ともよろしくお願いいたします。失礼いたします」

↓

**電話終了**

NG! これはタブー

### 先方の社名・氏名を間違える

相手の社名・部署名・役職名・氏名などを間違えることは、とても失礼なことです。必ず確認しながら電話をかけます。

### 早朝や深夜に電話をする

早朝や深夜、お昼の休憩時間など、先方が就業時間外と思える時間帯の電話は遠慮します。急用のときは、「朝早くから申し訳ありません」などと、ひと言断ってから。

### 騒々しい場所からかける

駅のホームやにぎやかな店舗の中など騒々しい場所からかけると、相手には聞き取りづらいもの。また、社内なのに背後で私語が聞こえると、相手に与える印象が悪くなります。

Business

# メールやりとりの基本マナー

これが大事！

- ☑ メールには基本の形式があることを知る
- ☑ SNSなどのメッセージとは送り方が違う
- ☑ どのメールソフトでも読めるものを送る

## メールはSNSとは違うことを認識する

友人や家族とは、メールよりもショートメッセージやSNS（ソーシャル・ネットワーキング・サービス）を通してという人も多いでしょう。そのため、少し改まったメールを送るときも、SNSのような送り方になっている人がいます。メールは仕事で使うことが多いため、基本の形式やマナーがあります。ショートメッセージやSNSとは違うと心得ましょう。

## メール送信の基本マナー

- **本文は読みやすさを重視**

ひとつのメールに用件はひとつが原則です。改行、行空けを適宜行い、読みやすさを意識します。書き文字で使わない漢字はメールでも避けます。

- **差出人の情報を入れる**

差出人の情報は、メール本文の最後に署名として自動的につくように設定しておきます。署名には、所属、氏名、連絡先を入れます。

- **添付ファイルはデータ量に配慮を**

写真や書類のデータをメールに添付して送る場合は、３つ以内で５MB程度までに抑えるのが理想です。大容量の添付ファイル送信は、事前に相手に知らせましょう。

- **件名を必ずつける**

件名は内容がわかる簡潔なものに。「こんにちは」「山田です」など、内容が推測しにくいもの、名前だけのものは避けます。

# メールの基本形式

宛先：　nomura-k@tokyoedo.co.jp

CC：　△△△@tokyoedo.co.jp, ◇◇◇@seitho.co.jp

BCC：

件名：　商品の発送のご連絡

株式会社エド東京
乃村様

いつもお世話になっております。
西東商事営業部の土谷です。

3月10日（火）にご注文いただきました○○を
本日、おだまき急便にて発送いたしました。
御社への到着は、明日の午前中を予定しております。
以下に詳細をお知らせします。

---------------------------
商品：○○
数量：60個（30個入り×２箱）
到着予定：３月11日（水）午前指定
伝票番号：10-2345-XXXX
---------------------------

ご不明な点やご質問がございましたら、お気軽にご連絡ください。
どうぞよろしくお願いいたします。

---------------------------
株式会社西東商事　営業部　土谷太郎
住所：〒111-1212　東京都千代田区○○町6-7-8
TEL：03-XXXX-XXXX　／　FAX：03-XXXX-XXXX
Mail:tsuchi@seitho.co.jp
---------------------------

CCに入れるのは、全員に見られても問題ないアドレスの人のみ。

件名は内容がわかるものに。

最初に相手の名前。ビジネスでは所属も入れる。

あいさつの言葉。自分を名乗ればていねい。ビジネスでは「お世話になっております」が冒頭の慣用句。

適宜、行間を空ける。

１行は25～35字程度に。

用件は箇条書きにするなどして、読みやすくする。

署名を入れる。ビジネスでは、社名、部署名、住所なども入れる。

NG!
これはタブー

## CCとBCCの混同

複数の人に同時送信する際、CCのアドレスはすべての人が見られ、BCCは送信者だけが見られるものと覚えておきましょう。個人情報を考慮した使い分けが必要です。

## お詫びをメールだけですます

ビジネスでのお詫びは対面か文書が正式です。状況によっては電話でも許される場合もありますが、メールだけですますのは誠意が感じられません。お礼の場合も同様です。

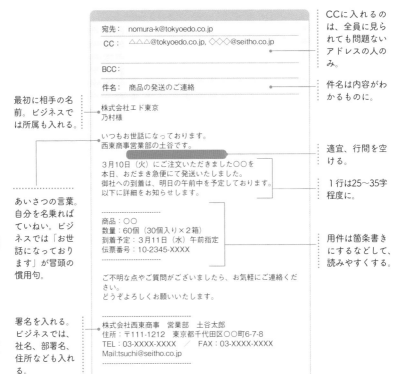

# メールマナーの迷いごと

社外からのメール送信や返信のマナーなどこんなときはどうする？

**Q　仕事相手でも親しい相手なら絵文字はOK？**

**A**　プライベートなメールなら問題ありませんが、ビジネスメールの場合は、親しくしている相手でも絵文字は厳禁です。短いメールでもきちんと文章で送るようにします。

**Q　スマホのアドレスからのビジネスメールはOK？**

**A**　ビジネスメールは職場のパソコンから、与えられたメールアドレスで送受信するのが原則です。外出先で携帯端末からのメールが認められていることもありますが、その場合でも一般には緊急性の高いメールに限るほうが相手も納得します。その際は、「携帯メールから失礼します」とひと言断りを添えましょう。

配慮したいのは、相手がどこに返信したらいいのかをはっきりさせておくこと。その場限りのメールなら、「以後はこれまで通りパソコンのアドレスで対応させていただきます。このメールのご返信はそちらへお願いします」として、通常のパソコンのアドレスを明記しておきます。

**Q　メールの要件を電話で返してもよい？**

**A**　返信の内容によっては、口頭のほうが説明しやすいこともあるでしょう。ただ、メールは記録に残るのがメリットで、相手がそれを重視していることがあります。電話で返信した場合でも、「改めてメールを入れておきます」と伝えて、メールでも返信しておくと安心です。

## Q 身に覚えのないメールが届いたら?

**A** 身に覚えのないメールを受け取ったら、開かずにそのまま削除します。開いてしまっても、メールに記載されたＵＲＬなどは絶対にクリックしないようにしましょう。ウイルスに感染したり、有害なサイトにつながったり、トラブルを引き起こす原因になります。

## Q メールの返信がなかなかこない

**A** メールが必ず相手に届いているとは思わないことです。相手の受信設定によっては迷惑メールとして処理されていたり、通信トラブルを起こしていたりすることも。必ず返信がほしい重要な内容は、電話でも伝えるようにしましょう。

## Q 返信が不要なメールはある?

**A** 「明日の打ち合わせよろしくお願いします」といったリマインダーメールや単なる情報共有メールは、先方も返信不要を想定している可能性があります。ただ、基本的にはどんなメールも返信するのがマナー。送信のお礼と受け取った旨の報告で相手も安心します。返信はできるだけ早くが基本で、遅くとも翌営業日には送ります。すぐに返事ができない場合は、メールを受け取った旨と回答の期日を明記し、とりあえずの返信メールを送ります。

・Business・

# 来客対応の基本マナー

## 受付での応対

### 【アポなしの来客】

約束がなくても、重要な相手であったり、緊急の用件であるケースも。勝手に判断せず、担当者や担当部署に相談します。「書類だけ渡してほしい」と頼まれた場合は書類と名刺を預かり、担当者へ渡します。

### 【担当者が不在】

何かの事情で担当者が不在の場合は、同じ部署の同僚に取り次ぎます。

### 【来客を長く待たせる】

担当者がすぐに顔を出せない場合は、「あいにく○○は会議が長引いております。○分ほどお待ちいただけますか？」と丁重にお願いをします。座って待っていただくのが常識なので、あまり長引くようなら会議室などへ案内します。

## 来客を迎えたら ていねいに対応する

会社に来客があったら、たとえ受付係でなくてもあいさつをして、担当者へ取り次ぎます。来客時の対応は会社のイメージに直結するので、失礼のないようていねいに応対をしましょう。

来客を応接室などへお通しするときは、前を歩いて先導します。来客が着席し、担当者と話がはじまったら、必要に応じてお茶やコーヒーを出します。

これが大事！

- ☑ どんな来客にもていねいに対応する
- ☑ アポのない来客も関係部署に確認する
- ☑ 待たせる場合は座って待ってもらう

合わせて確認 「おじきの種類」▶p.208 「敬語の使い分け」▶p.212

# 来客応対の流れ

来客が到着

来客と目が合った瞬間におじぎをする。

↓

「いらっしゃいませ」「本日はどちらにご用でしょうか？」
「失礼ですが、社名とお名前を頂戴できますか？」

↓ 来客が社名・氏名・会いたい担当者と用件を告げる

「ただいま担当者をお呼びいたします。少々お待ちくださいませ」

↓

内線電話で担当者に来客の来訪を知らせる

社内の担当者に知らせた時点で、アポイントメントがある訪問かどうかがわかる。その後の行動は、担当者の指示に従う。

**社内の担当者が在社している場合**

「ただいま担当者が参ります。こちらでお待ちくださいませ」
「△△にご案内いたします」

↓

担当者が指定した場所へ案内する

↓

「すぐに〇〇が参りますので、お座りになってお待ちください」

↓ 担当者と話がはじまる

社内の慣習に従って、お茶やコーヒーを出す

**社内の担当者が不在の場合**

「現在〇〇は外出しております。お約束はおありでしょうか？」

- アポイントメントがある場合 → 担当者と同じ部署の者へ取り次ぎ、応対を頼む
- アポイントメントがない場合 → 「大変申し訳ございません。あいにく〇〇は不在ですので、改めてお約束のうえ、お越しいただけますでしょうか？」

**社内の担当者から「断ってほしい」と依頼された場合**

「大変申し訳ございません。あいにく〇〇は不在ですので、改めてお約束のうえ、お越しいただけますでしょうか？」

↓

来客が帰る

## 案内するときのマナー

### 【入室のとき】

ドアを開け、「どうぞ」と先に来客を通します。上座を示して、「どうぞお座りになってお待ちください」と伝え、一礼して部屋から出ます。

### 【エレベーターで】

扉が開いたら「どうぞ」と先に来客に乗ってもらい、すぐに自分も乗り込んで行き先ボタンを押します。この間、来客には背を向けないようにします。

### 【歩きながら】

来客の1、2歩ななめ前を歩き、ときどき振り返りながら「こちらです」と方向を指し示すようにします。

Check!

ここが重要!

### 案内時間が長いときは安心感を与える

案内する道のりが長い場合は、無言のままではなく、ときどき振り返り声をかけます。

### 見送りは相手の姿が見えなくなるまで

来客が帰る際、担当者は玄関やエレベーターまで見送るのが基本。30度の敬礼で、来客の姿が見えなくなるまで見送るとていねいです。

#### 【案内時の声かけ】

- 少し距離があるとき
  「この先でございます」
- 段差があるとき
  「足元にお気をつけください」
- 見送るとき
  「本日はお越しいただき、
  ありがとうございました。
  気をつけてお帰りください」

# お茶の出し方

**1** お盆に人数分のお茶と茶托を用意する。

**2** ドアをノックしたあと、返答がなくても、「失礼します」と言いながらドアを開けて入る。

**3** 来客の上座から順にお茶を出し、続いて自社の上座から順に出す。茶托に湯のみを乗せ、相手の右側から差し出して置くのが原則。

**4** お茶を出し終えたら、「失礼します」と言いながらおじぎをし、部屋から出る。

NG! これはタブー

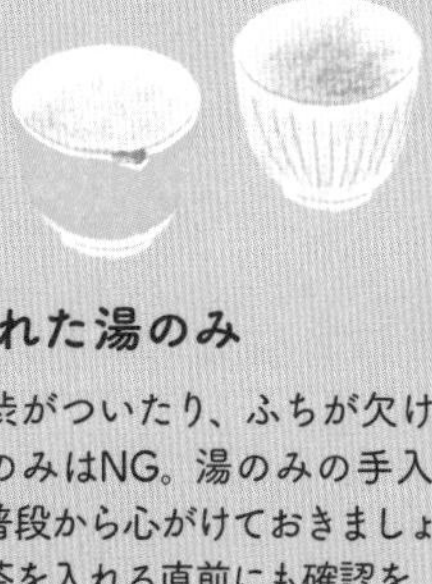

### 汚れた湯のみ

茶渋がついたり、ふちが欠けた湯のみはNG。湯のみの手入れは普段から心がけておきましょう。お茶を入れる直前にも確認を。

### 書類を勝手に動かす

テーブルの上の書類には触れずに、「こちらでよろしいでしょうか」と言って、空いているスペースにお茶を置きます。

Business

# 席次の基本

これが大事！

- 席次はビジネス上の関係を表す
- 基本は出入り口から遠いほうが上座
- 相手の意向があれば臨機応変に対応

## 知らないと恥をかく上下関係を表す席次

席次《せきじ》とは座るべき席を決めたもので、お客さまや役職が上の人が座る席を「上座《かみざ》」、自社の人間や役職が下の人が座る席を「下座《しもざ》」といいます。基本的に、出入り口から遠く部屋の奥になるほど上座です。反対に、出入り口に近い側が下座で、なかでももっとも出入り口に近い席が「末席《まっせき》」です。人に席を案内するときは、間違いのないように注意しましょう。

### 席次の例

【応接室】

ソファセットが置かれた応接室では、長椅子が来客用で、出入り口に遠い位置が上座になります。3人がけのソファは中央が下座。

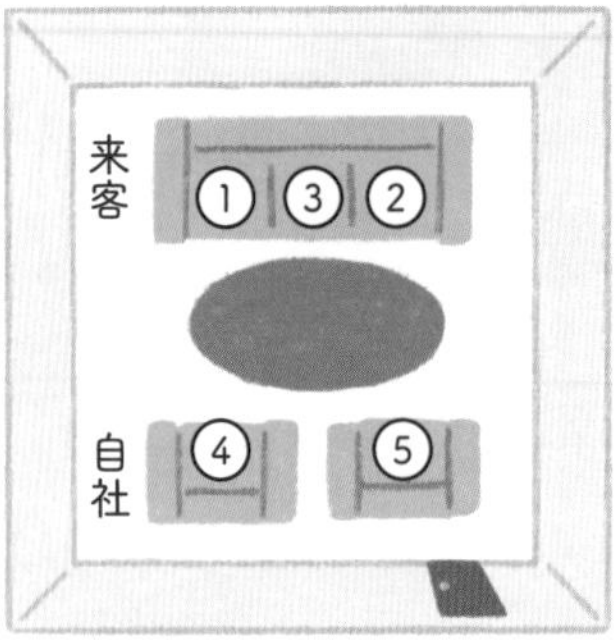


【応接スペース】

同じ室内にオフィスエリアがある応接スペースの場合は、オフィスエリアから遠い側が来客用となります。

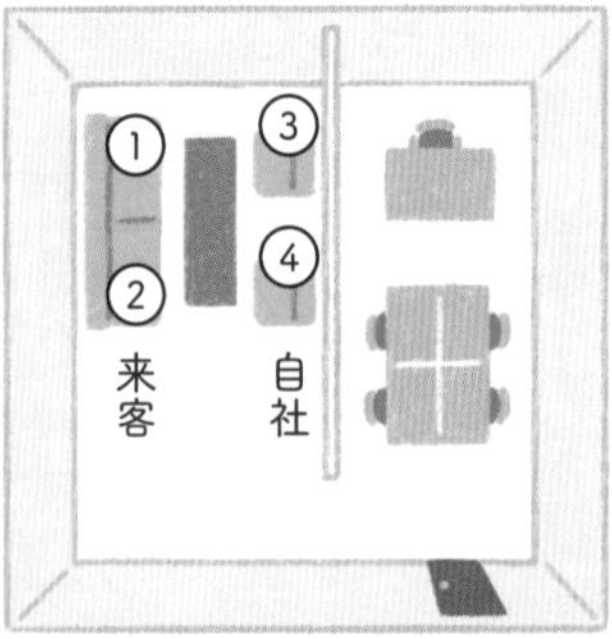

Check!

ここが
重要!

## 席次にこだわらなくてよいときもある

眺めがいい席や冷暖房がほどよい席などがある場合は、席次の通りでなくてもかまいません。「こちらのほうが眺めがいいですから」と声をかけて席をすすめましょう。

## 上座を固辞する来客には臨機応変に

上座をすすめても、来客によっては遠慮して座ろうとしない場合があります。そんなときは無理にすすめず、相手が座りやすい席に座っていただくようにします。

### 【社内の会議の場】

奥の席や議長席に近い席ほど上座です。

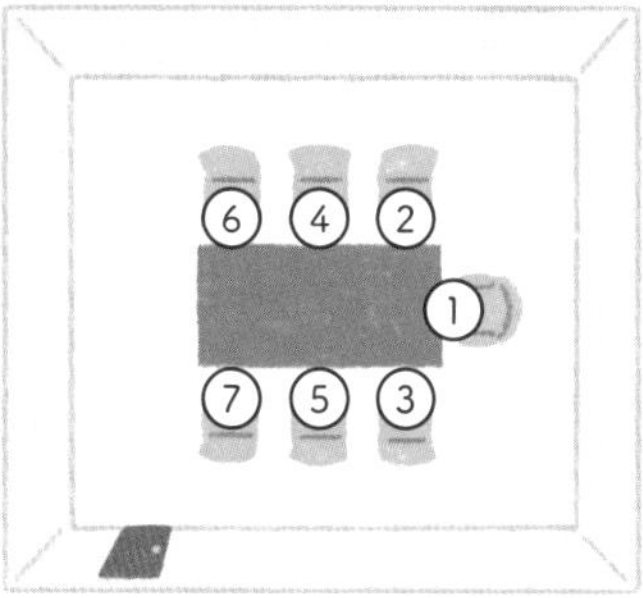


### 【他社との会議の場】

テーブルをはさみ奥側が他社の人です。中心が役職の高い人で、自社側も同様。

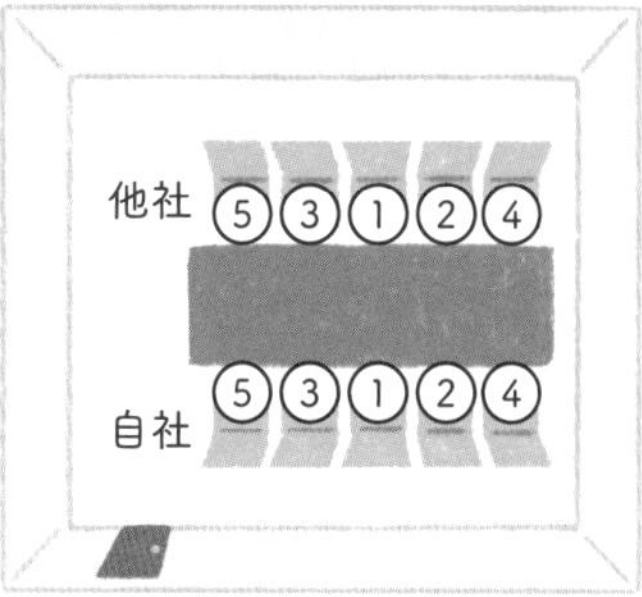


### 【タクシー】

助手席が末席です。後部座席はいちばん奥が上座で、次は反対のドア側。中央が下座です。

### 【エレベーター】

扉から見て左奥が上座です。操作盤の前が末席で、ボタンを押します。

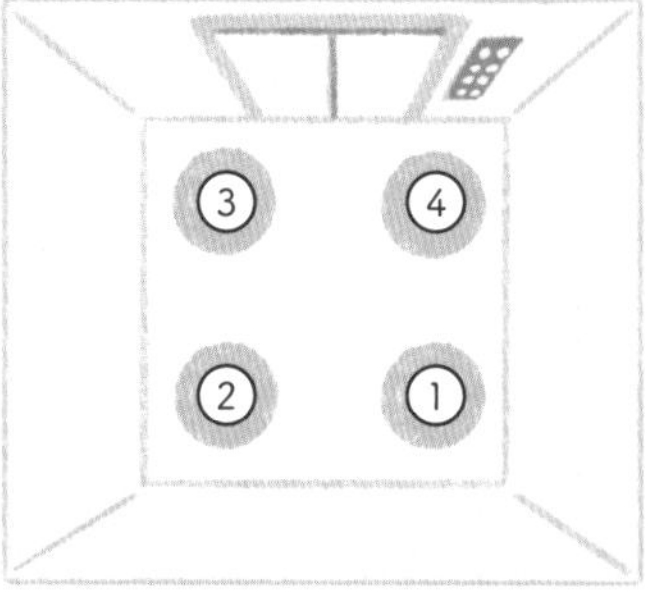

Business

# スマートな名刺交換のしかた

これが大事！

- ☑ 名刺は相手の分身と思って大切に
- ☑ 「名刺を忘れた」は禁句
- ☑ 名刺交換は上席者から行う

## スマートな名刺交換はビジネスの第一歩

名刺交換は初対面の相手とビジネスをはじめる大切な第一歩。互いの氏名や役職を知ることで、誰が上席者かわかり、話を最初に持ちかける相手の見当がつきます。

名刺は相手の分身と考え、大切に取り扱います。受け取った名刺を先方の座り順にテーブルの上に並べ、いつでも見えるようにしておくと、名前を間違えて呼ぶ失礼もありません。

### 名刺交換のしかた

1 相手の正面に立ち、名刺を取り出す。

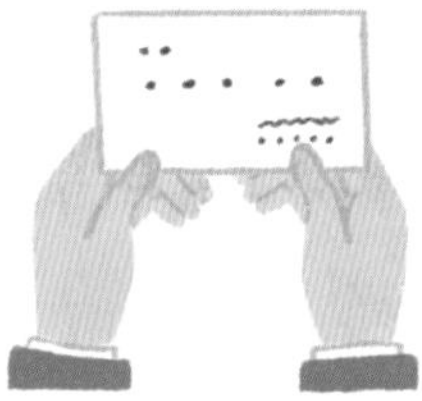

2 「お世話になります。〇〇と申します」と両手で相手に名刺を差し出す。

3 両手で相手の名刺を受け取り、氏名を確認する。読み方がわからなければたずねてよい。

4 相手と目を合わせて、「よろしくお願いいたします」と言ってから、頭を下げる。

## 名刺交換のマナー

Check!
ここが重要！

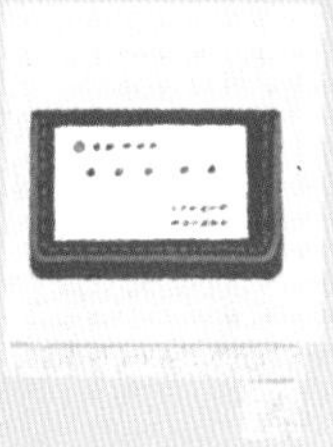

### 名刺入れの上に置くとていねい

名刺をテーブルに並べるとき、もっとも上席者の名刺を自分の名刺入れの上に置くと、名刺を丁重に扱っているように見え、印象がよくなります。

### ・すぐに出せるようにしておく

名刺入れがなかなか見つからず、モタモタするのはNG。スーツの内ポケットやカバンの出し入れしやすいポケットなど、さっと出せるところに用意しておきます。

### ・名刺は胸より上で持つ

名刺は胸より上の位置で、両手で持つのがマナーです。片手でブラブラさせたり、床に落とすのは失礼に当たります。うっかり落としたときは、「申し訳ございません」と謝り、すぐに拾います。

### ・名刺を忘れたとき

うっかり名刺を持参するのを忘れても、「忘れた」と言う必要はありません。「あいにく名刺を切らしておりまして。◯◯社の◯◯と申します」と断りを入れて、相手の名刺を受け取ります。

NG!
これはタブー

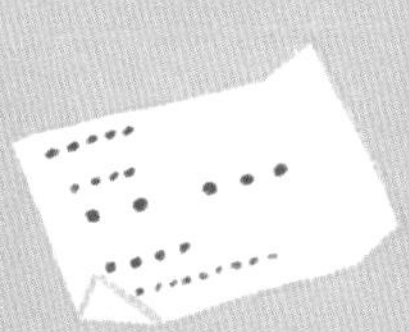

### 汚れた名刺を渡す

汚れた名刺、折れた名刺を渡すのは失礼です。適当なものがなければ、「切らしておりまして」と、先方の名刺だけをいただきます。

### 上席者より先に名刺交換してしまう

名刺交換は上席者から先に行い、席次の順に続きます。上席者よりも先に名刺交換をするのはマナー違反です。

# 他社を訪問するとき

これが大事！

- 必ずアポを取ってから訪問する
- アポ取りは相手の都合を優先する
- 5分前到着で身だしなみにも注意

## 訪問の際は必ずアポをとってから

訪問前には必ずアポイントメントを取ります。まずは、「○○の件でお打ち合わせに伺いたいのですが、お時間を取っていただけませんでしょうか」と先方の都合を聞きます。訪問の目的、おおよその所要時間、訪問人数を伝えると、相手も予定を立てやすくなります。約束はないが近くに来たので立ち寄りたいという場合も、電話で都合を聞いてから訪問します。

## 訪問前のマナー

### ・先方の都合を優先する

お願いした側が先方の都合に合わせるのが基本です。まずは相手から都合のよい候補日を出してもらいます。候補日で調整ができない場合は、「申し訳ございません。あいにく予定が入っておりまして、○日ではいかがでしょうか」とこちらから提案してもOKです。

### ・訪問の準備は前日までに

資料や持ち物の準備、訪問先までのルートや所要時間、交通手段の確認は前日までにすませます。面識のある相手でも、初対面の人を紹介される可能性があるので、名刺は必ず用意します。訪問前日には先方に「明日はよろしくお願いいたします」と確認メールを送っておくと安心です。

How? こんなときは？

### 社外で打ち合わせすることになったら？

先方から社外での面会を求められたら、ホテルのラウンジや落ち着いた雰囲気の喫茶店で、アクセスしやすい場所を選びましょう。適度な静かさがあり、隣のテーブルとの間隔が広く書類を広げやすい場所が適しています。タブレットなどを使うならWi-Fiがあると便利です。

# 訪問先でのマナー

## ・身だしなみを整え5分前に到着

汗や雨風で髪型や化粧が乱れていては、相手に失礼ですし、自分も不快なはず。最寄駅のトイレなどで身だしなみを整えてから向かいます。先方には余裕をもって約束の時間の５分ほど前に到着し、約束の時間になったら受付に向かいます。

## ・コート類を脱いでから受付へ

原則、コートは建物の外で脱ぎます。受付では「〇〇社の〇〇です。本日10時に広報部の〇〇様とお約束いただいております」と伝え、担当者への取り次ぎをお願いします。受付がない場合は、ドアをノックし「どうぞ」と言われてからドアを開けます。

## ・着席は促されてから

応接室に入る際は「失礼します」と声に出し、すすめられた席に座ります。着席をすすめられたが席を指定されなかった場合は入り口に近い下座に座ります（▶p.226）。とくになにも促されなかった場合は、立って待ちます。

## ・担当者が入室したら立ってあいさつを

担当者が入室したらすぐに立ち上がりあいさつを。時間を割いてくれたお礼を伝えます。初対面の人であれば名刺交換をします（▶p.228）。お茶はすすめられてから口をつけます。

Check!

ここが重要！

### 話を切り上げるのは訪問した側から

用件が終わっているのに長々と世間話をするのはNG。基本的には、訪問した側から話を切り上げるのがマナーです。話がひと区切りついたら、「では本日は……」と切り出しましょう。話の途中で相手が時間を気にしていたら、「お時間は大丈夫でしょうか」とたずねる配慮も必要です。打ち合わせの最初に「今日は◯分ほどお時間よろしいでしょうか」と所要時間を共有しておくと、お互い安心です。

# ビジネスでの節目のマナー

これが大事！

- ☑ 退職や休職はまず上司へ申し出る
- ☑ 周囲へのあいさつは感謝を伝える
- ☑ 後任者への引きつぎはしっかりと

## 遅くとも1か月半前に上司に意思を伝える

ビジネスでも人との別れや出会いがあります。退職、転職、休職など仕事の節目となる場面では、周囲の人にこれまでお世話になった感謝を伝え、新しい環境に踏み出す第一歩としましょう。社内だけでなく、社外の人へのあいさつも忘れず、仕事の引きつぎも責任をもって行います。

まずはどんな場合でも、上司に申し出ます。「折り入ってお話があるのですが、お時間をちょうだいできませんでしょうか」とお願いし、「退職させていただくことを考えています」などと切り出します。

引きつぎの時間などを考え、上司には遅くとも退職希望日の1か月半前に、できれば2~3か月前には申し出るのがマナー。結婚退職は結婚が正式に決まってから、出産や育児による退職や休業は遅くとも1か月前には申し出るとよいでしょう。ケガや病気療養などで休職を希望する場合は、病院の診断書を用意しておきます。

Check! ここが重要！

### 周囲への報告は届け出が正式に受理されてから

退職や休職を上司に申し出たからといって、認められたわけではありません。各種届け出書類を提出し、それが受理された時点で正式となります。周囲へは1~2週間前に報告やあいさつをします。メール、あいさつ状、対面などの手段がありますので、おつき合いの関係性や程度を考慮して検討しましょう。

## 退職するときのマナー

### ・繁忙期の退職は避ける

円満な退職のためには、退職の時期にも配慮しましょう。繁忙期では通常の引きつぎもスムーズにできないことがあります。退職前に有給休暇を消化したいと思っても、繁忙期では周囲の反感を買うだけです。

### ・引きつぎはしっかりと行う

口頭での説明では聞き忘れや勘違いなども起こります。引きつぎ事項は必ず書面に残し、こまかい点まで書き留めておくと明確です。後任者がだれになってもスムーズに引きつげるようにします。

### ・退職理由の報告はケースバイケース

結婚や出産の場合は報告することも多いですが、一般的には「一身上の都合」で問題ありません。退職後に考えていることなどを前向きに伝えるのはよいですが、職場の不満を理由にするのはNGです。

### ・退職後の連絡先も伝えておく

退職したあとに仕事の不明点が出てくることもあります。後任者が連絡を取れるようにしておきましょう。「辞めたから関係ない」ではなく、問い合わせなどがあったら快く受け応えます。

NG!
これはタブー

**備品の持ち帰り**

職場から支給されたものはペン1本でもすべて置いていきます。自分の名刺はもちろん、取引先からもらった名刺も会社の財産です。後任者に引きつぐために残していきましょう。

**不用品の置きっぱなし**

私物の不用品はすべて持ち帰ります。完全に不要な書類などは適切に処分しておきます。退職当日はデスク周りをきれいに掃除してから去るようにしましょう。

# 休職・復職するときのマナー

## 【復職】

### ・上司には復職前日に連絡を

当日でもよいですが、できれば直属の上司には前日に、「ご迷惑、ご心配をおかけしましたが、明日から復帰いたします」と連絡を入れておくとよいでしょう。自分の状況を伝えたり、職場の様子などを聞いておいたりすると、当日の不安もやわらぎます。

### ・当日は出社後すぐにあいさつを

当日のあいさつは出社後、自分の席に着く前に行えるとベストです。「このたびは、皆さまにご迷惑とご心配をおかけしまして申し訳ございませんでした。長期休暇をいただいておりましたが、本日よりまたお世話になります。どうぞよろしくお願いします」と明るくあいさつしましょう。

## 【休職】

### ・療養の場合は診断書を用意する

ケガや病気療養の場合は、病院で診断書を書いてもらいましょう。メンタル不調の場合、産業医がいれば産業医に相談するとスムーズです。

### ・休職の理由、復職の目処を伝える

上司に休職を申し出る際は、休職の理由と復職時期の目処をいっしょに伝えます。引きつぎ期間を考慮し、早めに申し出るのがマナーです。

### ・休職中の連絡方法を確認しておく

職場には休職中の連絡先を伝えておきましょう。不安なことがあったときに連絡すべき担当者も確認しておきます。メール、電話など都合のよいものでかまいません。

Check! ここが重要！

### 休職制度は職場によって異なる

出産・育児に関する休職は国が定めているため、パートや派遣、契約社員などでも要件を満たせば原則として取得する権利があります。一方、ケガや病気の療養などの休職は職場によっては認めていないこともあります。休職中の給与待遇などもさまざまです。まずは自分の職場の休職制度を確認することが必要です。

## さまざまな届け出の出し方

### ・規定の書類があれば それを使用する

職場で決められた届け出用の書面があれば、それに必要事項を記入し提出します。「退職日の○日前までに提出」といった期限が定められている場合もあるので、確認しましょう。

**【退職願の見本】**

退職願

私事、

このたび一身上の都合により、
二○××年○月○日をもって退職いたしたく、お願い申し上げます

二○××年○月○日

営業部
土谷太郎　(印)

株式会社西東商事
代表取締役社長　鈴木太郎　殿

### ・筆記は黒の万年筆かボールペンで

届出書などは公式な文書になるため、改ざんなどを防ぐためにも消せるボールペンの使用はNGです。文字は達筆でなくとも、ていねいに誠実に書きましょう。

### ・フォーマットがなければ手書きでもOK

規定の用紙がなければ、自分で作成します。パソコンでも手書きでも問題ありません。印鑑が必要な場合は、押印を忘れないようにします。

HOW?
こんなときは?

### 退職や休職のあいさつを受けたとき

メールでのあいさつは、当日に送られてくることが多いので、メールを確認したらすぐに返信するようにしましょう。メール送信のお礼、これまでの感謝、今後の活躍を祈る言葉を盛り込みます。対面であいさつを受けた場合は、暗い雰囲気にならないよう、労いと今後への期待の言葉を送ります。

いずれにせよ、こちらから退職や休職の理由を詮索するようなことは避けます。

Business

# 職場の人とのおつき合い

これが大事！

- ☑ 社内の人間関係は仕事に直結する
- ☑ 断ってばかりだと人脈ができない
- ☑ どんな場でも職場の上下関係を保つ

## 節度を保ち、ほどよい距離感でおつき合いを

職場は限られた空間にさまざまな年齢・性別・役職の人がいるため、人間関係のトラブルはつきものです。しかし、ビジネスパーソンとして業務の実績をあげるためには、社内の人間関係を良好に保つことが欠かせません。個人的に深くつき合う必要はありませんが、社内の人脈は仕事をするうえで大切な財産。決して軽視せず、人間関係を大切に考えましょう。

### おつき合いのメリット・デメリット

【メリット】

- 相手への理解が進み、人間関係が深まる。
- 団結心が生まれ、業務にも好影響が出る。
- 仕事で困ったときに助けてもらえる。
- 仕事を教えてもらいやすい。
- アドバイスをもらいやすい。

【デメリット】

- 業務外の時間がとられる。
- 飲み代などの費用がかかる。
- 気の合わない人とも同席することがある。
- 聞きたくない話（愚痴、他人の中傷、噂話など）を聞かされる。

NG! これはタブー

**時間を守らない**

仕事中はもちろん、たとえ業務外であっても時間は守るもの。上司や先輩を待たせるのは失礼なことです。

**業務外と思って羽目を外す**

宴席でも、職場の上下関係はなくなりません。目上の話は拝聴し、礼儀正しいふるまいを。酔って羽目を外すのは論外です。

# 職場の人との上手なつき合い方

## 【上司や先輩との飲み会】

業務に直接関係する話題が多いので、情報交換や人脈構築には絶好の場です。苦手でも、たまには参加してみましょう。

## 【歓送迎会などの社内行事】

歓迎会や送別会など職場主催の行事は業務の一環です。職場主催の行事には出席します。

## 【社内リクリエーション】

他部署の人や、日ごろつき合いの浅い人と交流するチャンスです。積極的に参加しましょう。

## 【同僚とのランチ】

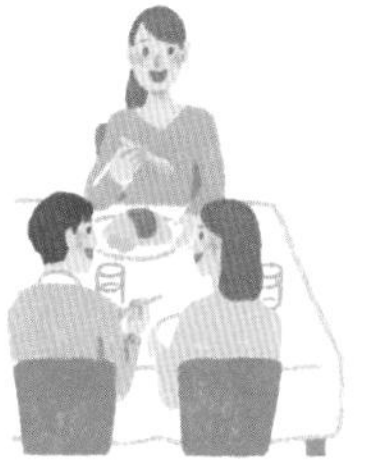

「ランチ人脈」は夜のつき合いがなくても、食事をともにすることで親交が深まります。誘われたらぜひ同行を。

check!

ここが重要！

### 誘いを断りたいときはていねいに。「次こそは」とつけ加える

職場での誘いを断りたいときは、「今日はどうしても外せない○○がありまして」と理由を説明し、「次は参加したいと思いますので、また誘ってください」と添えて、参加する意思があることを伝えます。

気が進まない誘いもあるでしょうが、社内の人間関係を良好に築けない人は仕事もうまくいかないものです。ビジネスパーソンとして成功したいのであれば、社内での人間関係こそ最優先事項と心得るのが賢明です。

# ビジネスマナーの迷いごと

仕事中の対応や
職場の人間関係など
こんなときはどうする？

**Q できれば残業はしたくない！**

**A** かつては、残業が多い人ほど仕事熱心の評価もありましたが、今はノー残業を推進する職場が増加中です。やるべき業務が終われば定時帰宅で問題ありませんが、上司や同僚が残業しているなら「お手伝いできることはありますか」と申し出る心遣いがあっても。残業を避けたい日は、出社後早めに、「今日は予定があり定時で退社させていただきたいのですが」と上司におうかがいをたてておくのがベターです。

**Q お客さまからクレームを受けたら？**

**A** まずは相手の言い分をしっかり聞き、こちらに非がなくとも、「ご迷惑をおかけし、申し訳ございませんでした」とお詫びを伝えます。その後、適切な対処の提案を。相手が怒っていても、冷静、誠実に対応します。

## 【クレーム電話の対応】

### 必要な時間を伝える

対応に時間がかかるときは、「○分ほどお時間をいただけますでしょうか。至急お調べしておかけ直しいたします」と所要時間を伝えます。

### 苦情内容をすべて伝える

担当者に取り次ぐときは、相手に同じ説明をくり返させないために、苦情内容をすべて伝えます。担当者は「○○の件ですね」と切り出します。

### 取り次ぎはスムーズに

担当者にはスムーズに取り次ぐように心がけましょう。２回以上の取り次ぎは、相手にたらい回しにされていると感じさせてしまいます。

## Q 遅刻・欠勤・早退はどう対処する？

**A**

あらかじめわかっている場合は、上司に早めに申し出ておきます。遅刻・欠勤の場合は前日の退社時にあらためて「明日は○時の出社になります」「明日はお休みをいただいております」と報告するとよいでしょう。早退の場合は当日出社したら「本日は○時に早退させていただきます」と伝えます。

体調不良など緊急の遅刻・欠勤は、当日の始業時間前に上司に電話で連絡するのが基本的なビジネスマナーです。ただし現在は、働き方改革の過渡期でもあり、何をよしとするかは職場によって異なります。チャットやメールでの連絡を推奨する職場もあるでしょう。職場のルールや状況に合わせて、適切な連絡手段を選びましょう。

不在の間は、仕事に支障が出ないように、必要なら部署内の人に仕事のお願いをしておくことを忘れずに。

## Q 取引先との約束の時間に遅刻しそう！

**A**

約束の時間に間に合わないことがわかった時点ですぐに先方に電話を入れ、謝罪します。その際、到着予定時刻を伝えます。交通渋滞や電車の遅れなどやむを得ない事情で遅刻してしまうこともありますが、多少の遅れならあわてずにすむよう、普段から時間に余裕をもって行動するよう心がけましょう。

**Q 取引先から担当者の携帯番号を聞かれた！**

**A** 職場から支給されている携帯電話なら番号を伝えても問題ありません。ただし、個人所有のものは原則教えません。「担当者に連絡を取り折り返しお電話させます」と電話を切り、担当者にその旨を伝えます。

**Q 指示を受けた仕事が期限に間に合わない！**

**A** 期限に間に合いそうにないことが判明した時点で、上司にすみやかに相談します。「○日までならできます」と代替案をだすとよいでしょう。仕事内容に不安がある場合は、率直に「○○まではできますが、△△は別の方にお手伝いいただけないでしょうか」などとお願いしてもかまいません。相談も報告もなくぎりぎりになって「できませんでした」というのは避けます。

**Q 就業時間外にＳＮＳでメッセージが届く**

**A** ＳＮＳをビジネスツールとして使う場合は、私用と仕事用の端末を使い分け、ＳＮＳのアカウントも別のものにするのが原則です。そのため、就業時間外の仕事の連絡には基本的には返信する必要はありません。「緊急」と称して時間外に送っている人へは、普段から「ＳＮＳはつい見逃してしまうこともあるので、勤務時間外で緊急の場合はお電話で、それ以外はパソコンのメールにご連絡いただくほうが確実です」と伝えておくとよいでしょう。

# 9章 手紙のマナー

Letters

手紙には基本の形式があり、それに沿って書くことで、ある程度失礼のないように仕上げることができます。その基本を覚え、プライベートやビジネスなどに活用しましょう。宛名の書き方などもコツを知っていればきれいに書くことができます。

Letters

# 手紙の基本スタイル

これが大事！

- 改まった連絡は手紙を出すのがていねい
- 手紙は決まったルールに沿って書く
- 頭語と結語は対応したものを使う

## 基本の構成を覚えれば手紙はむずかしいものではない

便利で手軽な連絡ツールが増え、手紙を書く機会は減ってきました。しかし、お祝い、お礼、お詫びなど改まった内容を伝えたいときはやはり手紙がていねいです。

手紙の書き方には、「最初に時候のあいさつを述べる」「頭語と結語はセットで使う」など決まった形があります。この形式に沿って書けばむずかしいものではありません。

### 頭語と結語の組み合わせ

| 手紙の種類 | 頭語 | 結語 |
|---|---|---|
| 一般的な手紙 | 拝啓、拝呈 | 敬具、拝具 |
| ていねいな手紙 | 謹啓、粛啓 | 敬白、謹言、敬具 |
| 急ぎの手紙 | 急啓、急白 | 草々、不尽 |
| 前文省略の手紙 | 前略、略啓 | 草々、不乙 |
| 一般的な返信 | 拝復、復啓 | 敬具、拝白 |
| ていねいな返信 | 謹復、謹答 | 謹言、敬白 |

※結語の「かしこ」は、女性ならどの頭語でも使える。

NG! これはタブー

**相手の名前が行末になる**

相手の名前や「御社」など相手側のことが行末にくるのは避けます。自分の名前や「私・弊社」など自分側の言葉が行頭にあるのもタブーです。

**名前や単語の行またがり**

名前や敬称、単語が行をまたいでしまうのは失礼です。行の最後がギリギリにならないよう、文章のキリのいいところで改行します。

# 手紙の基本書式

**前文**

① 拝啓

② 年の瀬を迎え、なにかとお忙しい日々をお過ごしのことと存じます。

③ 皆さまお変わりございませんでしょうか。日ごろはとかくご無沙汰しがちで、申し訳ございません。私どもはみな、おかげさまで元気に過ごしておりますので、ご安心ください。

**主文**

④ さて、日ごろのお心づくしへのお礼に、本日、お歳暮のしるしとして、伊勢谷デパートより心ばかりの品を送らせていただきました。ご笑味いただければ幸いでございます。

**末文**

⑤ 向寒の折から、どうぞお体を大切に、よいお年を迎えられますようお祈り申し上げます。まずは、書中にてごあいさつまで。

⑥ 敬具

**後づけ**

⑦ 十二月三日

⑧ 山田麻里

⑨ 金沢玲子様

### ① 頭語

書き出しは下げずにいちばん上から。

### ② 時候のあいさつ

改行して書き出しを1字分下げる。使う季節を間違えないこと。

### ③ 気づかいのあいさつ

ご無沙汰を詫びるものや、お礼のあいさつでもよい。

### ④ 本文

簡潔明瞭に用件を伝える。

### ⑤ 結びのあいさつ

本文を締めくくる言葉を添える。

### ⑥ 結語

行末から1字分上げた位置に書く。頭語に対応するものを使う。

### ⑦ 日付

2〜3文字分下げて、本文よりも少し小さめに書く。

### ⑧ 差出人署名

最後を結語にそろえる。自分の氏名を書く。

### ⑨ 宛名

1字分下げて書く。相手の氏名に敬称をつける。

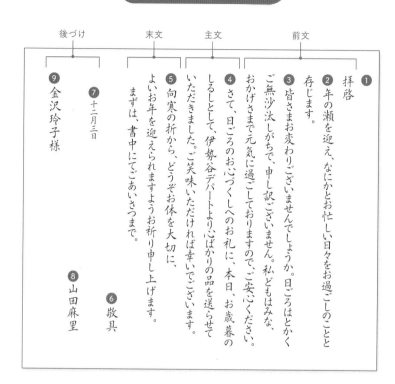

Letters

# 手紙で使うあいさつの慣用句

これが大事！

- 時候のあいさつは季節に合うものを
- 前文と末文の内容は重複させない
- 手紙にも使ってはいけない言葉がある

## あいさつは必要なものをていねいに書く

頭語のあとにくる前文のあいさつや、結語の前に書く末文のあいさつには、よく使われる慣用句があります。時候のあいさつのほか、相手を気づかったり、感謝やお詫びを伝えたりするものです。

前文と末文のあいさつは、内容が重複しないようにします。慣用句を参考にしながら、本当に言いたいことを、ていねいに伝えることが大切です。

### 使いやすい時候のあいさつ

| | |
|---|---|
| 1月 | 初春の候 ／ 酷寒の候 ／ 寒冷の候 ／ 寒さ厳しき折 |
| 2月 | 残寒の候 ／ 向春の候 ／ 梅花の候 ／ 三寒四温の季節 |
| 3月 | 浅春の候 ／ 陽春の候 ／ 萌芽の候 ／ 春の風が心地よい季節 |
| 4月 | 花冷えの候 ／ 春暖の候 ／ 春たけなわ ／ 木々もすっかり芽吹き |
| 5月 | 新緑の候 ／ 立夏の候 ／ 若葉が薫る頃となりました |
| 6月 | 入梅の候 ／ 初夏の候 ／ 薄暑のみぎり ／ 長雨の季節ですが |
| 7月 | 梅雨明けの候 ／ 盛夏の候 ／ 大暑の候 ／ 暑さ厳しき折 |
| 8月 | 残暑の候 ／ 晩夏の候 ／ 向秋の候 ／ 暦の上では立秋ですが |
| 9月 | 初秋の候 ／ 新涼の候 ／ 秋冷の候 ／ 灯火親しむこの頃 |
| 10月 | 清秋の候 ／ 秋麗の候 ／ 秋霜の候 ／ 朝夕はめっきり涼しくなり |
| 11月 | 晩秋の候 ／ 暮秋の候 ／ 霜寒の候 ／ 紅葉の季節を迎えましたが |
| 12月 | 初冬の候 ／ 師走の候 ／ 歳晩の候 ／ 本年も押し詰まってまいりました |

# 前文と末文の慣用句

## 【前文】

### 安否をたずねる

- 皆さまにはお変わりございませんでしょうか。
- ○○さまにはご健勝のこととお喜び申し上げます。

### 安否を伝える

- おかげさまでこちらも元気に過ごしております。

### 感謝を伝える

- いつもお世話になりまして厚くお礼申し上げます。
- 日頃格別のご厚情を賜り、心より感謝いたしております。

### お詫びを伝える

- 久しくご無沙汰いたしておりましたが何卒ご容赦ください。

## 【末文】

### 健康を祈る

- 暑さ（寒さ）厳しき折から、お元気でお過ごしください。
- 皆さまのご健康をお祈り申し上げます。

### 伝言を頼む

- 末筆ながらご一同様によろしくお伝えください。

### 今後を頼む

- なにぶんよろしくお願いいたします。
- 末長くお導きのほどお願い申し上げます。

### 返信を求める

- おそれ入りますがご返事のほどよろしくお願い申し上げます。
- お手数ながらご返事をいただければ幸いに存じます。

NG!
これは
タブー

### 忌み言葉

特定の場面で使うのを避ける忌み言葉は、手紙でも同様です。手紙を出す前に改めて確認しましょう。

**結婚祝いの忌み言葉**

去る／出る／戻る／帰る／追う／切れる／別れる／終わる／離れる／こわれる／破れる／返す／冷える／再度／たびたび／重ね重ね／かえすがえす／くれぐれも／近々／苦労／死／病気／うすい／浅い

**新築・開店祝いの忌み言葉**

倒れる／傾く／崩れる／つぶれる／こわれる／散る／飛ぶ／燃える／焼ける／流れる／失う／終わる／閉じる／枯れる

**お悔やみの忌み言葉**

次々／続いて／引き続き／まだまだ／いよいよ／ときどき／しばしば／さらに／生きる／死亡／楽しい／うれしい

# 手紙マナーの迷いごと

機会が少ないからこそ
失敗なく出したい手紙。
こんなときはどうする？

**Q　縦書きと横書きどちらにする？**

**A**　一般には横書きの手紙はカジュアルな印象になります。目上の人や改まった手紙の場合は縦書きがよいでしょう。どちらにしても、ていねいに書くことがいちばん重要です。

**Q　パソコンで書いてもよい手紙は？**

**A**　ビジネスに関わる手紙はパソコンを使うことも多いでしょう。会社や部署名義のものならパソコンでもかまいませんが、個人的な依頼やお礼、謝罪などは手書きのほうが誠意が伝わります。個人的な手紙をパソコンで書く場合は、手書きのサインを添えましょう。

**Q　書き間違いは修正液を使ってもOK？**

**A**　基本的には書き直すのがマナーです。ただし、相手が気心の知れた人でカジュアルな内容の手紙であれば、許される範囲のことも。ただ、何か所も修正液で消している状態は避けましょう。宛名や相手の名前などを書き損じた場合は、必ず書き直します。

**Q　お金を同封して手紙を送りたい**

**A**　通常の封筒にお金を入れて郵送することは郵便法違反となります。現金を送りたいときは現金書留用の封筒を郵便局で購入し、それを使って送りましょう。現金書留に手紙を同封することは問題ありません。

**Q　一筆せんはどんなときに使うの？**

**A**　一筆せんは数行の文章が書ける短冊形の便せんです。手紙というよりは、メッセージ的なものを書くのに適しています。書類を送るときのあいさつや借りものを返すときのお礼など、ものをやりとりする際の添え状に便利です。手紙として送りたいなら普通の便せんを使いましょう。目上の方へのお礼などにも不向きです。

**【一筆せんのマナー】**

- 頭語・結語は使わない。
- 最初に相手の名前、最後に自分の名前を書く。
- 余白を持たせて、簡潔に書く。
- 封筒には入れても入れなくてもよい。

**Q　寒中・暑中見舞いはいつ出すもの？**

**A**　寒中見舞いは、1月初旬の小寒から2月の立春の前日までで、立春からは「余寒見舞い」とします。暑中見舞いは、7月中旬ごろから立秋の前日までで、立秋からは「残暑見舞い」とし、8月中に届くようにします。

季節のあいさつ状は、相手の体調を気づかい、自分の近況を伝えるものです。冒頭に「寒中お見舞い申し上げます」など、あいさつの言葉を大きめに書きます。近況を報告し、相手への気づかいの言葉で結びます。

Letters

# はがき・封筒の宛名書きのコツ

これが大事！

- バランスよくていねいに書く
- 書く順番を意識すると書きやすい
- 氏名の下につく敬称は正しく使う

## はがきの宛名

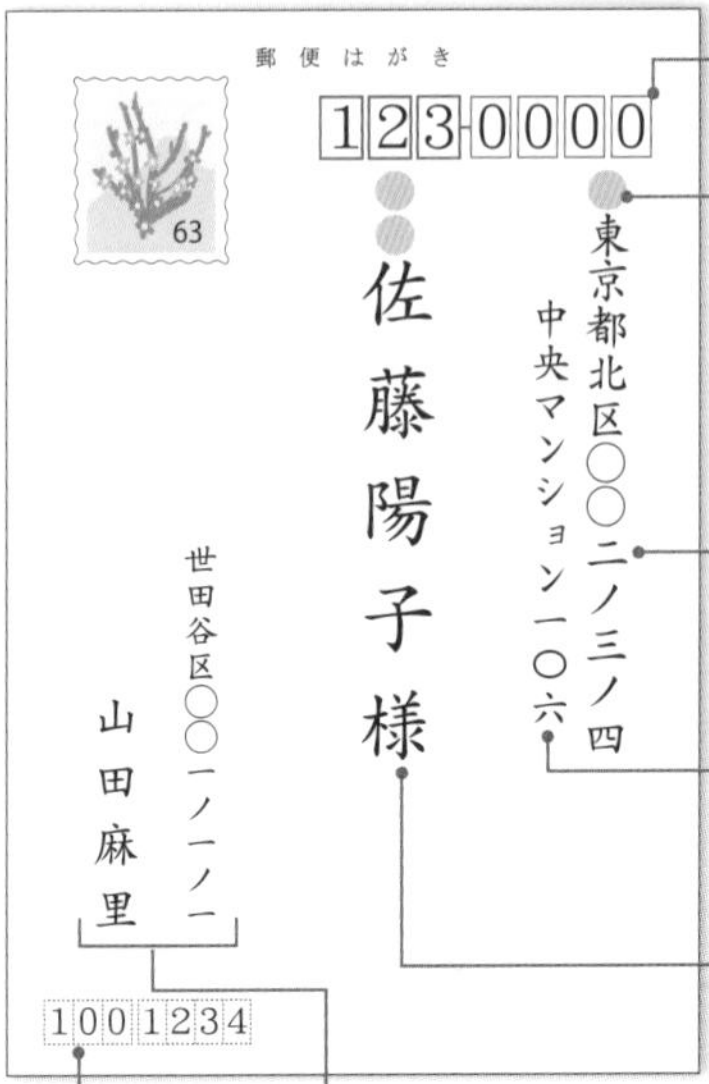

郵便はがき
63
1230000
東京都北区〇〇二ノ三ノ四
中央マンション一〇六
佐藤陽子様
世田谷区〇〇一ノ一ノ一
山田麻里
1001234


郵便番号は算用数字で書く。

住所は、郵便番号の右から2枠目の中心で、枠から1文字分下の位置から書く。

縦書きは漢数字を使うのが基本。

建物名は住所より小さく、頭を2〜3文字下げて書く。

宛名は、郵便番号の2枠目の下あたりに。住所よりも頭を少し下げて、大きく書く。

差出人の郵便番号を算用数字で書く。

差出人は宛名よりも小さく。切手の幅または下の郵便番号枠の幅に収め、下をそろえる。

### 手書きが苦手でもていねいに書くことが大切

宛名がきれいに見えるコツは、文字の大きさと配置です。いちばん大きく書くのは相手の氏名です。はがきや封筒の中央に書きます。相手の氏名、相手の住所、差出人の氏名、差出人の住所の順に書くと、配置のバランスが取りやすくなります。宛名は郵便物がきちんと届くために必要なものです。文字を崩さずに、楷書でていねいに書くようにしましょう。

# 和封筒の宛名

【表面】

郵便番号は和封筒も算用数字で。

【裏面】

のりで封をして「〆」などの封字を書く。結婚祝いは「寿」、そのほかのお祝いは「〆」や「賀」にする。

左上に投函日を小さめに書く。

郵便番号は横書きで算用数字で書く。

差出人は中央に書く。下はそろえる。

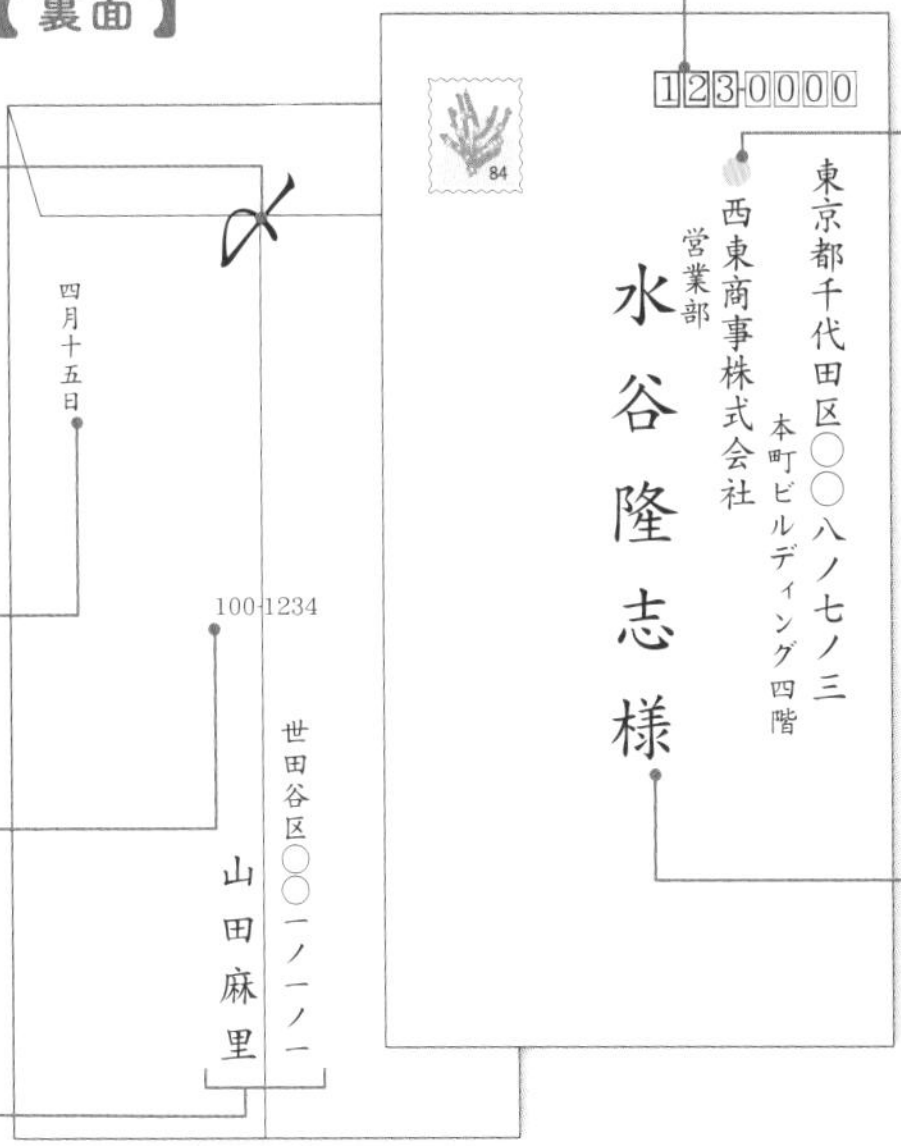
123-0000
84
東京都千代田区〇〇八ノ七ノ三
本町ビルディング四階
西東商事株式会社
営業部
水谷隆志様
四月十五日
100-1234
世田谷区〇〇一ノ一ノ一
山田麻里

社名・部署名などは、住所よりも頭を下げる。

宛名は封筒の中央に、住所よりも頭を下げて大きめに書く。個人名なしで会社宛ての場合は敬称を「御中」とする。

NG!
これはタブー

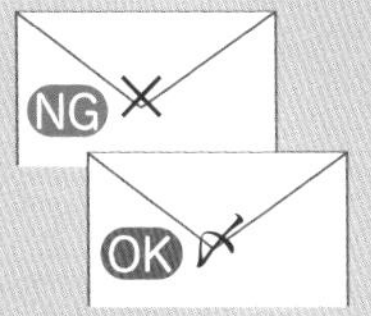
NG
OK

### 封字にバツ

「〆（しめ）」は文字のひとつです。バツではありません。

OK
若林誠様
佳子様
NG
若林誠
佳子
様

### 連名に「様」がひとつ

宛名が連名になる場合はそれぞれに敬称をつけるようにします。

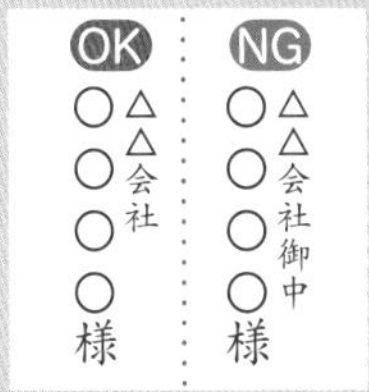
OK
△△会社
〇〇〇〇様
NG
△△会社御中
〇〇〇〇様

### 二重敬称

「△△会社御中　〇〇様」「□□先生様」などは二重敬称です。

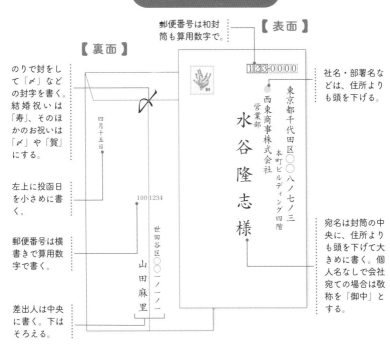

# 洋封筒の宛名

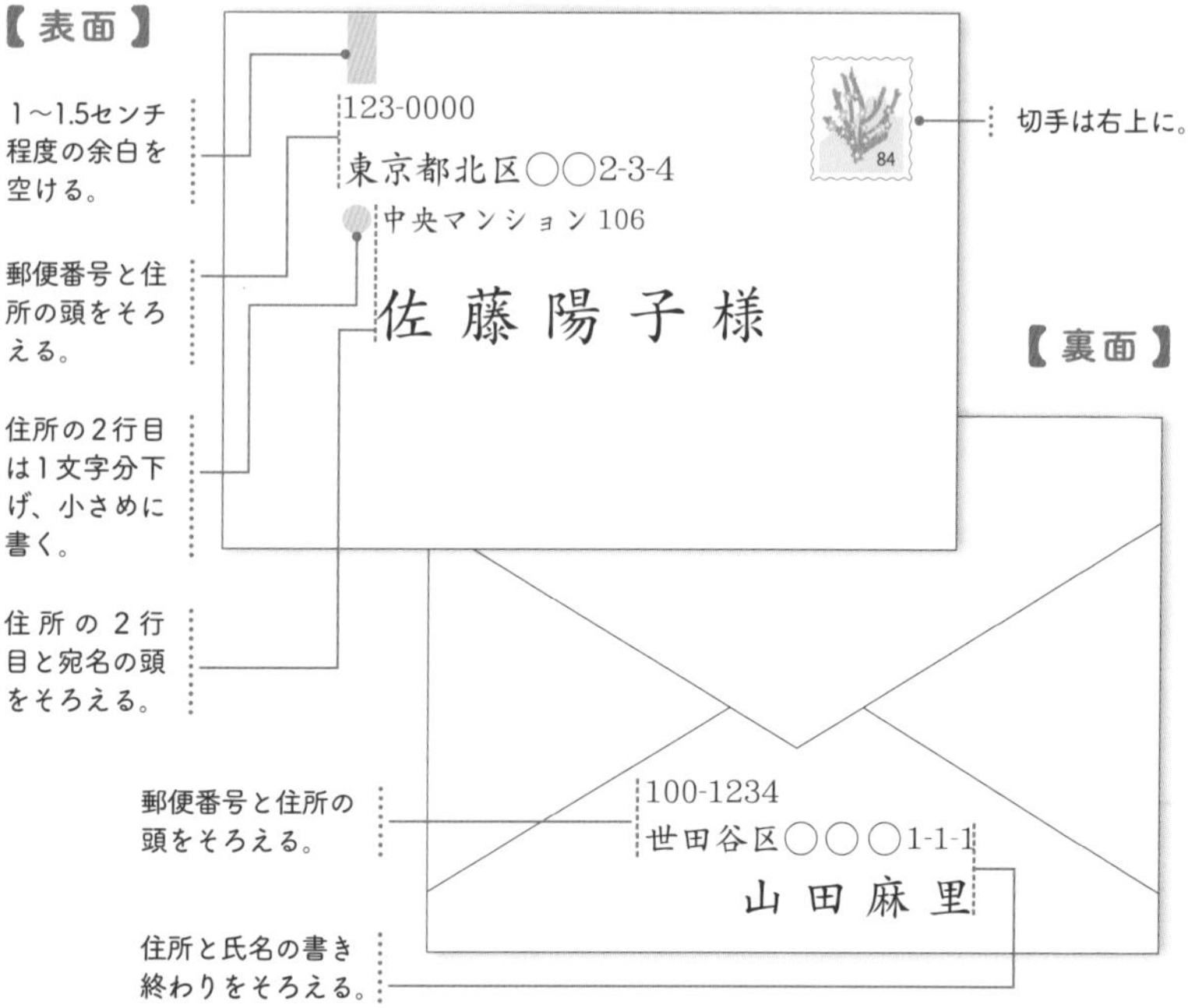
【表面】
1～1.5センチ程度の余白を空ける。
郵便番号と住所の頭をそろえる。
住所の2行目は1文字分下げ、小さめに書く。
住所の2行目と宛名の頭をそろえる。
123-0000
東京都北区◯◯2-3-4
中央マンション106
佐藤陽子様
84
切手は右上に。
【裏面】
100-1234
世田谷区◯◯◯1-1-1
山田麻里
郵便番号と住所の頭をそろえる。
住所と氏名の書き終わりをそろえる。

Check!
ここが重要!

## 洋封筒を縦に使うとき

洋封筒を縦にして使う際は、一般の手紙と弔事に関する手紙とで裏面の差出人を書く位置が変わります。裏面に合わせて表面の宛名を書く向きも変わるので、注意しましょう。

100-1234
世田谷区◯◯一ノ一ノ一
山田麻里

### 一般

お祝いごとを含む一般の手紙の場合は、封筒の閉じ口を右側にして、左側に差出人の住所・氏名を書きます。

100-1234
世田谷区◯◯一ノ一ノ一
山田麻里

### 弔事

お悔やみごとに関係した手紙の場合は、封筒の閉じ口を左側にして、右側に差出人の住所・氏名を書きます。

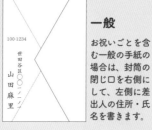

# 便せんの折り方と入れ方

## 【洋封筒の4つ折り】

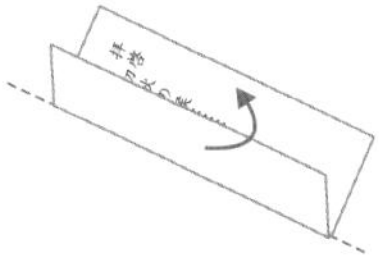

**1** 手紙を左から右へ縦に半分に折る。

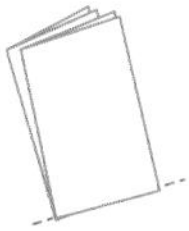

**2** 下から上へ横に半分に折る。

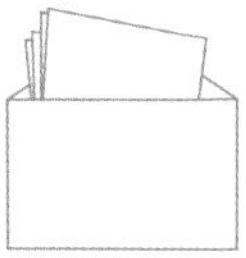

**3** 封筒を裏にしたときに、手紙の書き出しが左上になる。

## 【和封筒の4つ折り】

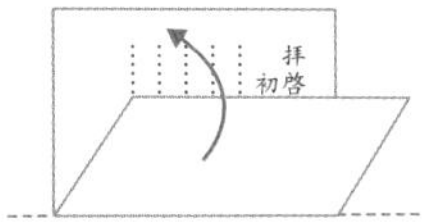

**1** 手紙を下から上へ横に半分に折る。

**2** もう一度下から上へ半分に折る。

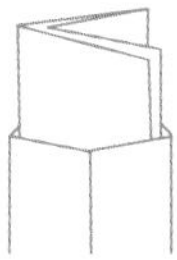

**3** 封筒を裏にしたときに、手紙の書き出しが右上になる。

## 【和封筒の3つ折り】

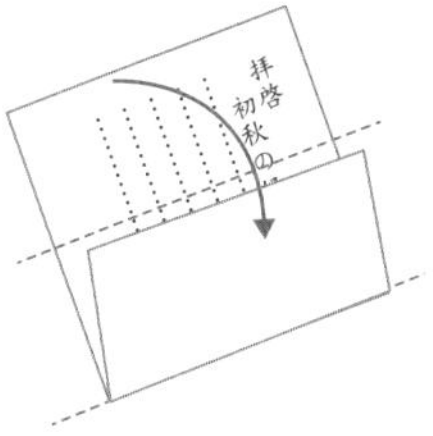


**1** 下・上の順に3つに折る。

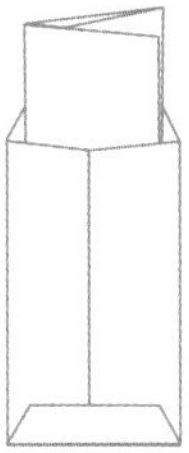

**2** 封筒を裏にしたときに、手紙の書き出しが右上になる。

Check!

ここが重要！

### 封筒は目的に合わせて使い分ける

封筒は、和封筒、洋封筒の違いのほかに、一重封筒と二重封筒などの種類もあります。二重封筒は正式な手紙のときに使用しますが、お見舞いや弔事の手紙は「不幸が重なる」の意味から一重封筒にします。

| 封筒の種類 | 目的 |
|---|---|
| 二重和封筒 | 個人名で出す社交の手紙や、正式な手紙 |
| 一重和封筒 | 弔事やお見舞いに関する手紙 |
| 洋封筒 | 招待状などの手紙、カジュアルな手紙 |
| 社用封筒 | ビジネス用の手紙 |

# お祝い・お礼の手紙文例

これが大事！

- お祝いの手紙は忌み言葉を避ける
- お礼の手紙はなるべく早く出す
- 目上の人へのお礼は、はがきを避ける

【友人への出産祝い】

真衣さん、ご出産おめでとうございます。

健次さんやご両親もどんなにかお喜びのことでしょう。

元気いっぱいの女の子とのこと、母子ともにお元気と聞いて、安心しました。産後は無理は禁物ですので、ゆっくり休養をとってください。

落ち着いたところに、真衣さんとかわいい赤ちゃんの顔を拝見にうかがいたいと思っております。

別便にてお祝いの品をお送りしました。お納めいただければ幸いです。

赤ちゃんの健やかな成長をお祈りし、心から祝福を送ります。

時節柄、おからだをお大事に。

末筆ながら、健次さん、ご両親様にもよろしくお伝えください。

これもチェック！

- 親しい間柄なら前文は省略して、祝福の言葉からはじめてもよい。
- 母子の健康と将来を祝福する言葉を伝える。
- 相手の家族の喜びを察する言葉も書き添える。
- お祝いの品物を送るときは、その旨も伝える。

## 祝福は自分の言葉で、お礼はスピーディーに

お祝いの手紙は、ありきたりのきれいな言葉を並べるのではなく、自分の言葉で伝えるようにしましょう。ともに祝福する気持ちを素直に書きます。お祝い以外の用件を書くのはマナー違反です。忌み言葉にも注意しましょう。

お礼は、なるべく早く出すのがマナーです。どのようにうれしかったのか、できるだけ具体的に書くと相手も喜んでくれます。

## 【訪問先へのお礼】

前略
先日は、楽しいホームパーティーにお招きいただきまして、ありがとうございました。加奈子さんのお心のこもったおもてなしをいただき、心からお礼申し上げます。

あまりの楽しさに、つい長居してしまったのではないかと懸念しております。ご迷惑をおかけしていましたら、お許しください。

季節の変わり目、どうぞおからだをお大事に。

お連れ合い様にも、くれぐれもよろしくお伝えください。

まずはお礼まで。

かしこ

これもチェック!

- 親しい相手にはがきでお礼を出すときは、前文を省略してもよい。
- 招待のお礼と、おもてなしへの感謝の気持ちを伝える。
- 親しくてもくだけすぎず、ていねいにお礼を伝える。

## 【お歳暮へのお礼】

一筆申し上げます。

年内も残り少なくなってきました。

坂本様には、お健やかにお過ごしのことと存じます。

本年もたいへんお世話になりました。

さて、このたびは、結構なお歳暮の品をお送りいただき、誠にありがとうございます。りんごは家族みなの好物で、食後のデザートとしておいしくいただきました。

今年の冬はことのほか寒さが厳しいとか。お風邪などめしませんようにお気をつけください。

まずは、書中にてお礼申し上げます。

草々

これもチェック!

- お歳暮の場合は、1年間お世話になったことへのお礼も書き添える。
- 食品は、どのようにいただいたかを書くとよい。

NG! これは タブー

### 目上の人へ、はがきでのお礼

はがきは「端書き」から派生したことばと言われています。紙切れなどの端に書きとめたメモのようなものが語源で、正式な手紙ではありません。そのため、目上の人へのお礼ではがきを使うのは失礼にあたります。封書で送りましょう。

Letters

# お詫び・お見舞いの手紙文例

これが大事！

- 前文は省略し気づかいをまず伝える
- お詫びはいいわけにならないように
- お見舞いは病状などをくわしく書かない

## 相手を思いやる気持ちでくわしい事情は書き控える

お詫び・お見舞いの手紙は、前文は手短にするか、省略しても失礼にはなりません。お詫びの場合は、事の起きた理由を簡潔に書く必要がありますが、いいわけがましくならないよう注意します。お見舞いは、被災状況や病状などを知っていてもくわしくは書かず、返事を求めることは避けます。謙虚な謝罪の気持ち、安否を気づかう気持ちを素直に書きましょう。

### 【子どもが友人にケガを負わせたお詫び】

急呈

　本日は、息子の涼平がご子息の雅人さんにケガを負わせてしまい、誠に申し訳ございません。心よりお詫び申し上げます。

　先生のお話では、軽い打撲との診断で、大事に至らず安堵しましたが、雅人さんとご両親様には、ご心痛であったことと存じます。

　ふざけ合っていたなかで起こったことのようですが、けがをするほどの悪ふざけなどしていいものではありません。涼平にはきつく注意しました。

　治療費などご負担になることは、私どもでできるだけのことをさせていただきます。なにより、雅人さんのケガが一日でも早く回復するようお祈りいたします。

　後日あらためて謝罪にうかがう所存でおりますが、まずは書中をもってお詫び申し上げます。

敬具

これもチェック！

- 急ぎの手紙に使う頭語（▶p.242）を用い、前文は省略する。
- まずは、お詫びし心配していることを伝え、主文のあとは早期の回復を願っていることで結ぶ。前文も末文もお詫びの言葉でよいが表現を変える。
- 本来はすぐ出向いて謝罪するべきなので、後日うかがう旨も伝える。
- 子どもが関係するお詫びは、夫婦の連名の手紙にする。

## 【病気入院のお見舞い】

このたび、入院されたとうかがい、驚いております。
工藤さんのお話によれば、もう一週間になるとのこと。
その後、おかげんはいかがでしょうか。知らなかったこととは
いえ、お見舞いが遅れましたこと、失礼いたしました。
　日ごろからご壮健とうかがっておりましただけに、
たいへん案じております。一日も早いご回復を
お祈りいたしております。
　近いうちにお見舞いにおうかがいするつもりで
ございますが、まずは書中にてお見舞い申し上げます。

これもチェック!

- 前文は省いてもかまわない。
- 誰から聞いた話なのか書き添える。
- 回復を願っている旨を伝える。
- 重病の人の場合は家族宛てにする。

## 【地震災害のお見舞い】

このたびの御地での地震、心より案じております。
お宅もいかばかりか被害にあわれましたでしょうか。
謹んでお見舞い申し上げます。
　幸いなことに、ご家族の皆様はご無事だとうかがって
おりますので、それだけは何よりだったと思っております。
　私どもにできることがありましたら、お気兼ねなく
お知らせください。とり急ぎ別便にて食品などを
お送りしました。お役に立つものであれば幸いです。
　略儀ながら書中をもちましてお見舞い申し上げます。

これもチェック!

- 被災状況を確認し、すぐに出すようにする。主文は簡潔にし、誠意のある表現で伝える。
- 返信は求めずに、「お困りごとがあれば……」と援助の申し出を伝える。

NG! これはタブー

### お見舞い状の追伸

追伸は不幸がくり返されることを連想するため、お見舞いの手紙では使いません。「重ねて」「ますます」などの重ね言葉もタブーです。

### ほかのこととの比較

「○○さんほどじゃなくて安心」「あのときより被害が少なくてよかった」などと、ほかの病気・ケガ・災害・事故などと比較するのは避けます。

イラスト……… かざまりさ　seesaw.　橋本 豊　細山田 曜　ヤマグチカヨ

デザイン……… 細山田光宣＋藤井保奈（細山田デザイン事務所）

DTP……………… 株式会社シーティーイー

執筆協力……… 赤井奈緒子　宇都宮雅子　倉本由美　高橋正明

編集協力……… ブライズヘッド（倉本由美）

写真提供……… Getty Images

※本書は、当社刊『オールカラー 困ったときにすぐひける マナー大事典』（2016年1月発行）を
再編集し、書名を変更したものです。

# 最新《さいしん》 困《こま》ったときにすぐひける マナー大事典《だいじてん》

編著者　現代マナー・作法の会［げんだいまなー・さほうのかい］

発行者　若松和紀

発行所　株式会社 西東社

〒113-0034　東京都文京区湯島2-3-13

https://www.seitosha.co.jp/

電話　03-5800-3120（代）

※本書に記載のない内容のご質問や著者等の連絡先につきましては、お答えできかねます。





ISBN 978-4-7916-2952-7